编 委

郝文杰	全国民航职业教育教学指导委员会副秘书长、中国民航管理干部学院副教授
江丽容	全国民航职业教育教学指导委员会委员、国际金钥匙学院福州分院院长
林增学	桂林旅游学院旅游学院党委书记
丁永玲	武汉商学院旅游管理学院教授
史金鑫	中国民航大学乘务学院民航空保系主任
刘元超	西南航空职业技术学院空保学院院长
杨文立	上海民航职业技术学院安全员培训中心主任
范月圆	江苏航空职业技术学院航空飞行学院副院长
定 琦	郑州旅游职业学院现代服务学院副院长
黄 华	浙江育英职业技术学院航空学院副院长
王姣蓉	武汉商贸职业学院现代管理技术学院院长
毛颖善	珠海城市职业技术学院旅游管理学院副院长
黄华勇	毕节职业技术学院航空学院副院长
魏 日	江苏旅游职业学院旅游学院副院长
吴 云	上海旅游高等专科学校外语学院院长
穆广宇	三亚航空旅游职业学院民航空保系主任
田 文	中国民航大学乘务学院民航空保系讲师
汤 黎	武汉职业技术学院旅游与航空服务学院副教授
江 群	武汉职业技术学院旅游与航空服务学院副教授
汪迎春	浙江育英职业技术学院航空学院副教授
段莎琪	张家界航空工业职业技术学院副教授
王勤勤	江苏航空职业技术学院航空飞行学院副教授
覃玲媛	广西蓝天航空职业学院航空管理系主任
付 翠	河北工业职业技术大学空乘系主任
李 岳	青岛黄海学院空乘系主任
王观军	福州职业技术学院空乘系主任
王海燕	新疆职业大学空中乘务系主任
谷建云	湖南女子学院管理学院副教授
牛晓斐	湖南女子学院管理学院讲师

高等职业学校"十四五"规划民航服务类系列教材

民航货物运输服务

主　编◎王　东　石月红　张世伟
副主编◎陈飞龙　陈浩良　柯力芯　陈玲玲
参　编◎王云佩　田　丹　冯　卓　钟导锋　李　卓

华中科技大学出版社
http://press.hust.edu.cn
中国·武汉

内容简介

本教材以校企合作形式进行开发,深度对接行业、企业标准,体现"书证融通"要求;以"教材内容与岗位标准对接,综合素养与职业发展对接"为设计依据,对航空物流企业各核心业务岗位的工作任务进行分析,提炼出完成每项工作所需的知识、技能和素养,按照由易到难的顺序对教材内容进行"模块化、递进式"设计,参考"1+X"民航货运中级职业技能等级标准和IATA航空货运标准构建每个模块的项目和任务。内容分为七大模块,即民航货物运输概述、国内航空货物收运、国际航空货物收运、货邮进出港处理、特种货物运输处理、航空货物不正常运输与赔偿和航空货运业务电报。本书可作为职业院校民航运输类专业学生用书,也可作为航空物流企业新入职人员的培训用书或企业技术人员的参考资料。

图书在版编目(CIP)数据

民航货物运输服务/王东,石月红,张世伟主编. -- 武汉:华中科技大学出版社,2024.8.
ISBN 978-7-5772-1000-1

Ⅰ. F560.84

中国国家版本馆CIP数据核字第202472QU43号

民航货物运输服务
Minhang Huowu Yunshu Fuwu

王 东 石月红 张世伟 主编

策划编辑:胡弘扬
责任编辑:贺翠翠
封面设计:廖亚萍
责任校对:刘 竣
责任监印:周治超

出版发行:华中科技大学出版社(中国•武汉)　　电话:(027)81321913
　　　　　武汉市东湖新技术开发区华工科技园　　邮编:430223
录　　排:孙雅丽
印　　刷:武汉开心印印刷有限公司
开　　本:787mm×1092mm　1/16
印　　张:24
字　　数:564千字
版　　次:2024年8月第1版第1次印刷
定　　价:59.80元

本书若有印装质量问题,请向出版社营销中心调换
全国免费服务热线:400-6679-118　竭诚为您服务
版权所有　侵权必究

INTRODUCTION 出版说明

民航业是推动我国经济社会发展的重要战略产业之一。"十四五"时期,我国民航业将进入发展阶段转换期、发展质量提升期、发展格局拓展期。2021年1月在北京召开的全国民航工作会议指出,"十四五"末,我国民航运输规模将再上一个新台阶,通用航空市场需求将被进一步激活。这预示着我国民航业将进入更好、更快的发展通道。而我国民航业的快速发展模式,也对我国民航教育和人才培养提出了更高的要求。

2021年3月,中国民用航空局印发《关于"十四五"期间深化民航改革工作的意见》,明确了科教创新体系的改革任务,要做到既面向生产一线又面向世界一流。在人才培养过程中,教材建设是重要环节。因此,出版一套把握新时代发展趋势的高水平、高质量的规划教材,是我国民航教育和民航人才建设的重要目标。

基于此,华中科技大学出版社作为教育部直属的重点大学出版社,为深入贯彻习近平总书记对职业教育工作作出的重要指示,助力民航强国战略的实施与推进,特汇聚一大批全国高水平民航院校学科带头人、"双师型"骨干教师以及民航领域行业专家等,合力编著高等职业学校"十四五"规划民航服务类系列教材。

本套教材以引领和服务专业发展为宗旨,系统总结民航业实践经验和教学成果,在教材内容和形式上积极创新,具有以下特点:

一、强化课程思政,坚持立德树人

本套教材引入"课程思政"元素,树立素质教育理念,践行当代民航精神,将忠诚担当的政治品格、严谨科学的专业精神等内容贯穿于整个教材,旨在培养德才兼备的民航人才。

二、校企合作编写,理论贯穿实践

本套教材由国内众多民航院校的骨干教师、资深专家学者联合多年从事乘务工作的一线专家共同编写,将最新的企业实践经验和学校教科研理念融入教材,把必要的服务理论和专业能力放在同等重要的位置,以期培养具备行业知识、职业道德、服务理论和服务思想的高层次、高质量人才。

三、内容形式多元化,配套资源立体化

本套教材在内容上强调案例导向、图表教学,将知识系统化、直观化,注重可操作性。华中科技大学出版社同时为本套教材建设了内容全面的线上教材课程资源服务平台,为师生们提供全系列教学计划方案、教学课件、习题库、案例库、教学视频和音频等配套教学资源,从而打造线上线下、课内课外的新形态立体化教材。

我国民航业发展前景广阔,民航教育任重道远,为民航事业的发展培养高质量的人才是社会各界的共识与责任。本套教材汇集了来自全国各地的骨干教师和一线专家的智慧与心血,相信其能够对我国民航人才队伍建设、民航高等教育体系优化起到一定的推动作用。

本套教材在编写过程中难免存在疏漏、不足之处,恳请各位专家、学者以及广大师生在使用过程中批评指正,以利于教材质量的进一步提高,也希望并诚挚邀请全国民航院校及行业的专家学者加入我们这套教材的编写队伍,共同推动我国民航高等教育事业不断向前发展。

华中科技大学出版社
2021 年 11 月

PREFACE 前言

现阶段,中国民航运输呈现高速增长态势,航空货邮周转量连续多年居全球第二位,我国逐渐成为世界航空物流大国。"十三五"时期,我国航空物流在发展规模、航线网络、安全保障、企业竞争力、治理能力、综合效益等方面取得较好成绩,为经济社会发展提供了有力支撑,为新时期民航强国建设提供了新动能。《"十四五"航空物流发展专项规划》指出,要加强航空物流专业型、管理型人才培养,培养一批熟悉国际物流规则、能够参与国际竞争的复合型人才。为实现这一目标,我们编写了《民航货物运输服务》这本教材,以满足民航货运课程的教学需求。

本教材坚持正确的政治方向和价值导向,遵循职业教育教学规律和人才成长规律,以真实生产项目、典型工作任务为载体,体现民航货运行业发展的新技术、新标准,将知识、能力和正确价值观的培养有机结合。教材主要特点如下:

1. 思政引领,对接标准,科学构建内容

本教材以"教材内容与岗位标准对接,综合素养与职业发展对接"为设计依据,对民航货运企业各核心业务岗位的工作任务进行分析,提炼出完成每项工作所需的知识、技能和素养,按照由易到难的顺序对课程内容进行"模块化、递进式"设计,将工作项目转换为教学项目,岗位任务转换为教学任务,对教材内容进行构建,共包含7个模块14个项目44个任务。

同时,从专业伦理、家国情怀、国际视野、工匠精神等德育元素着手,挖掘提炼各模块的思政核心,模块一的思政核心为"爱祖国,强民航",模块二的思政核心为"安全至上,敬畏规章",模块三的思政核心为"科学严谨,诚实守信",模块四的思政核心为"爱岗敬业,吃苦耐劳",模块五的思政核心为"安全至上,服务为先",模块六的思政核心为"细心待货,耐心待人",模块七的思政核心为"高效沟通,团结协作",各模块内容紧密围绕其思政核心进行编写。

2. 双元共建,理实一体,突出职教特色

本教材编写团队由民航职业院校的专业教师和民航货运企业的资深专家共同组成,内容对接最新行业标准,同时融入新政策、新规定、前沿资讯和企业案例,专业知识介绍和技能实训指导兼有,理实一体,既满足职业教育需求,也可为民航货运相关企业的业务培训提供参考。

3. 任务驱动,行动导向,引导学生主动探索

本教材设置了"项目引入"和"任务导入",通过创设任务情境的方式引导学生思考、探索、实践,使学生可以在做中学,教师可以在做中教,将隐性被动的知识传输转变为显性主动的技能学习,内化知识,提高能力。

4. 数字资源,可视可练,促进学生自主学习

利用现代信息技术,将教学视频、货运资料、行业规范、任务演练等以二维码形式纳入教材,让文字"动"起来,使知识更加直观、生动、形象,为学习者提供更便利的条件,可以随时随地扫码学习、演练、阅读、实践,促进学生开展自主学习。

本教材项目二、项目四、项目十一至项目十三由王东编写,项目五、项目六、项目十由石月红编写,项目一任务一由钟导锋编写,项目一任务二、三由陈浩良编写,项目三任务一、三与项目九由柯力芯编写,项目三任务二由冯卓编写,项目七由田丹(三亚凤凰机场货运部)编写,项目八由王云佩编写,项目十四由陈飞龙编写。张世伟(广东省机场集团物流有限公司国际货站)、陈玲玲(海口美兰机场货运部)分别负责项目一至项目八、项目九至项目十四的审阅和修改。王东负责全书的统稿、审阅、补充和定稿。河南航空货运发展有限公司运行调度中心经理李卓和民航货运专家贺德玮老师为本教材的编写提供了诸多重要资料,并提出了宝贵意见和建议,在此深表谢忱!

由于民航货运行业近年来发展速度较快,技术和产品更新迭代迅速,加之编者水平有限,教材内容难免有疏漏和不妥之处,敬请各位读者批评指正。

编者

2024年3月

模块一　民航货物运输概述

项目一　基础知识 ………………………………………………………………………… 3
　　任务一　认识航空货物运输 …………………………………………………………… 4
　　任务二　熟悉航空货物运输法律法规 ………………………………………………… 10
　　任务三　了解航空货运代理 …………………………………………………………… 18

项目二　航空货物运输设备 …………………………………………………………… 26
　　任务一　认识民航飞机与货运操作设备 ……………………………………………… 27
　　任务二　认识飞机集装设备 …………………………………………………………… 35
　　任务三　规范组装集装货物 …………………………………………………………… 45

模块二　国内航空货物收运

项目三　国内航空货物收运规定 ……………………………………………………… 57
　　任务一　熟悉国内货物收运规定 ……………………………………………………… 58
　　任务二　正确填制国内货物收运文件 ………………………………………………… 67
　　任务三　规范检查航空货物包装 ……………………………………………………… 79

项目四　国内航空货物运输费用 ……………………………………………………… 89
　　任务一　熟悉国内货物运费相关规定 ………………………………………………… 90
　　任务二　准确确定货物的计费重量 …………………………………………………… 92
　　任务三　了解国内航空货物运价体系 ………………………………………………… 94
　　任务四　准确计算国内航空货物运费 ………………………………………………… 98
　　任务五　准确计算其他费用 …………………………………………………………… 112

模块三　国际航空货物收运

项目五 | 国际航空货物收运规定 ·· 121
　　　任务一　熟悉国际货物收运规定与要求 ································· 122
　　　任务二　规范准备国际货物收运文件 ··································· 125

项目六 | 国际航空货物运输费用 ·· 142
　　　任务一　熟悉国际货物运费相关规定 ··································· 143
　　　任务二　熟悉国际航空货物运价体系 ··································· 149
　　　任务三　准确计算国际航空运费 ··· 153
　　　任务四　准确计算其他费用 ··· 200

模块四　货邮进出港处理

项目七 | 货邮出港处理 ·· 209
　　　任务一　了解货邮出港流程 ··· 210
　　　任务二　规范管理航班舱位 ··· 211
　　　任务三　熟悉货邮仓储规定 ··· 215
　　　任务四　合理安排货物发运 ··· 217
　　　任务五　了解货物装卸要求 ··· 222

项目八 | 货邮进港处理 ·· 231
　　　任务一　了解货邮进港流程 ··· 232
　　　任务二　规范处理进港文件 ··· 235
　　　任务三　熟悉进港货邮处理程序与要求 ································· 237
　　　任务四　规范办理货物交付 ··· 241

模块五　特种货物运输处理

项目九 | 特种货物运输一般规定 ·· 247
　　　任务一　熟悉特种货物运输一般规定 ··································· 248
　　　任务二　规范填制特种货物机长通知单 ································· 252

项目十 | 常见特种货物运输处理 ·· 257
　　　任务一　明确活体动物运输规定 ··· 258
　　　任务二　熟悉鲜活易腐货物运输规定 ··································· 269

任务三　了解危险品运输规定……………………………………280
　　　任务四　了解其他特种货物运输规定…………………………286

模块六　航空货物不正常运输与赔偿

项目十一 | 货物不正常运输与处理…………………………………………295
　　　任务一　了解货物不正常运输及处理规定……………………296
　　　任务二　了解不正常航班货物处理规定………………………314

项目十二 | 货物运输变更处理……………………………………………318
　　　任务一　了解自愿变更运输及处理规定………………………319
　　　任务二　了解非自愿变更运输及处理规定……………………323

项目十三 | 责任与赔偿……………………………………………………330
　　　任务一　明确货物运输事故责任………………………………331
　　　任务二　了解索赔与赔偿处理规定……………………………333

模块七　航空货运业务电报

项目十四 | 航空货运业务电报……………………………………………345
　　　任务一　了解电报的组成与格式要求…………………………346
　　　任务二　规范拍发舱位预订电报………………………………354
　　　任务三　规范拍发货物不正常运输电报………………………360

附录………………………………………………………………………………367

参考文献…………………………………………………………………………368

模块一
民航货物运输概述

项目一　基础知识

项目引入

近年来,我国航空货邮周转量连续多年位居世界第二,成为世界航空物流大国。"十三五"时期,我国航空物流在发展规模、航线网络、安全保障、企业竞争力、治理能力、综合效益等方面均取得较好成绩,为经济社会发展提供了有力支撑,为新时期民航强国建设提供了新动能。国内形成了以京津冀、长三角、粤港澳大湾区、成渝地区等机场群为核心的航空货运网络,国际方面建成了畅达东南亚、东北亚市场,通达欧美澳等区域的航空货运网络。

从现在开始,让我们走进航空货运的世界,用专业知识和技能武装自己,共同实现民航强国、物流强国的愿景。

项目目标

知识目标
1. 了解民航货物运输的特点、流程、基本概念。
2. 熟悉民航货物运输法律法规、货运专业手册及相关知识。
3. 了解航空货运代理的概念、类型及业务范围。

能力目标
1. 严格遵守航空货运相关法律与规章。
2. 能够熟练应用航空货运业务手册。

素养目标
1. 了解航空货运行业,认可货运工作的意义和价值,立志做优秀的"民航人"。
2. 树立民航运输业必需的法律意识、服务意识和质量意识。

知识架构

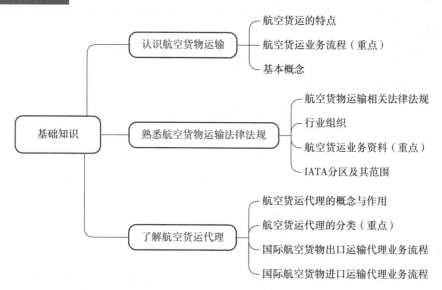

任务一　认识航空货物运输

任务导入

又到了岭南荔枝季,那红红的小圆果,剥开是凝脂般的果肉,鲜甜多汁,谁能不喜欢？它是诗人笔下的念念不忘,是百姓口中的欲罢不能。宋代诗人苏轼曾在《惠州一绝》中写道"日啖荔枝三百颗,不辞长作岭南人",可见荔枝的魅力非同凡响。古时候,外地人想吃到新鲜荔枝非常困难,马伯庸在《长安的荔枝》一书中将唐朝年间运输岭南荔枝的艰辛与不易描绘得淋漓尽致。而现如今,现代化的交通方式已经可以将新鲜荔枝送往全国各地,甚至海外地区。如果你想为远方的朋友邮寄新鲜荔枝,请问你会选择哪种运输方式？为什么？如果你选择了航空运输,那么荔枝从果商到朋友手中会经历哪些具体的运输操作环节呢？

一、航空货运的特点

回顾航空运输的发展历程,航空货运开创了航空运输的先河。自飞机诞生后,航空货运的发展虽然起步较晚,但发展极为迅速,特别是近几年电商和快递业的飞速发展,极大地促进了航空货运的发展。与其他运输方式相比,航空货运有其自身鲜明的特点。

(一) 优势

1　运送速度快

作为航空货运的运载工具——飞机,其飞行速度一般为600~800 km/h,比其他交通工具要快得多。火车(货车)的速度一般为80~100 km/h,高铁、动车的速度一般为200~350 km/h,汽车在高速公路上的速度一般为80~120 km/h,轮船(内河及远洋运输)则更慢了。运送速度快使得航空货运成为快捷运输的"代名词",能有效满足那些对运输时效性要求高的货物的运输需求,如海鲜、易腐品、抢险物资、急救物品等。

2　破损率低、安全性高

从破损率来看,航空公司的运输管理制度较为完善,对航空货运地面操作的各个环节也比较严格,这使货物破损的情况大大减少。此外,航空集装器的应用使得货物破损率进一步降低。从安全性来看,《2022年民航行业发展统计公报》提到,2022年民航安全运行平稳可控,全行业实现运输航空严重征候万时率同比下降25.7%,责任征候万时率同比下降70.3%;运输航空百万架次重大事故率十年滚动值为0.011;通用航空事故万架次率为0.0367。由此可以看出,航空运输的安全性也较高。

3　节省企业的相关费用

由于航空运输的便捷性及安全性,货物在途时间短,货损货差少,周转速度快,从而节省了产品的仓储、包装、保险及利息费用等;另外,产品的流通速度快,也可加快企业资金的周转速度,有利于资金的回收,提高经济收益。

4 灵活性强,不受地形条件限制

航空运输可以利用天空这一天然运输通道,不受地理条件的限制。对于地面条件恶劣、交通不便的内陆地区非常合适,有利于当地资源的出口,促进经济发展。

(二)劣势

1 运价较高

航空货运的运输费用较高,不适于运送商业价值较低的物品。

2 舱容有限

飞机的舱容有限,对于大件或者大批量货物的运输有一定的限制。通常情况下,飞机的单次运输量远远无法跟海运和铁路运输相比。

3 易受天气影响

航空运输安全易受恶劣天气影响,例如出现大风、大雪、雾霾、沙尘暴等恶劣天气时,航班的正常运行就会受到影响,从而引起货物运输不正常情况的发生,对于时效性要求比较高的冷链运输影响尤其明显。

 想一想:你知道世界上首次用飞机运输货物是什么时候吗?你了解航空货物运输发展史吗?

二、航空货运业务流程

站在航空公司的角度,航空货运业务流程通常从接受订舱开始,接着是货物收运、配载(吨控)、发运、装卸、到达,最后是交付货物。

1 接受订舱

托运人或货主将需要空运的货物向航空公司舱位控制部门正式提出运输申请并预订舱位,舱位控制部门根据航线机型所设定的飞机货舱载量和容积数据接受订舱,并在规定时限内对预订舱位予以确认,经确认的订舱信息应记录在案。

2 货物收运

承运人应根据运输能力,按照货物的性质和急缓程度,有计划地收运货物。接收货物时,须对货物进行检查,包括安全检查,以确保货物的重量、尺寸、包装、性质等符合航空运输要求和规定;同时核实货物运输所需要的相关文件是否齐全,并要求托运人填写航空货运单。

在国际货物收运过程中,托运人所交运的货物必须符合有关始发、中转、目的地国家的法律法规以及有关航空公司的规定,还需在将货物交付承运人之前完成海关、检疫及政府其他部门规定的有关手续。

③ 配载（吨控）

承运人应建立舱位控制制度，根据可利用的舱位合理配载，避免舱位浪费或货物积压，并应按照合理或经济的原则选择运输路线，避免货物迂回运输。吨位控制部门根据货物的实际件数、重量、体积选择合适的机型及板箱。需要中转运输的货物，应考虑全程航班的机型。

④ 发运

由于机型调配等原因，出现航班载货量减少等情况时，承运人应根据货物性质，按照一定的顺序进行发运。各承运人根据公司实际情况确定货物发运等级，通常情况下，抢险救灾物资、外交信袋和政府指定急运的物品应优先保障，其次是订妥舱位的货物，急件货物、鲜活易腐货物、活体动物等特种货物，以及中转货物，最后是一般货物，按照收运的先后顺序发运即可。

⑤ 装卸

承运人应精心组织货物装卸工作，严格按照货物包装上的操作标志进行作业，防止货物损坏。按照装机单、卸机单准确装卸货物，保证飞机安全。

⑥ 到达

航班进港后，进港部门人员在规定时间内接取进港文件并进行核对，同时核对货物数量是否与货邮舱单和货运单相符。根据货物的流向和性质，凭分舱单与相关部门进行交接。国际货物运输应遵守当地海关规定，办理有关手续。除另有约定外，货物在运抵目的站后，承运人或其代理人应及时向收货人发出到货通知，到货通知的方式包括电话通知、书面通知以及收货人可以接受的其他方式。

⑦ 交付货物

除另有约定外，货物只交付给货运单上指明的收货人，收货人凭到货通知单和本人居民身份证或其他有效身份证件提货，承运人计算并收取到付运费、到付运费手续费、保管费和地面运输费等有关费用。国际进港货物应由收货人自行办妥海关和检验检疫等手续。

⑧ 信息服务

在货物运输全过程中，航空公司要为托运人或货主提供订舱信息、审单及报关信息、仓库收货信息、交运称重信息、航班信息、集中托运信息、单证信息等服务。总之，航空公司应为托运人或货主提供全程信息服务，帮助客户更好地掌握货物运输情况。

三、基本概念

（一）现代运输方式

① 公路运输

以公路运输方式将运载对象按照既定的目标实现时空位移。

② 铁路运输

铁路运输是我国运输业中的主要运输方式,也是世界上大多数国家陆上运输的主要方式。以列车装载旅客和货物,沿着铁路线路运行,从而实现旅客和货物的位移。

③ 水路运输

以船舶为运载工具、港口为运输节点,通过水路的运输方式将旅客和货物运往另一地。按照航行区域,水路运输可以分为远洋运输、沿海运输、内河运输、湖泊(包括水库)运输。

④ 航空运输

航空运输是指将人或货物通过航空器运往另一地的运输,这种运输包括起讫点到机场的地面交通运输。根据运输的始发地、约定的经停地、目的地不同,民航运输可分为民航国内运输和民航国际运输。

⑤ 特种运输(管道、索道运输)

管道运输是使用管道运输流体货物的一种运输方式,其所运的货物多为燃料一类,主要有油品(原油、成品油、液化烃等)、天然气、二氧化碳气体、煤浆及其他矿浆等。

(二) 航空货物运输相关概念

① 民航国内货物运输

民航国内货物运输指货物的始发地、经停地和目的地均在一国境内的运输,其承运的对象是航空货物和航空邮件。

② 民航国际货物运输

民航国际货物运输指货物的始发地、经停地和目的地中至少有一地点不在一国境内的运输,其承运的对象是航空货物和航空邮件。

③ 承运人

承运人指接受托运人填开的航空货运单或者保存货物运输记录的航空承运人,运送或者从事承运货物以及提供该运输的任何其他服务的所有航空承运人。

④ 代理人

代理人指在航空货物运输中,经授权代表承运人从事货运销售或地面服务业务的任何人。

⑤ 托运人

托运人等同于发货人,指为货物运输与承运人订立合同,并在航空货运单或者货物运输记录上署名的人。

⑥ 收货人

收货人指承运人按照航空货运单或者货物运输记录上所列名称而交付货物的人。

7 航空货运单

航空货运单指托运人或者托运人委托承运人填制的,托运人和承运人之间为在承运人的航线上运输货物所订立合同的证据。

(三)航空货物运输形式

1 普货运输

普货运输指对运输、装卸、搬运、包装、保管等环节无特殊要求的货物运输。

2 急件运输

急件运输指货物托运人要求以最早航班或在限定期限内将货物运抵目的地的货物运输。

3 特种运输

特种运输指受货物的性质、价值、体积等因素影响,需要在运输、装卸、搬运、包装、存储等环节进行特殊处理的货物运输。

4 包机运输

包机运输指货物托运人使用整架飞机的吨位进行货物运输。

5 包舱运输

包舱运输指货物托运人使用整架飞机的部分吨位(舱位)进行货物运输。

6 货主押运

航空货运简介

货主押运指因货物的性质特殊,在运输过程中需要托运人委派专人随机照料、监护运送的货物运输,如金银珠宝、货币证券、文物、中途需饲养的动物等。

你了解航空货物运输吗?请扫码学习。

想一想:《"十四五"航空物流发展专项规划》指出,到2025年,初步建成安全、智慧、高效、绿色的航空物流体系。有专家表示,智慧物流是利用物联网、云计算、大数据、人工智能等技术,实现物流全流程信息化、智能化、可视化,提高物流效率、降低物流成本、提升物流服务水平的一种新型物流模式。你了解智慧航空物流吗?什么是"物流一张单"?你认为通过哪些措施和渠道能够加快推动传统航空货运向现代航空物流转型升级?

"十四五"航空物流发展专项规划

请扫码学习《"十四五"航空物流发展专项规划》。

■ 货运现场直通车

(一)筑路苍穹!中国首座航空货运枢纽——鄂州花湖机场

2022年7月17日上午9点07分,一架从深圳宝安机场起飞的顺丰航空B767-300全货机降落在鄂州花湖机场跑道上,紧接着在9点49分,一架从北京大兴机场起飞的南航客机也降落在花湖机场。这标志着亚洲第一、中国首家航空货运枢纽——鄂州花湖机场正式开航投运(见图1-1)。

图1-1　鄂州花湖机场

2013年6月,顺丰集团筹划在中国中西部地区建设货运门户枢纽机场。鄂州路网密集,公路、铁路里程数按单位面积算,在国内乃至世界城市中首屈一指;毗邻省会武汉,而且紧靠"黄金水道"——长江,沿江码头可与机场跑道无缝对接。鄂州方圆100千米范围内,临空偏好型产业和武汉一样多,中国中部最大的电子商务基地——葛店中部电子商务示范基地正在其间。最终,顺丰集团将目标锁定在鄂州,中国从其天元位置打开内陆"空中出海口",以"中国速度"不断释放超级运力,奋力描绘与世界经济动向息息相通的宏伟蓝图。

2024年1月13日,"鄂州⇌拉合尔"国际货运航线正式开通运行,这是花湖机场首条通往巴基斯坦的货运航线,也是2024年花湖机场开通的首条国际货运航线。

(资料来源:湖北日报,https://baijiahao.baidu.com)

(二)首批ARJ21"客改货"飞机交付,国产商用飞机系列化发展迈出坚实一步

2023年10月30日,杭州圆通货运航空有限公司和中原龙浩航空有限公司在广州分别接收了1架ARJ21客改货飞机(见图1-2)。首批2架ARJ21客改货飞机交付,标志着ARJ21客改货飞机即将投入航空货运市场,国产商用飞机系列化发展迈出坚实一步。

图1-2　ARJ21客改货交付仪式现场

ARJ21客改货飞机最大设计商载10吨,设计航程2778千米,主要用于国内航线及短程国际航线上的货物、邮件和快递等运输业务。主货舱安装了可兼容不同装载方案的货运系统和大尺寸全电动外开式舱门,可满足客户对不同集装器的使用需求。

ARJ21客改货项目自2020年5月正式立项,经过初步设计、详细设计、改装实施等一系列过程,于2023年1月获得中国民航局适航批准,这是我国商用飞机第一次客改货的成功实践。其间,作为项目改装实施单位,广州飞机维修工程有限公司(GAMECO)与中国商飞公司深度合作,先后完成了飞机机身大开口和结构加强、主货舱门安装、系统改装等工作,并协助中国商飞公司完成了多项机上地面试验、试飞等验证任务,有力支持了ARJ21客改

货飞机的适航批准和交付工作。

（资料来源：中国商飞，http://www.comac.cc/xwzx/gsxw/202310/30/t20231030_7371924.shtml）

■ **知识拓展**

加快推动智慧民航建设发展，打造高效航空物流服务体系

民航局在2023年7月3日发布的《关于落实数字中国建设总体部署 加快推动智慧民航建设发展的指导意见》中提出，打造高效航空物流服务体系，推动航空物流与其他运输方式、海关标准对接、安检互认，加强货品、单证、载具、安检、结算等重点领域信息交互联通，打造"一单到底"的智慧物流联运服务体系，促进物流提质降本增效。构建货物提取时间精准可控、位置实时可查、状态全面感知的全流程追踪服务，提高准时达服务可靠性。

（资料来源：中国民航局，https://app.caac.gov.cn）

 任务演练

简答题：
1. 列表讨论五大运输方式的优缺点。
2. 简述航空货物运输形式。
3. 航空货运业务大致包括哪些环节？

任务二 熟悉航空货物运输法律法规

 任务导入

某天，在某货运航空公司工作的航小运收到这样一封邮件：

"航小运，您好！我司计划空运一批生鲜产品到首尔，请问生鲜运输有哪些具体要求，韩国对于进口生鲜货物是否有特殊规定？望不吝解答，以便我司依照要求进行准备。谢谢！"

请问：航小运应如何解答以上问题呢？

一、航空货物运输相关法律法规

（一）《芝加哥公约》

《芝加哥公约》，即《国际民用航空公约》，于1944年12月7日在美国芝加哥订立，1947年4月4日正式生效。中国为该公约缔结国。1974年2月15日中国正式宣告承认该公约并恢复缔约国待遇，1974年3月28日公约正式对中国生效。

该公约规定：①各缔约国承认每一国家对其领空具有完全的、排他的主权；②航空器必须具有一国国籍，任何缔约国不得允许不具有缔约国国籍的航空器在其领空飞行；③各缔约国同意其他缔约国的一切不从事定期国际航班飞行的航空器，在遵守本公约规定的条件下，不需要事先获准，有权飞入或飞经其领土而不降停，或作非商业性降停，但飞经国有权令其降落；④缔约国有权保留其国内载运权；⑤设立"国际民用航空组织"；⑥公约仅适用于民用航空器而不适用于国家航空器。

《芝加哥公约》是有关国际民用航空最重要的现行国际公约，被称为国际民用航空活动的宪章性文件，其中对于航权的规定，也是各国之间进行民航通航的重要依据。

（二）《华沙公约》

《华沙公约》(Warsaw Convention)，又称《统一国际航空运输某些规则的公约》，1929年签订，是国际空运的一项基本公约。该公约规定了以航空运输承运人为一方和以旅客及货物托运人与收货人为另一方的法律义务和相互关系。中国于1958年正式加入。

（三）《蒙特利尔公约》

《蒙特利尔公约》的正式名称是《统一国际航空运输某些规则的公约》，该公约旨在确保国际航空运输消费者的利益，对在国际航空运输中旅客的人身伤亡或行李损失，或者运输货物的损失，在恢复性赔偿原则基础上建立公平赔偿的规范体系。该公约规定，国际航空承运人应当对旅客的人身伤亡、行李和货物损失，以及由于延误造成旅客、行李或货物的损失承担责任并予以赔偿。

（四）《中华人民共和国民用航空法》

《中华人民共和国民用航空法》是为了维护国家的领空主权和民用航空权利，保障民用航空活动安全和有秩序地进行，保护民用航空活动当事人各方的合法权益，促进民用航空事业的发展而制定的法律，是一门航空领域的特别法与综合法。

《中华人民共和国民用航空法》于1995年10月30日由第八届全国人民代表大会常务委员会第十六次会议审议通过，自1996年3月1日起实施。当前版本于2021年4月29日第十三届全国人民代表大会常务委员会第二十八次会议修正。

（五）中国民用航空货物运输规则

现行的中国民航货物运输规则分为《中国民用航空货物国内运输规则》和《中国民用航空货物国际运输规则》，分别对国内与国际的民航货物运输制定了规范。随着民航业的不断发展，我国对于货运方面的规定也日趋细致，逐渐形成了规范、准确、高效的中国民用航空货物运输规则体系。

二、行业组织

（一）国际民用航空组织

国际民用航空组织(International Civil Aviation Organization，ICAO)，简称国际民航组织(见图1-3)，是联合国的一个专门机构，于1947年为促进全世界民用航空安全、有序发展而成立。国际民航组织总部设在加拿大蒙特利尔，有193个成员(截至2024年1月)。其宗

图 1-3 国际民用航空组织（ICAO）

旨是制定国际航行的原则和技术，促进国际航空运输的规划和发展，确保国际民航安全有序发展。2013年9月28日，中国在加拿大蒙特利尔召开的国际民航组织第38届大会上再次当选为一类理事国。

国际民航组织是国际法主体，这种主体资格是由各成员通过《芝加哥公约》而赋予的。《芝加哥公约》第47条规定："本组织在缔约各国领土内应享有为履行其职能所必需的法律能力。凡与有关国家的宪法和法律不相抵触时，都应承认其完全的法人资格。"同时，《芝加哥公约》还详尽规定了国际民航组织作为一个独立的实体在国际交往中所应享有的权利和承担的义务。应该说，国际民航组织已经具备了一个国际法主体所必须具有的三个特征，即具备独立进行国际交往的能力，能够直接享有国际法赋予的权利、承担国际法赋予的义务，以及构成国际社会中地位平等的实体。

国际民航组织的权利能力和行为能力主要表现在以下几个方面。

（1）协调国际民航关系。努力在国际民航的各领域协调各成员的关系及做法，制定统一的标准，促进国际民航健康、有序地发展。

（2）解决国际民航争议。多年来，国际民航组织充当协调人，在协调各成员关系上发挥过不可替代的作用；缔结国际条约。国际民航组织不仅参与国际条约的制定，还以条约缔约方的身份签订国际条约。

（3）特权和豁免。国际民航组织各成员代表和该组织的官员，在每个成员领域内，享有为达到该组织的宗旨和履行职务所必需的特权和豁免。

（4）参与国际航空法的制定。国际民航组织主持制定了很多涉及民航各方面活动的国际公约，包括《芝加哥公约》及其附件的各项修正，制止干扰民用航空安全的非法行为以及国际航空私法方面的一系列国际文件。

（二）国际航空运输协会

国际航空运输协会（International Air Transport Association，IATA），简称国际航协（见图1-4），是一个由世界各国航空公司所组成的大型国际组织，其总部设在加拿大蒙特利尔，执行机构设在瑞士日内瓦。和监管航空安全和航行规则的国际民航组织相比，国际航协更像是一个由承运人（航空公司）组成的国际协调组织，管理在民航运输中出现的诸如票价、危险品运输等问题，主要作用是通过航空运输企业来协调和沟通政府间的政策，并解决实际运作的问题。

图 1-4 国际航空运输协会（IATA）

从组织形式上看，国际航协是一个航空企业的行业联盟，属非官方性质组织，但是由于世界上大多数国家的航空公司是国家所有，即使非国有的航空公司也受到所属国政府的强力参与或控制，因此国际航协实际上是一个半官方组织。它制定运价的活动，也必须在各国政府授权下进行，它的清算所对全世界联运票价的结算是一项有助于世界空运发展的公益事业,因而国际航协发挥着通过航空运输企业来协调和沟通政府间政策,解决实际运作困难的重要作用。

国际航协的基本职能包括国际航空运输规则的统一、业务代理、空运企业间的财务结算、技术合作、参与机场活动、协调国际航空客货运价、参与航空法律工作、帮助发展中国家航空公司培训高级和专门人员。

(三)国际货运代理协会联合会

国际货运代理协会联合会(International Federation of Freight Forwarders Associations, FIATA)是一个非营利性国际货运代理的行业组织(见图1-5)。该组织于1926年5月31日在奥地利维也纳成立,总部现设在瑞士苏黎世,并分别在欧洲、美洲、亚太、非洲和中东四个区域设立了区域委员会,任命有地区主席。FIATA设立目的是代表、保障和提高国际货运代理在全球的利益。该组织是世界范围内运输领域最大的非政府和非营利性组织,具有广泛的国际影响。

图1-5　国际货运代理协会联合会(FIATA)

(四)国际航空电信协会

国际航空电信协会(Society International De Telecommunicatioan Aero-nautiques, SITA)是联合国民航组织认可的一个非营利性组织,是航空运输业世界领先的电信和信息技术解决方案的集成供应商。

国际航空电信协会于1949年12月23日由荷兰、法国、英国、瑞士等国家的11家航空公司的代表在比利时的布鲁塞尔成立,其将成员航空公司的通信设备相互连接并共同使用。现在,SITA已成为一个国际化的航空电信机构,经营着世界上最大的专用电信网络。

中国民航于1980年5月加入SITA。中国民航通信网络与SITA相连通,其货运系统已经在国航、国货航等公司使用,系统联通了货运线路沿途各站,可以全程追踪货物情况,从而为航空货运提供了很大的方便。

(五)中国航空运输协会

中国航空运输协会(China Air Transport Association,CATA),简称中国航协,成立于2005年9月26日,是依据我国有关法律规定,经中华人民共和国民政部核准登记注册,以民用航空公司为主体,由企、事业法人和社团法人自愿参加组成的、行业性、不以营利为目的的全国性社团法人(见图1-6)。党建领导机关是中央和国家机关工作委员会,接受行业管理部门中国民用航空局(CAAC)的业务指导和监督管理。截至2024年1月,协会会员单位966家。中国航协组织机构设立如图1-7所示。

图1-6　中国航空运输协会(CATA)

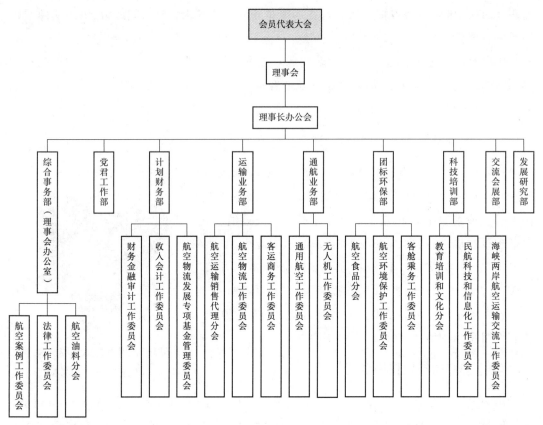

图1-7 中国航协组织架构

"十四五"时期中国航协发展的基本思路:坚持以习近平新时代中国特色社会主义思想为指导,深入学习贯彻习近平总书记对民航工作的重要指示批示精神,认真落实民航总体工作部署,坚持"打基础、上台阶、创一流"的工作方针,以推动协会高质量发展为主题,以加强参与行业治理能力建设为抓手,以服务会员、服务行业、服务社会为导向,促进高质量发展、促进持续安全,维护会员权益,维护市场秩序,强化科教文化、强化合作交流,充分发挥助力支撑、引导协调、支持保障和桥梁纽带作用,积极打造引领型、创新型、服务型、协同型社会组织,朝着法治化、数字化、国际化方向,扎实推进能力建设、制度建设、队伍建设、品牌建设和文化建设,弘扬"讲政治、讲学习、讲团结、讲奉献、讲廉洁"作风,基本建设成为政府信得过、企业离不开、社会反响好、自身过得硬的一流社会组织,为实现建成民航强国目标贡献力量。

三、航空货运业务资料

(一)《航空货物运价手册》

《航空货物运价手册》(*The Air Cargo Tariff*, TACT)是由国际航协统一出版发行的一项资料手册,主要提供与航空运输相关的货运业务信息。TACT共分为三部分:TACT规则(TACT RULES)、TACT运价表——世界范围分册(TACT RATES—Worldwide)和

TACT运价表——北美分册(TACT RATES—North America)。TACT每年出版三期,分别在2月、6月和10月,生效期为发行当月的日期。

TACT RULES包括国际航空货物运输一般规定、国家规定和承运人的特殊规定,具体如下。

第一单元:一般信息(General Information)。

第二单元:货物的接收(Acceptance for Carriage)。

第三单元:航空运费(Transportation Charges)。

第四单元:服务费和相关费用(Services and Related Charges)。

第五单元:付款(Payment of Rates and Charges)。

第六单元:货运单(The Air Waybill)。

第七单元:国家信息(Information By Countries)。

第八单元:承运人的特殊规定(Carriers Special Regulations)。

(二)《航空货物运输指南》

《航空货物运输指南》(*Official Airline Guide Cargo*,OAG-Cargo),是集合了世界各大航司货运航班时刻和运价等信息的一本刊物,每月出版一期,主要公布航班时刻,包括全货机及可装载货物的客机航班信息。

1 《航空货物运输指南》的内容

《航空货物运输指南》共分为三部分。

(1)第一部分,全球班期时刻表(Worldwide schedules):①如何使用班期时刻表(How to use worldwide city-to-city schedules);②日历(Calendar);③免责声明(Disclaimer);④班期时刻表(Worldwide city-to-city schedules)。

(2)第二部分,班期时刻的代码和详细信息(Worldwide Schedules codes and details):①承运人代码和代码共享(Airline codes and codeshare);②承运人数字代码(Airline code number);③机型代码(Aircraft codes);④城市/机场代码(City/Airport codes);⑤航线(Flight routing)。

(3)第三部分,一般参考资料(General reference):①北美航空货运免费服务电话(NA Air cargo toll free numbers);②全球承运人(Airlines of the world);③国际时间计算(International time calculator);④时区图(Time zone map);⑤银行工作时间和公共假期(Bank closures and public holidays);⑥办公和销售总代理(OAG officers and general sales agents);⑦客户服务或如何刊登广告(Customer services / How to advertise)。

2 如何使用航班时刻表

对于其使用方法,指南中有详细注释,见图1-8。此月刊同时配有数据平台供企业和个人使用,方便对航班变更信息进行更为精准的把控,提高运输效率,降低运输成本。

如何使用全球城市至城市的航班时刻表

城市和机场信息编排说明

好些城市拥有一个以上的大型机场，
城市/机场图标示出机场和城市的相对位置。

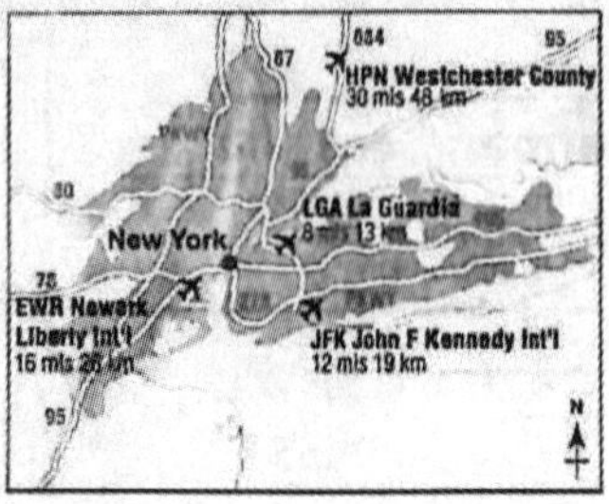

柏林的时间比格林尼治标准时间快2小时

安塔利亚(Antalya)的时间比格林尼治标准时间快3小时

起飞城市

飞往德国柏林(城市代码BER)的航班

起飞机场

柏林拥有三个机场
SXF＝柏林舍内费尔德机场 (Schonefeld)机场，距离市中心12英里
THF＝柏林滕帕尔霍夫(Tempelhof)机场，距离市中心4英里
TXL＝柏林泰格尔(Tegel)机场，距离市中心5英里

From Berlin, Germany BER GMT+2
SXF (Berlin Schonefeld Airport) 12.0mls/19.0km
THF (Berlin Tempelhof Airport) 4.0mls/6.0km
TXL (Berlin Tegel Airport) 5.0mls/8.0km
Antalya AYT 1367mls/ 2199km GMT+3

抵达城市

航班自安塔利亚(城市代码AYT)起飞
柏林和安塔利亚的空中距离是1367空英里

所有航班时刻表编排说明

切记：所示时间皆指当地时间。
下列例子列明新加坡至纽约的航班

Singapore SIN 9524mls/ 15324km GMT+8
SIN-Changi Apt

days	validity	depart		arrive		flight	equip	class	stops
---4---	From 3Jun	0400	JFK	0235+2	SIN	NW901	74F	AC	2
		NW 901 Change plane at NRT							
---4---	13-27May	0400	JFK	0255+2	SIN	NW901	74F	AC	2
		NW 901 Change plane at NRT							
1234567	Until 2Jun	1245	JFK	2350+1	SIN	UA801	777	BC	1
		UA 801 Change plane at NRT							
1-3-5-7-		2140	EWR	0605+2	SIN	SQ23	744	BC	1
1234567	From 28Jun	2300	EWR	0535+2	SIN	SQ21	345	BC	-
connections		depart		arrive		flight			
1-34---		0920	JFK	1515+1	TPE	*CI324	74Y	AC	-
		0005+2	TPE	0420+2	SIN	*CI375	74Y	AC	-
1234567	Until 21Jun	1215	JFK	1450+1	NRT	NH9	744	BC	-
		1625+2	NRT	2220+2	SIN	NH901	777	BC	-
1-34567	From 26Jun	1215	JFK	1450+1	NRT	NH9	744	BC	-
		1630+2	NRT	2220+2	SIN	NH901	777	BC	-

星期几

1－星期一，2－星期二，3－星期三，
4－星期四，5－星期五，6－星期六，7－星期日
此航班在星期四运行

有效期

如果有效期一栏无日期显示，
表示此服务在本刊涵盖的时期皆有运行。
此航班自6月28日起有效

起飞和抵达时间

所有时间指当地时间。请查阅国际时间换算页，
以了解当地时间和国际时间(格林尼治国际时间)的差异。

此中转航班于上午9时20分自纽约起飞
并于凌晨4时20分(两天后)抵达新加坡

天数指标

此栏的＋/－天数符号表明抵达和起飞时间
不是启程的同一天。

+1 第二天　+5 第六天
+2 第三天　+6 第七天
+3 第四天　－1 前一天
+4 第五天

机场代码

请参阅城市/机场代码页，
以查找各代码所代表的机场。

此中转航班自纽约肯尼迪国际机场(JFK)起飞，
中途于东京成田机场(NRT)停留，
最终抵达新加坡樟宜机场(SIN)

航空公司代码和航班代码

航班代码的首两个字符代表运行该
航班的航空公司代码。
若航空公司代码前注有★号，
表明该航班是由另一家航空公司运行。

请参阅航空公司代码和代码
共享页以了解详情。

此航班是由新加坡航空公司运行

机型代码

请参阅机型代码页以了解
各代码所代表的机型。

此航班的机型是波音747(货机)

停留次数

若航班有超过8次停留，
您可看到M(多次停留)。
请参阅航线页以查找中转停留站。

此航线有一次停留

直达航班

如果一行信息上的时间都以粗体显示，
即表明该航班属直达航班。
该航班可能从起飞城市不间断地直飞抵达城市。

也可能在途中的一个或多个城市停留

中转航班

如果一行信息上的时间不是以粗体显示，
即表明该航班属中转航班。
中转航班必须在一个中转机场由一趟航班转搭另一趟航班。
若起飞机场的代码有别于先前的抵达机场，
则表明乘客必须转换机场以搭乘另一趟中转航班。
中转航班是在任何直达航班之后显示。

服务等级

AC　纯货运航班/供卡车运载的散装货物/集装箱货物/托台货物。
BC　此载客航班使用载有集装箱货物/托台货物的宽体飞机。
PC　此航班使用搭客舱面载有散装货物/集装箱货物/托台货物的混合型飞机。
P　此载客航班使用窄体飞机。
此航班是纯货运航班

航班路线注释

航线下方偶尔会有注释，以下详细说明所有注释：

Board point restriction	此注释后的说明适用于起飞机场
connex/stpvr traffic only	此航程部分只限中转和过境航班
connex traffic only	此航程部分只限中转航班
Intl connex/stpvr traffic	此航程部分只限国际性中转/过境航班
Intl connex traffic only	此航程部分只限国际性中转航班
Intl online connex/stpvr traffic	此航程只限作为国际性中转和过境航线的一部分
Intl online connex traffic only	此航程只限作为国际性转机航线的一部分
Local and online connex traffic only	此航程只限作为直达航班和转机航线的一部分
Local traffic only	此航程不可作为任何转机航线的一部分
Off point restriction	此注释后的说明适用于抵达机场
Online connex/stpvr traffic only	此航程只限作为中转和过境航线的一部分
Ops if sufficent demand	此航班只在乘客量足够的情况下方有运行
Strictly local sale only	此航班只限持有本营运航空公司机票的乘客
Subject to approval	此航班的运行须经批准，请预先向航空公司确认
Subject to confirmation	此航班的运行须经确认，请预先向航空公司确认

图 1-8　航班时刻表使用说明

(三)《危险品规则》

《危险品规则》(Dangerous Goods Regulations，DGR)是IATA颁布的一套规定，对航空危险品进行了分类，并规定了其运输限制、操作规定和文件规范等内容。

此外，《危险品规则》也对航空公司和物流公司的工作人员给出了相关的培训和认证要求，以确保其掌握安全操作程序，能够正确识别、处理和运输危险品。

四、IATA分区及其范围

国际航空运输协会(IATA)为便于国际航空运输的协调与管理，将世界划分为三个业务区。

(一)IATA一区

IATA一区北起格陵兰岛，南至南极洲；包括南美洲、北美洲大陆及其邻近的岛屿，以及格陵兰群岛、百慕大群岛、西印度群岛、加勒比群岛和夏威夷群岛(包括中途岛和巴尔米拉岛)；可细分为北美洲次区、中美洲次区、南美洲次区和加勒比次区，其中南美洲次区与加勒比次区有一部分是重合的。

(二)IATA二区

IATA二区北起北冰洋诸岛，南至南极洲；包括欧洲(包括俄罗斯的欧洲部分)及其近邻岛屿、冰岛、亚速尔群岛、非洲全部及其近邻岛屿、亚松森群岛、伊朗及其以西的亚洲部分；可以细分为欧洲次区、中东次区和非洲次区。

(三)IATA三区

IATA三区北起北冰洋，南至南极洲；包括亚洲及未包括在IATA二区范围内的相邻岛屿、东印度群岛、澳大利亚、新西兰，以及不包括在IATA一区内的太平洋岛屿；可以细分为南亚次大陆次区、东南亚次区、西南太平洋次区和日本/朝鲜次区(东亚次区)。

任务演练

一、连线题

请将全称与简称进行连线：

国际民用航空组织　　　　　　　IATA
国际货运代理协会联合会　　　　ICAO
国际航空运输协会　　　　　　　FIATA
中国民用航空局　　　　　　　　CAAC

二、填空题

《统一国际航空运输某些规则的公约》简称为＿＿＿＿＿＿。

三、单选题

以下哪部手册的内容包含了国际航空货物运价与运费相关规定？(　　)

A. DGR B. OAG-Cargo C. TACT

四、实训任务

请尝试对本任务"任务导入"中的邮件进行回复。

任务三　了解航空货运代理

任务导入

北京雅韵服装公司有一批服装需要通过空运从北京运至东京,该公司已委托北京腾达国际航空货运代理公司托运该票货物。腾达货运操作部业务专员航小运负责本单货物的业务办理。

请问:航小运需要为北京雅韵服装公司提供哪些服务?

一、航空货运代理的概念与作用

航空货运代理,全称航空货物运输代理,是指接受航空公司或托运人的委托,专门从事航空货物运输的组织工作,从而获取一定报酬的法人。航空货运代理是航空货物运输市场中联结托运人和航空公司的重要桥梁。

从航空公司角度来说,航空货运代理的存在有助于航空公司节约大量的服务成本。航空货运代理将大量散户的每单少量运输需求转变成少量大型托运人的每单大量运输需求,使航空公司不必为大量零散客户配置辅助性服务工作人员,能明显提高运输效率,降低作业成本。

从客户角度来看,航空货运代理的存在也帮助客户节约了大量的精力和试错成本,甚至可以获得从自家发货地到货物目的地的一揽子综合性服务,降低运输成本和试错导致的沉没成本。

从社会角度来说,航空货运代理的存在提高了周转效率,促进了B2B、B2C和C2C的航空物流转运,达到了节约成本、提高效益的效果。未来,我国航空货运代理行业也将随着民航强国的建设、交通强国的春风,逐渐发展壮大,为客户提供更优质的服务,为社会物流周转提供新的"民航力量"。

二、航空货运代理的分类

航空货运代理一般可根据以下三类标准进行区分。

(一)按代理主体分

按代理主体,航空货运代理可分为IATA货运代理和普通货运代理。前者经过IATA成员航司的授权,主要代表航司从事运输活动;后者则接受托运人委托,代表托运人处理货物运输业务。我国代理人大多具有双重身份,这种情况在其他很多国家是不允许的。

其中,要想成为IATA货运代理,必须向IATA申请注册。申请者应该具备一定条件,如充足的资金、专业的职员,并必须被至少一家航空公司指定为代理。只有这样,其在经办货运代理业务时,才可以从经办的航空公司领取空白票证并获得一定比例的佣金。

(二)按代理业务范围分

按代理业务范围,航空货运代理可分为具备经营国际业务资质的国际航空货运代理和只具有经营国内业务资质的国内航空货运代理。我国常采用一类和二类空运销售代理的概念进行区分。根据中国民航局相关规定:一类空运销售代理是指经营国际或港澳台航线民用航空运输销售代理业务的法人;二类空运销售代理则指经营国内除港澳台航线以外的民用航空运输销售代理业务的法人。

(三)按业务性质分

按业务性质,航空货运代理可分为订舱揽货代理、货物装卸代理、货物存储代理、货物转运代理、货物理货代理、货物报关代理等。其中,订舱揽货代理一般需要具备较广的航空承运人关系网,货物报关代理通常需要具备相应资质。我国常见的大型代理公司往往是综合业务公司,具备多种业务经营能力。

航空货运代理中还有一种特殊的类型,即集中托运人(Consolidator),其开展的集中托运是将若干批单独发运的货物组成一票,向航空公司办理托运,采用一份航空主运单将货物集中发运到同一目的站,再由集中托运人在目的地指定的代理收货,根据集中托运人签发的航空分运单分拨给各实际收货人。这也是航空货物运输中较为普遍的一种运输方式,是航空货运代理的主要业务之一。

与货运代理人不同,集中托运人的地位类似多式联运中的多式联运经营人,集中托运人承担的是货物的全程运输责任,而且在运输中具有双重角色。集中托运人对各个发货人负货物运输责任,地位相当于承运人;而在与航空公司的关系中,集中托运人又被视为集中托运的一整批货物的托运人。

三、国际航空货物出口运输代理业务流程

航空货运代理的工作流程一般处于机场货站以外,对进出口业务以及国内运输业务进行集货、现场操作和接货等货运操作。下面以国际出口为例,介绍航空货运代理的整体工作流程(见图1-9)。

(一)销售

销售又称揽货,主要目的是通过集装集运的方式获得承运人的批量低价,从而节约成本。一般各个航空货运代理的托运人订单都是长期合作订单,合作模式、出货量和出货品类都有旧例可循,操作流程简单,货量有预估,有利于航空货运代理与承运人进行交涉。

(二)订舱

简单对接合作企业发来的货物情况并按其运输要求进行统一订舱,向航空承运人预订

航班和舱位,确定货运单号。

(三)安排入园/站

1 录单

货运代理公司操作员与托运人对接货物资料、物流转运信息等,将运单号与各类资料录入公司系统,做好关联记录;同时,联系物流转运司机,确认到达时间,核对各项信息并将车牌、运单及相关货物信息录入货站系统,提醒司机入站路线与注意事项。

一般机场货站物流园区为了保证通关安全,有可能对车辆货厢内的物品有要求,如要求出站空载并敞开货厢门等。如有类似要求,操作员需要提醒司机,防止其夹带其他目的地货物入站,否则容易使托运人或本企业蒙受经济损失。这类情况往往出现在初次承接航空货物送货的快递企业司机处。

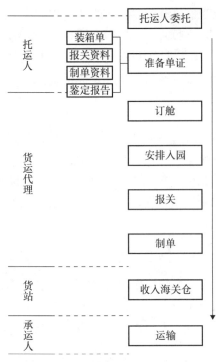

图1-9 航空货运代理国际出口工作流程

2 准备相关资料

需要打印货运标签(见图1-10)以及其他托运人提出要求的资料。标签常见项目有:①主单号(AIR WAYBILL NO.);②主单目的地(DESTINATION);③主单件数(TOTAL NO. OF PCS);④分单号(HAWB);⑤始发地(DEPARTURE);⑥分单目的地(HAWB DESTINATION);⑦分单件数(HAWB PCS)。

图1-10 航空货运标签示例

为方便现场操作清点,要打印货物件数等量的标签,并且单独多出3~5张余量,余量标签要单独放置。若货物件数较多,可以适当多打印一些余量标签。同时各类特殊操作标签也要统一清点并准备好,以便由司机或工作人员携带交付现场操作部门。

为节约时间,一般会将货物资料(包括箱单、发票、报关资料等)提前打印并做好标记,货物到达并收到相关入库信息后即可移交报关。若有危险品资料,也需先行打印并交付现场操作部门。

3 货物现场操作

在货站月台对货物做安检前的最后准备。对一般货物进行组托、贴标签、清点数量、缠膜固定(见图1-11),对特殊货物则需要按要求进行打板、挂签等操作(见图1-12)。标签需要全部向外侧,方便核对清点,每单货物均需要有两人以上来清点并核对单据。

图 1-11 货物码垛与固定

图 1-12 挂签的使用

货物清点并准备完毕后,对该单货物进行称重,并测量尺寸,由机场货站出示磅单(见图1-13),重量给到毛重。

图 1-13 磅单(部分)

图1-13所示的磅单,显示货物件数为81件,毛重1620.0 kg,并已关联运单号等信息。后续单据均需要按照此重量进行记录和计算。重量数据和尺寸数据由现场操作部门回传到单证操作处。

过磅后的货物即可在货站进行登记,然后组织进入安检,并回收安检单。现场操作部门需要在此过程中回传货物照片等信息,并核对提交货物单据。

4 制单与报关

现场货物信息回传后,单证操作处即可制作货运单,并与客户确认运价,咨询其随单文件需求,将相关报关信息及时完善并移交报关员。报关员会在系统中根据托运人提供的信息进行报关操作。报关通过后将相关信息录入海关系统,形成运抵单(见图1-14)。

图1-14 运抵单

各类单据制作完毕后即可打印纸质单据,并按规定进行分单、留单、钉单。由现场操作员收集并在航班截载前交单。

5 制作账单

为此票货物制作账单,并统一反馈到销售岗位。货运代理公司一般会按照货运单要求和合同要求,对客户收取费用。按不同情况,会有每单收取、每月初预收和每月底收取等方式;客户分级不同,收款方式也不同。

四、国际航空货物进口运输代理业务流程

国际航空货物进口运输代理业务流程包括货运代理公司负责处理货物从入境到提取或转运整个流程所需通过的环节、所需办理的手续及必备单证。

（一）代理预报

在国外发货之前，国外发货公司会将运单、航班、件数、重量、品名、实际收货人及其地址、联系电话等内容通过 E-mail 等线上联络方式发给目的地货运代理公司，这一过程称为预报，接到预报后货运代理公司需要做好本票货物接货准备。

（二）交接单、货

航空货物入境时，与货物相关的随机单据（运单、发票、装箱单等）也将到达，运输工具及货物会处于海关监管之下。

货物卸下后，首先将货物存入航空公司或机场的监管仓库（一般为机场货站海关仓），然后录入进口货物情况，供报关用。同时，根据货运单上的收货人及其地址寄发提货通知。

（三）理货与仓储

货运代理公司接货后，可以将货物短途驳运进自己的监管仓库（也可以在机场货站海关仓内），然后组织理货及仓储。理货时逐一核对每票件数并检查货物破损情况，遇有异常，确属接货时未发现的问题，可向航空公司提出异议。

（四）理单与到货通知

将集中托运进口的每票总运单下的分运单整理出来，核对与到货情况是否一致，并抄录入系统。工作人员需要逐单审核、编配，单证齐全、符合报关条件的货物将立刻转入制单、报关程序，并尽快通知提货人到货情况。

（五）制单、报关

制单指按照海关要求，依据运单、发票、装箱单及证明货物合法进口的有关批准文件，制作进口货物报关单。进口报关是进口运输中的关键环节，报关程序包含许多环节，大致可分为初审、审单、征税、验放4个主要环节。

（六）收费、发货

办完报关、验货等进口手续后，提货人须凭盖有海关放行章、动植物报验章、卫生检疫报验章的进口提货单到所属监管仓库付费提货。

仓库发货时，须检验提货单据上各类报关、报验章是否齐全，并登记提货人的单位、姓名、身份证号码，以确保安全。

若为集中托运人组织运输，则一般由集中托运人组织提货。

（七）送货与运送

目前，绝大部分发货人要求进口货物由货运代理公司报关、垫税、提货并送至收货人手中。货运代理公司在代理客户制单、报关、垫税、提货、运输的一揽子服务中，由于工作熟练、衔接紧密、服务到位，受到货主的欢迎，也因为集中组织的原因节约了更多成本，从而创造了更多收益。

■ 知识拓展

从事航空货运销售代理业务的基本条件(文件节选)

(1) 工商行政管理部门颁发的营业执照。营业执照的经营范围应当包含货运销售代理业务或相同意思的表述。

(2) 与销售代理人业务规模相适应的实缴资本。

(3) 与航空公司协定的必要资金担保或质押。

(4) 企业法人及相关业务负责人应没有不良信用记录。

(5) 经专业培训机构培训的与销售代理业务规模相适应的岗位技能人员。

① 销售代理人应当按照《民用航空危险品运输管理规定》和《危险物品安全航空运输技术细则》的要求接受相关危险品知识的培训并合格。

② 持有航空运输代理企业安保知识证书人员不少于两名。

(6) 销售代理人应具备和代理业务量相匹配的营业场所和货物仓储场所。

① 仓库内应有足够的防护设施和必要的安全设备并定期进行检查,以保证其适用性。

② 做好防火、防盗、防爆、防水、防冻等工作。

(7) 安保要求。

① 销售代理人制定本企业安保方案,安保条件符合民航行业主管部门要求。

② 销售代理人安保方案必须得到航空公司认可,并确保方案的适当和有效,相关内容符合《中华人民共和国民用航空安全保卫条例》。

③ 对相关从业人员进行背景调查。

(8) 危险品要求。

① 从事危险品运输的销售代理人,应符合《民用航空危险品运输管理规定》。

② 从事危险品运输时,必须报备应急电话,并保持24小时接听。

③ 有危险品培训大纲自查自检制度。

④ 组织制定并实施危险品事故应急处置预案,仓储场所具有全方位24小时无盲区视频监控系统。

⑤ 有航空货运安全管理制度,制定航空货运查验措施或者采取有效措施防止货物中隐含危险品。

⑥ 制定经航空公司认可的危险品培训大纲,并提供认可函。

(资料来源:中国航空运输协会,《航空运输货运销售代理人业务规范》(T/CATAGS 2—2019))

✈ 任务演练

选择题(请扫码答题):

在线答题

项目小结

作为准民航货运工作者,通过本项目的学习,相信大家对航空货物运输已有了初步了解,也有了进一步深入学习的兴趣。本项目重点内容包括航空货运业务流程、航空货运业务资料,以及航空货运代理分类。

在了解了航空货运工作的性质和特点后,同学们应树立行业必需的法律意识、服务意识和质量意识,严格遵守航空货运相关法律与规章,立志做优秀"民航人"。

项目训练

回顾复习本项目内容,扫码完成项目测试题。

项目测试

项目二　航空货物运输设备

项目引入

新冠疫情发生后,民航业遭受了前所未有的冲击,国内及国际航空运输市场发生显著变化,客运市场需求急剧下降,货运需求则呈爆发式增长。为满足防疫物资运输的需要,保障全球供应链的畅通,很多航空公司除了用全货机和客机腹舱运输货物,还采用"客改货"方式进行物资运输,即用飞机客舱装载货物(见图2-1),将货物一件件捆绑固定在客舱座椅上,或者将货物直接装载在客舱地板上进行运输。

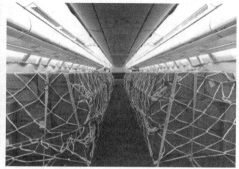

图 2-1　飞机客舱装载货物

(图片来源:https://www.sohu.com/a/391337121_708287)

但由于客机主舱(客舱)与机腹货舱或货机主货舱有明显不同,前者并没有设计和安装烟雾/火警探测、自动灭火等系统,其运行风险仍有待探索和总结。2021年底,中国民航局在《客舱装载货物运输(第二版)》中规定,不允许通过改变客舱构型(即拆除客舱内的全部或部分旅客座椅)在客舱地板上装载货物。

请大家思考以下问题:

1. 民用飞机分为哪些类型?
2. 民航货机与客机有什么区别?
3. 货物空运还需要用到哪些设备?

项目目标

知识目标

1. 了解民航飞机的类型与舱位结构,以及货运操作设备。
2. 了解飞机集装器的作用、种类及标记、识别代码。
3. 明确集装货物组装的相关规定与要求。

能力目标

1. 正确识别不同的民航机型与货运操作设备。

2.能够根据集装器代码准确识别集装器的种类、尺寸、适用的机型等信息。

3.能够规范地完成集装箱、板的货物组装。

素养目标

1.了解国产民航飞机的发展现状和前景,树立爱国之情、报国之志。

2.准确识别飞机集装器及其他设备,养成标准化、规范化的民航工作作风。

3.规范组装集装货物,提升安全意识与质量意识,养成吃苦耐劳、团结协作、严谨细致、敬畏规章、敬畏职责的民航精神。

知识架构

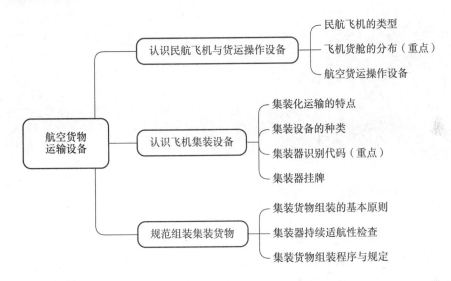

任务一 认识民航飞机与货运操作设备

任务导入

民航客机能否运输货物?飞机货舱的结构是怎样的?货物是如何进行操作装卸的,需要用到哪些操作设备?如果有人提出这些问题,你可以为其解答吗?

一、民航飞机的类型

民航飞机的分类标准有多种,可以根据机身宽度分类,也可以根据飞机用途分类。

(一)按机身宽度分类

民航飞机按照机身宽度分为窄体飞机与宽体飞机。

1 窄体飞机(Narrow-body Aircraft)

窄体飞机又称非宽体机,机身宽度小于 472 cm,客舱内设单通道,如 B707、B717、B727、B737、B757、DC-8、DC-9、MD-80、MD-90、A318、A319、A320、A321,以及中国商飞 C919 等。目前国内航空公司使用的主流窄体机有波音 737 系列(B737-300/400/700/800 等)、空客 A320 系列(A318、A319、A320、A321)、麦道的 MD-82、MD-90 等。

窄体飞机下舱(见图 2-2)一般只能装载散货,不能装运集装货物。空客 A319、A320、A321 等机型的下舱经改装后可装载小型集装箱,此种集装箱是经过特别设计的,其最高高度约 117 cm,而宽体飞机下舱装载的集装箱最高高度一般为 163 cm。

图 2-2 窄体飞机下舱

2 宽体飞机(Wide-body Aircraft)

宽体飞机的机身宽度不小于 472 cm,客舱内设双通道,如 B747、B777、B787、A300、A310、A330、A340、A350、A380、DC-10、MD-11、IL-86、L1011、AN-124 等机型。B767 的机身宽度不足 472 cm,但客舱为双通道布局,且座位数超过 200 个,其被称为"半宽体飞机",为了方便管理,该机型通常也被归为宽体飞机。

宽体飞机下舱(见图 2-3)既可装载散货,也可装载集装器,通常前下货舱和后下货舱用来装载集装器,尾部为散货舱,后下货舱与散货舱之间用货舱隔离网隔开。

图 2-3 宽体飞机下舱

(二)按飞机用途分类

民航飞机按照用途分为客机、货机与客货混用机。

1 客机(Passenger Aircraft)

主流客机通常用主舱载运旅客,下舱(腹舱)载运行李、货物和邮件。某些小型支线客机只有单层舱,客舱与货舱均在该舱内,如国产客机新舟600等。客机舱位分布如图2-4所示。

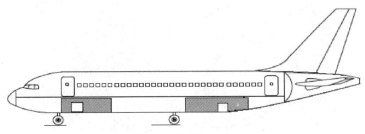

图2-4 客机舱位分布

2 货机(All-cargo Aircraft)

货机是指飞机的主舱和下舱都用于装载货物,一般分为窄体货机与宽体货机。我国常见的窄体货机有B737-300F/400F/800F、B757F等,宽体货机有B747-200F/400F、B777F等。

✈ 想一想:改装型货机与原装型货机有什么区别?近年来,"客改货"市场为何持续火热?有很多航司用客机的客舱运输货物,是如何实现的?

3 客货混用机(Combination Aircraft)

飞机主舱的一部分用来载运旅客,另一部分用来装运货物的飞机,称为客货混用机。一般情况下,宽体客货混用机的主舱前部是客舱、后部为货舱,主货舱门位于机身后半部左上方;窄体客货混用机的主舱前部是货舱、后部为客舱,主货舱门位于机身前半部左上方。客货混用机货舱分布如图2-5所示。

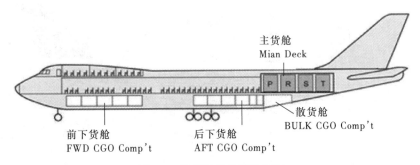

图2-5 客货混用机货舱分布

二、飞机货舱的分布

(一)飞机的舱位结构

单层舱飞机仅有一个结构层,单层舱客机通常是小型短程运输飞机,如国产客机新舟

600（见图2-6）、运-12等机型，此类飞机的客舱和货舱在一个平面甲板上，没有腹舱。单层舱货机通常用于装载超重货物，货舱甲板是加强型的，载重量也较大，如安-124（见图2-7）、安-225、伊尔-76、运-20等，货舱门多设置在机尾底部，有些机型还设有机头门，舱门面积更大，便于装卸操作。

图2-6　国产客机新舟600

图2-7　安-124运输机

多层舱飞机主要包含两种舱位，即主舱（Main Deck）和下舱（Lower Deck）。个别机型有三种舱位，即上舱（Upper Deck）、主舱、下舱，如B747（见图2-8）、A380。

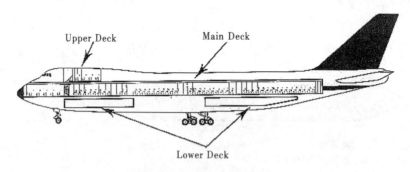

图2-8　B747客机舱位结构

（二）飞机货舱的分布

客机的下舱通常作为货舱，分为前货舱和后货舱，很多又被分成若干个分货舱（Compartment），如图2-9所示。分货舱一般用永久性的固体舱壁或可移动的软网隔离而成，用软网分隔的货舱可装载超出分货舱容积的货物，而固体舱壁的货舱则不能超限。货机则包含主货舱与下货舱，如图2-10所示。

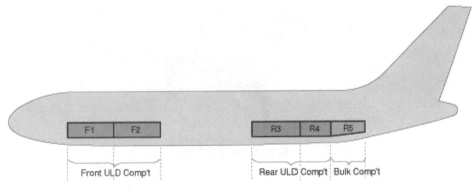

图 2-9　客机货舱结构

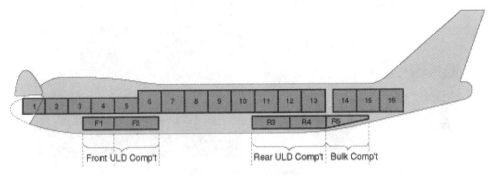

图 2-10　货机货舱结构

三、航空货运操作设备

（一）固定设备

（1）地磅，分为大、中、小型，航空承运人或机场货运库区应根据飞机载运能力选择承重能力符合要求的地磅。

（2）升降式集装货物组装平台（见图2-11），主要用于组装集装板货物。

图 2-11　升降式集装货物组装平台

（3）集装器托架（见图2-12），主要用于空集装板、箱的存放或载货集装板、箱待运期间存放，也可用于到达的集装货物的拆卸。

图 2-12　集装器托架

（二）可移动设备

（1）集装器拖车（见图 2-13），主要用于集装板、箱的地面运输和移动。

图 2-13　集装器拖车

（2）散装拖斗车（见图 2-14），用于散装货物、行李、邮件的地面装运。

（3）传送带车（见图 2-15），用于散装货物、行李、邮件的装卸。

图 2-14　散装拖斗车　　　　　　　图 2-15　传送带车

（4）集装器装载机（见图 2-16），又称为集装器升降平台车，用于集装货物的装卸作业。

（5）叉车（见图 2-17），用于大型货物的地面操作。

图 2-16　集装器装载机　　　　　　　图 2-17　叉车

■ 货运现场直通车

中国"客改货"市场持续火热

近年来,全球多家知名飞机制造商、航空公司、服务提供商以及其他相关企业,纷纷在中国市场推出新改装货机生产线、新货运航线以及创新性航空货运服务。波音公司2022年计划与广州飞机维修工程有限公司合作在广州设立两条767-300BCF改装线,可以将退役的767-300型客机改装为中型宽体货运飞机。此前,波音已与合作伙伴陆续在中国广州、上海和济南设立了合计超过10条737-800BCF波音改装货机生产线。

那么,为什么要将客机改装成货机?如何改装?飞机的使用寿命一般为30年左右,客机在客运市场上服役了十几年后会显得老旧,维护成本也不断提高,航空公司会考虑更新机队,处理老旧飞机,如果能改成货机,这些旧飞机的价值就比较大。而退出客运市场的飞机能否被改成货机,要视其机型特点、运行状态和市场需求而定。

"客改货"主要是把客舱改成货舱。这需要加强主舱地板和机身结构,以承载货物的重量。安装可以承载9g(冲击力)隔板或拦网,将货舱与驾驶舱、押运舱隔开,并且平衡机身力矩,还需安装火警探测和报警系统,以及火情抑制系统。同时还有大量的飞机系统改装,比如环境控制系统、水和废水系统、氧气系统、电气系统等。在主货舱地板上安装货物装载系统,以便集装货物在舱内移动。还要在机身上开更大的货舱门(见图2-18)。将客机改成真正的货机是一项比较复杂的工作,工程方案的制订和验证一般要历经数年,改装一架飞机的工期是3~4个月。

图2-18 "客改货"完成后的主货舱门

目前,市场上畅销的可被改成货机的机型主要是波音公司的产品,老一代737、737NG、757、767、747都是"香饽饽",777"客改货"正在路上。空客公司的A300飞机也占有一部分市场份额,A320、A330飞机也对"客改货"市场雄心勃勃。

(资料来源:https://www.sohu.com/a/391337121_708287)

✈ 想一想:作为一名准民航人,你认为这些国际知名企业为何如此看好我国航空货运市场?中国"客改货"市场为何持续火热?

■ 知识拓展

全球超大型货运飞机有哪些?

下面为大家介绍名列前茅的几款超大型运输机。

1. 安东诺夫An-225

An-225飞机(见图2-19)是全球最大的运输机,由苏联安东诺夫设计局研制,最大起飞重量640吨,货舱最大载重250吨,机身顶部最大载重200吨,机身长度84米,翼展88.4米。研制这款巨型运输机的目的是运输大型航天设备,如火箭零部件和航天飞机零部件,其顶部可搭载"暴风雪"号航天飞机。该机型共生产两架,但仅有一号机完工并投入使用,二号机未完工,均归乌克兰所有。2022年3月经新闻证实,一号机损毁于乌克兰戈斯托梅利机场。

图2-19 安东诺夫An-225

2.空客"大白鲸"

A300-600ST超级运输机是空中客车集团用来运送新造飞机半成品的特殊用途货机,因其外观像一只鲸豚类动物,故被称作"大白鲸"(见图2-20)。其拥有容积巨大的货舱,是超大型货物空运的最优选择。

图2-20 空客"大白鲸"

3.波音747梦想运输者

Boeing 747 Dreamlifter,曾用名为波音747-400大型货机,是一款由美国波音公司开发,并由长荣航太科技(EGAT)负责改装的特殊用途大型运输机(见图2-21)。

图2-21 波音747梦想运输者

(资料来源:百度百科)

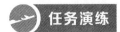 **任务演练**

选择题(请扫码答题)

在线答题

任务二　认识飞机集装设备

 任务导入

20世纪70年代以前,航空公司运输行李、邮件和货物基本采用散装方式,直到引入大型货机后,为了提高装卸速度和运输效率,航空货运开始采用集装化运输,即使用集装设备装载货物进行航空运输。集装设备(见图2-22)的设计和生产是规范化、标准化的,是飞机结构中可拆装的一部分。

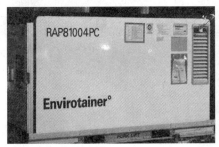

图2-22　集装设备

航空集装设备有多种不同类型,如何识别集装器的类型、尺寸及其适用的机型?通过什么方式进行识别?请大家带着问题去学习本节内容。

一、集装化运输的特点

(一)集装化运输的优势

1　缩短货物装运时间,提高运输效率

使用集装化运输,货物不再需要通过散装的方式进行地面运输、装卸,而是在仓库组装好后通过集装器装载机进行装卸;同时这也提高了中转货物的运输效率,大幅缩短了货物的装运时间,提高了货运工作效率。

2　减少货物装卸次数,降低货物破损率

集装化运输减少了货物在出库、装卸及中转过程中的操作次数,缩短了地面等待时间,恶劣天气下还可以保护货物,降低了货物的破损率。

3 合理利用舱位,提高飞机载运率

集装设备的外形与飞机货舱相吻合,可以最大限度地利用货舱空间,提高货物运量,提高飞机的载运率;同时因为货物装卸次数减少,飞机停场时间缩短,还有利于提高飞机利用率。

4 丰富空运货物种类,开拓航空运输市场

由于集装设备可以起到固定货物、保护货物、控温等作用,很多特种货物也可以进行航空运输了,如活体动物、鲜活易腐货物、精密仪器设备等,拓宽了航空货物运输市场。疫情期间,航空公司利用温控箱运输了大量疫苗和医疗用品。

5 有利于组织联合运输和"门到门"服务

海、陆、空联运越来越成为一种重要的物流模式,能够降低物流成本,提高物流效率,还能更好地满足客户的需求,提高企业竞争力,而集装化运输非常有利于组织联合运输。此外,集装器可以租给用户,送到企业,实现"门到门"服务。

(二)集装化运输的劣势

第一,集装设备自重较大,占据了飞机的部分业载。第二,集装设备造价高,提高了航空公司的运输成本。第三,若回程货量较少,空箱、空板运输会造成航空公司资源浪费,成本提升。

二、集装设备的种类

航空集装设备(Unit Load Device,ULD)是民航货物运输的专用设备,用来装载货物、邮件,一般分为集装箱与集装板(含网套)。

(一)集装箱

集装箱(Aircraft Container)是直接与飞机货舱的货物处理与限动系统衔接的全封闭航空集装单元,由底板、框架、蒙皮、箱顶、箱门及 TSO/CTSO 标记组成,各部分功能如下。

(1)底板是集装箱的底部构件,底板的尺寸大小必须与货舱地板的集装箱固定卡锁相匹配。

(2)框架是集装箱的骨架,与集装箱底板连接固定在一起,框架的构型决定了集装箱的外形和尺寸。

(3)蒙皮是围挡在集装箱顶部、后侧和侧面的金属或其他密封材料,与框架部分一起构成集装箱的箱体,其作用是防水、防尘,同时防止货物丢失。

(4)箱顶指集装箱的顶部,属于蒙皮的一部分,与蒙皮一样使用铆钉固定在框架上。

(5)箱门是货物装卸的出入口,货物装箱后关闭箱门可以起到保护和固定货物并保持集装箱外形不变的作用。根据运输需要,集装箱的箱门可以选择金属门或者软帘门,金属门集装箱多用来装载价值较高、有特殊要求的货物,软帘门集装箱多用来装载普货。

（6）TSO/CTSO 标记（见图 2-23）表示该集装器符合政府规定的技术标准，经过适航认证的集装器必须标示此种标记。没有此标记的集装箱为非适航认证的集装箱，只允许在某些限制条件下使用。

✈ 想一想：什么是 TSO 标记？TSO 与 CTSO 标记有什么区别？

图 2-23 集装箱的 CTSO 标记

集装箱的外形尺寸须与飞机货舱内径尺寸相吻合，并留有一定的安全间隔。在货舱内占据一个完整装载位置的称为全结构集装箱；需要 2 个集装箱背对背平行装载占据一个装载位置的称为半结构集装箱（见图 2-24）。

图 2-24 全结构集装箱（左）与半结构集装箱（右）

根据飞机货舱容积和装载需求的不同，集装箱的尺寸和外形轮廓也不同。有适用于宽体机下货舱的集装箱，也有适用于货机或客货混用机主舱的大型集装箱。

（二）集装板与网套

集装板（Aircraft Pallet）是具有标准外形与尺寸，由带有系留导轨（卡锁轨）的硬质合金边框、板芯、板角以及铆钉等组成的平板（见图 2-25、图 2-26）。

图 2-25 集装板与网套

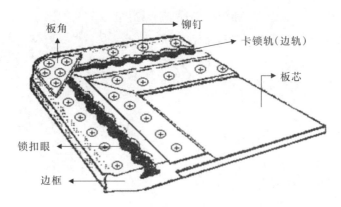

图 2-26　航空集装板结构图

集装板结构各部分功能如下：

（1）板芯是集装板的货物装载区，是集装板的核心部件；

（2）边框是集装板的框架部分，共4条，通过铆钉与板芯部分连接起来形成集装板的基本架构；

（3）卡锁轨，也称系留导轨，分布在集装板边框的正面或侧面，是供板网或绑带上的锁扣在集装板上锁定的位置；

（4）板角的作用是将相邻两个边框连接在一起，并对集装板整体结构进行加固；

（5）铆钉主要起到固定作用，将边框与板芯固定起来；

（6）集装板的 TSO/CTSO 标记刻印在板角的正面，与集装板识别代码相邻（见图2-27）。

图 2-27　集装板 CTSO 标记

集装板网套由网绳、锁扣、调节钩和角绳构成，其作用是将货物固定在集装板上，通过卡锁装置与集装板相连，对货物运输安全和航班飞行安全具有重要意义。板网各部分的功能如下：

（1）网绳是编织板网的主要材料，网绳的材料、规格必须经过适航认证；

（2）锁扣是连接板网和集装板的部件（见图2-28）。将锁扣插入集装板的卡锁轨，拉紧形成对货物的固定。

图 2-28　锁扣

（3）调节钩是安装在板网上的金属部件（见图2-29），用来调节拉紧板网，以更好地固定货物。

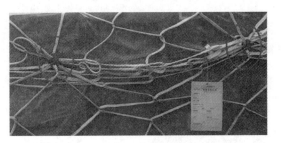

图2-29　调节钩

（4）角绳是经过适航认证的绳索，板网的4个角各一根（见图2-30），其作用是将相邻的板网捆绑起来，使板网的固定性达到最佳，同时避免货物从4个角掉出。

图2-30　角绳

■ 知识拓展

TSO/CTSO标记

TSO（Technical Standard Orders）是政府制定发布的民用航空器上所用的某些材料、零部件或机载设备（项目）的最低技术标准。TSO最早由美国联邦航空管理局（Federal Aviation Administration，FAA）制定发布，后被美国国家航空航天局发布为国家标准（NAS 3610），被国际标准化组织采用并发布为国际标准（ISO 8097）。符合技术标准规定的项目制造人的设计和生产必须获得民航主管部门颁发的TSO项目批准书，只有获得TSO项目批准书的申请人才有权使用TSO标记（铭牌）。

CTSO是中国民用航空局（Civil Aviation Administration of China，CAAC）制定发布的技术标准规定。所有经过适航认证的航空集装器必须以铭牌形式标示TSO或CTSO标记，以表示该集装器符合政府规定的技术标准。TSO/CTSO标记（铭牌）不适用于非适航认证的航空集装器。

TSO/CTSO铭牌上应持久而清晰地标示下列内容：①制造人的名称和地址；②项目的名称、型号、零部件号或型别代号；③项目的序列号和制造日期；④民航主管部门批准的

TSO/CTSO 号码。

（资料来源：1＋X 职业技能等级证书培训教材《民航货物运输》）

三、集装器识别代码

集装器识别代码是由国际航空运输协会（IATA）制定的表示集装器的种类、规格、认证状态和所属企业等信息的代码。集装器的适航分类目前分两种情况：一种是通过适航认证，符合国际标准的集装器；另一种是某些参数偏离适航标准，但允许在限制条件下使用的集装器。无论哪种情况，都必须在制造或使用前进行注册编号，获得集装器识别代码，例如图2-31所示的 AKE60437HU。集装器识别代码由三部分组成，各部分代表不同的含义（见表2-1）。

图 2-31 集装器识别代码

表 2-1 集装器识别代码各部分含义

第一部分			第二部分	第三部分
A	K	E	60437	HU
集装器的类型	集装器底板尺寸	集装器的外形轮廓及适用的机型	集装器编号	集装器所属航司代码

第一部分由3个大写英文字母组成，各字母的含义如下。

（1）第一个字母表示该集装器的认证状态和类型（见表2-2）。若该字母是 D、M、Q、X、Y、Z，表示该集装器的某些参数偏离适航标准，但经过本国民航主管部门或国际航协批准，可在某一种或几种机型上使用。

表 2-2 集装器类型代码及其含义

集装器类型代码	集装器类型
A[1]	适航认证的集装箱
B	适航认证的带翼集装板
D[1]	非适航认证的集装箱
N	适航认证的集装板网套
P	适航认证的集装板
F	非适航认证的集装板
G	非适航认证的集装板网套
Q[2]	适航认证的硬体集装箱
R	适航认证的保温集装箱
U	不带结构罩棚的集装箱

续表

集装器类型代码	集装器类型
V	适航认证的汽车运输架
W	适航认证的飞机发动机运输架
H[3]	适航认证的马厩
K[3]	适航认证的牛栏
M	非适航认证的保温集装箱

注：右上角1表示该种类集装箱不包括保温集装箱；

右上角2表示使用此种集装箱装载行李必须符合IATA ULD Regulations 1.7.5的规定；

右上角3表示非适航认证的马厩和牛栏必须符合IATA ULD Regulations 3.5.2的规定。

(2) 第二个字母表示该集装器的底板尺寸，可以用毫米或英寸表示(见表2-3)。

表2-3 集装器底板尺寸代码及其含义

底板尺寸代码	底板尺寸/(mm)	底板尺寸/(in)
A	3175×2235	125×88
B	2743×2235	108×88
E	2235×1346	88×53
F	2991×2438	117.75×96
G	6058×2438	238.5×96
H	9125×2438	359.25×96
J	12192×2438	480×96
K	1562×1534	61.5×60.4
L	3175×1534	125×60.4
M	3175×2438	125×96
N	2438×1562	96×61.5
P	1534×1198	60.4×47
Q	2438×1534	96×60.4
R	4982×2438	196×96
S	2235×1562	88×61.5

(3) 第三个字母表示该集装器的外形轮廓及适用的机型、货舱(见表2-4)。若该集装器是集装箱，则表示该集装箱的标准外形轮廓；若是集装板，则表示该集装板在装载货物时可以组装成的外形轮廓及适用的机型和货舱。

表 2-4　集装器外形代码及适用机型和货舱

机型/货舱	IATA标准集装器外形代码																
	A	B	C	D	E	N	F	G	H	K	L	M	P	U	X	Y	Z
B747下货舱			●		●	●				●			●	●			
B747-400F主货舱	●		●							●	●	●	●		●	●	●
B777F主货舱	●									●	●	●			●	●	●
B777F下货舱					●	●				●			●				
B757-200SF主货舱										●						●	●
B777-300ER下货舱					●	●				●			●				
B787下货舱					●	●				●			●				
A330/A350下货舱					●	●	●			●			●				

说明：

1．该代码表示集装器的标准轮廓，由此确定集装器适配何种机型，"●"表示集装器与此型号飞机适配；

2．虽然集装器的标准轮廓适合某些机型的货舱结构，但是这些型号的飞机可能没有必需的限定装置来固定集装器。遇到上述情况，应与承运人核对飞机上的有关设备是否允许运输某种底板尺寸的集装器。

第二部分由4位或5位数字组成，表示该集装器在其所属航空公司集装器中的序列号，该号码不可以重复使用。1996年10月以前使用4位数字，之后使用5位数字。

第三部分由大写英文字母组成，表示该集装器所属的航空公司。

四、集装器挂牌

集装器挂牌是向工作人员提示货物性质、流向、目的站、运输航班、日期等信息的标牌，其作用是便于集装器操作，防止出现货物漏装、错装等不正常运输情况。使用集装器运输货物、邮件或调运空集装器时，应按规定使用集装器挂牌。每个集装箱正面都有专门用来装集装器挂牌的袋子，集装板上的集装器挂牌可直接拴挂在网套上。一个集装板至少应拴挂两个挂牌，分别挂在相对的网面上；集装箱挂牌应放进集装器挂牌袋中，有字的一面朝外，便于操作人员识读。使用新的集装器挂牌时，应将集装器上的旧挂牌去掉。

1　集装器挂牌的信息

集装器挂牌应包括集装器及其所装载货物的主要信息，包括：①集装器种类（板或箱）；②集装器识别标记；③集装器毛重；④集装器的装机站；⑤卸机站（流向）；⑥货物种类（性质）；⑦计重人信息等。

2 集装器挂牌的种类

集装器挂牌通常有以下五种：

(1)普通货物/邮件集装器挂牌，适用于装载普通货物或邮件的集装器(见图2-32)。

(2)破损集装器挂牌，适用于已经破损无法继续使用的集装器(见图2-33)。

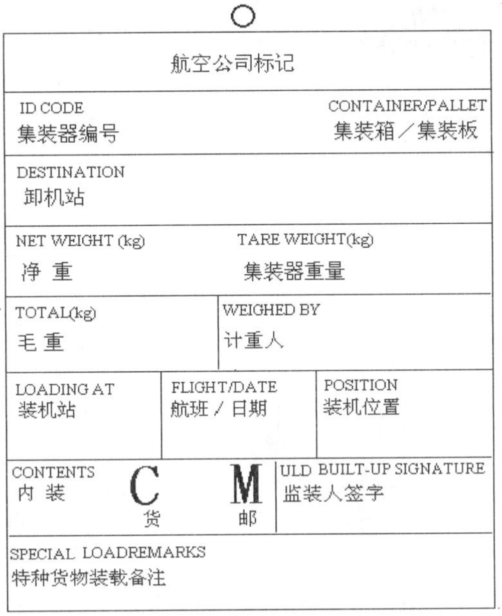

图2-32 普通货物/邮件集装器挂牌 　　　　图2-33 破损集装器挂牌

(3)空集装器挂牌，适用于航站之间调运的未装载货物或邮件的集装器(见图2-34)。

(4)危险品集装器挂牌，适用于装载危险品的集装器(见图2-35)。

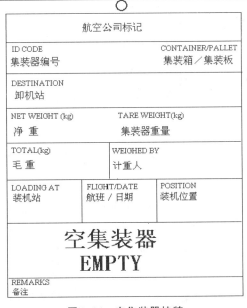

图2-34 空集装器挂牌

图2-35 危险品集装器挂牌

(5)中转货物集装器挂牌，适用于装载中转货物的集装器(见图2-36)。

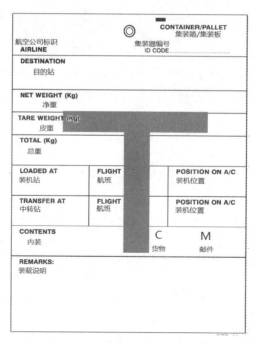

图 2-36 中转货物集装器挂牌

■ 知识拓展

主动式温控集装箱,疫苗空运精确温控

2020年12月31日,中国民用航空局为中国国际海运集装箱(集团)股份有限公司(以下简称中集集团)颁发了国内首张主动式温控航空集装箱的适航证,其精确温控系统由深圳市英维克科技股份有限公司(以下简称英维克公司)提供。

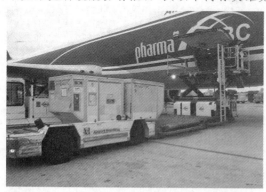

图 2-37 中国研制生产的新冠疫苗空运到国外

中国作为全球抗疫最早取得基本胜利的国家,本着大国责任,积极向其他国家提供疫苗(见图2-37)。

新冠疫苗需要全过程严格温控,多数新冠疫苗产品需要在2~8℃的低温环境下储存和运输,因此其长途航空运输需要专业的设备保证全过程精确温控。长期以来,医药航空冷链运输装备被国外企业垄断,行业内缺少关于该类产品的技术标准及可参考的项目经验,产品研发及取证难度极高。

中集集团主动式温控航空集装箱产品(见图2-38)成功获得中国民用航空适航认证,填补了国内该领域产品的空白,增强了中国医药冷藏运输装备迈向世界的自信,为全球共同抗疫发挥了重要作用。

中集集团主动式温控航空集装箱所使用的精确温控系统由英维克公司定制研发和生产，在不同的箱外环境温度下，能保证箱内温度均匀、稳定、精确；变频控制技术保证系统高效节能，实现蓄电池供电长续航运行；双系统备份保持系统稳定可靠；极高的环境相容性和适应性，能保证应对航空运输的复杂环境和条件，满足航空运输的诸多要求。

（资料来源：https://www.sohu.com/a/442634683_680288）

图 2-38 中集集团主动式温控航空集装箱

 任务演练

一、选择题（请扫码答题）

二、填空题

某集装器识别代码为 PMC10000HU，则 P 表示_____；M 表示_____；C 表示_____；10000 表示_____；HU 表示_____。

在线答题

任务三　规范组装集装货物

 任务导入

通过上个任务内容的学习，大家已经认识了航空集装设备，并且能够正确识别集装器的类型、规格及适用的机型和货舱，也清楚了集装器的外形尺寸必须与飞机货舱的内径尺寸相吻合，并留有一定的安全间隔。

那么集装货物如何组装才能符合以上要求？特别是集装板货物组装，如何确保组装的货物不会松散、坍塌并且外形轮廓还符合要求呢？请大家继续认真学习本任务内容。

一、集装货物组装的基本原则

集装货物组装应遵循以下原则。

（1）组装货物前必须对集装器进行持续适航性检查。

（2）一般情况下，大货、重货装集装板，体积较小、重量较轻的货物装集装箱。

（3）合理码放货物，做到大不压小、重不压轻、木箱或铁箱不压纸箱，精密易损货物放在最上层。

（4）危险品或形状特异的货物，应将其固定，可使用填充物将集装器塞满或使用绳、带捆绑，以防损坏设备、飞机，造成运输事故。

（5）同一卸机站的货物应装在同一集装器内；一票货物应尽可能集中装在一个集装器

内;联程中转货物应集中装在一个集装器内。

（6）宽体飞机下货舱的最高装载高度为163 cm。

（7）货物组装完毕后,根据计重数据填写货物计重单和集装器挂牌。

二、集装器持续适航性检查

组装货物前,必须对集装器进行检查,禁止使用不符合适航要求的集装器。

（一）集装箱适航性检查要求

集装箱有下列情况之一,则不能继续使用。

1 底板

（1）空箱时,底板上翘的最高点和最低点之间的落差大于5 cm。

（2）载重时,底板上翘的最高点和最低点之间的落差大于3.5 cm。

（3）底板上有任何切口、裂口或孔洞（排水孔除外）。

（4）边框有1处以上裂缝、损坏或弯曲。

（5）任何一侧边卡锁轨上30 cm范围内脱落的铆钉多于3个,或者连续2个铆钉脱落。

（6）任何1个板角丢失或脱落。

2 蒙皮

（1）蒙皮大面积凹陷或变形。

（2）任何方向的切口、裂口或孔洞的长度大于10 cm。

（3）切口、裂口或孔洞与边框或铆钉之间的距离大于5 cm。

（4）任何一面蒙皮上有1个以上切口、裂口或孔洞。

3 箱顶

（1）箱顶有凸起或破洞。

（2）箱顶四周的框架变形或凸出,且凸出长度大于3.5 cm。

4 框架

（1）框架有尖锐凸起、切口、裂口或裂缝。

（2）框架变形或凸起的高度大于3.5 cm。

（3）框架与底板的连接处松动或断开。

5 箱门

（1）铰链式金属门:金属门有变形或凸起,且凸出部分超出集装箱的正常轮廓;门体上有直径大于5 cm的孔洞或者裂口;门锁损坏导致箱门不能正常关闭;铰链部分开裂、损坏导致不能正常使用。

（2）软帘门:门帘上有孔洞或裂口;尼龙粘扣不能正常使用;金属附件有缺损;网带出现大于50%的开裂或损坏。

⑥ 其他

(1) 集装箱识别标记或TSO/CTSO标记缺损或无法辨识。
(2) 集装箱挂牌收纳袋脱落或损坏。
请观看集装箱适航性检查视频。

集装箱适航性检查

(二) 集装板适航性检查要求

集装板有下列情况之一,则不能继续使用。

① 整板

(1) 空集装板两侧边框翘起的最高点与板面的垂直距离之和除以2,所得距离大于5 cm(含)。
(2) 载货后集装板一端的上翘高度大于3.5 cm(含)。
(3) 集装板向下弯曲。

② 板芯

(1) 板芯有任何切口、裂缝或孔洞(不包括排水孔)。
(2) 板芯有高度/深度大于0.5 cm的凸起或凹陷。

③ 边框

(1) 边框弯曲或者变形。
(2) 边框开裂、破损或铆钉连续丢失2个以上,或任何一个边上缺失的铆钉数量多于3个,丢失的铆钉(不相邻)之间距离小于30 cm。

④ 板角

任何板角损坏或丢失。

⑤ 板网

(1) 板网任何一面有2个或以上调节钩缺损,或者整个板网有4个或以上调节钩缺损。
(2) 任何一个网面出现1个或以上网眼破损缺口。
(3) 与锁扣连接的网绳磨损、断裂。
(4) 板网的使用期限超过3年。
(5) TSO/CTSO标记缺损或者无法辨识。
(6) 任何一条角绳断裂或丢失。

⑥ 其他

集装板识别标记或TSO/CTSO标记缺损或无法辨识。
请观看集装板适航性检查视频。

三、集装货物组装程序与规定

集装货物组装有标准的程序和严格的要求,尤其在组装集装板货物时,必须严格遵守

集装板适航性检查

操作规定与要求，否则可能会造成组装的货物松散、变形，甚至坍塌，导致集装货物无法装入或卸下飞机，影响运输效率。

（一）集装箱货物组装程序与规定

（1）将通过适航性检查的集装箱放置在带有滚轴装置或能够升降的组装平台或托架等设备上。

（2）清理集装箱内的杂物，保持集装箱干净、整洁，防止将外来物带入飞机货舱形成安全隐患。

（3）检查所有待装货物，根据货物的卸机站、重量、体积、包装及货物运输要求设计组装方案。

图2-39 金属箱门打开方式

（4）打开集装箱门，软质门帘放置在集装箱顶部，金属箱门在铰链处向集装箱顶部折叠，固定在集装箱顶部（见图2-39）。

（5）码放货物。

① 装在集装箱内的货物应码放紧凑，间隙越小越好。

② 装在软帘门集装箱内的货物应注意避免货物挤压损坏箱门或使集装箱变形。

③ 若箱内装有单件重量超过150 kg的货物，且箱内所装全部货物的体积未超过集装箱容积的三分之二，应按规定对该件货物进行捆绑。

④ 单件重量超过300 kg的货物不宜使用AKE、DPE等小型集装箱运输，可使用底板尺寸代码为A、M、L的集装箱或集装板运输。

（6）关闭集装箱门。

① 货物组装完毕后必须将箱门关好。

② 装有贵重物品的集装箱组装完毕后，要按规定用铅封将箱门封好。

③ 不能立即运出的集装箱货物，为了防止待运期间因雨雪天气造成集装箱顶部积水或积雪，应单独采取防水措施。可采用苫盖塑料布的方法将整个集装箱罩住，装机前在飞机下撤下塑料布，防止将雨水或积雪带入机舱，造成运输事故。

④ 软质门帘关闭时必须将尼龙粘带拉紧粘牢，关门后保证箱内的货物不能使门帘凸出门板网的垂直面；金属箱门关闭时将铰链对准卡槽，关闭箱门后放置门锁（见图2-40）。

（7）拴挂集装箱挂牌（见图2-41）。

图2-40 金属箱门关闭方式

图2-41 集装箱挂牌

(二)集装板货物组装程序与规定

(1)将通过适航性检查的集装板放置在带有滚轴装置或能够升降的组装平台或托架等设备上。

(2)清理集装板上的杂物,保持集装板干净、整洁,防止将外来物带入飞机货舱形成安全隐患。

(3)设计货物组装方案并检查所有待装货物,要注意包装底部为金属的货物和重型货物须使用垫板,以防止货物滑动损坏集装板,同时还可减轻集装板单位面积所承受的重量,起到保护集装板和飞机的作用(见图2-42)。

(4)铺设塑料布。在空集装板上铺设尺寸约478 cm×404 cm的塑料布,塑料布超出集装板边缘的长度不小于80 cm(见图2-43)。

图2-42 使用垫板的重货

图2-43 铺设塑料布的要求

(5)组装货物。

① 体积或重量较大的货物放在最下层,并尽量均匀码放;小件和重量较轻的货物放在其他货物中间或采取适当的固定措施,防止其从网套中滑落;轻泡货物、精密易损货物置于最上层。

② 货物要码放整齐,上、下层货物之间尽量相互交错、骑缝码放,避免货物坍塌、滑落(见图2-44)。

图2-44 骑缝码放的货物

③ 第一层货物要码放在集装板的卡锁轨以内,且货物高度不低于10 cm,以便挂网套时锁扣可以顺利进入卡锁轨;第二层货物可以和集装板边框齐平。

④ 货物组装轮廓:货物码放完毕后,应检查组装轮廓是否符合要求,如有条件应使用模具或标尺测量。所有宽体飞机下货舱货物的最高装载高度不得超过163 cm,货物顶部距

货舱顶部的距离不得小于5 cm,左右两侧与货舱壁的间隔至少10 cm(探板5 cm)。货机主货舱高度因机型不同而不同,货物组装高度应根据货舱高度确定。

除了探板货物,集装板货物任何一个侧面不允许凸出集装板外边缘的垂直线,否则会导致货物坍塌或后续集装板货物无法顺利装入货舱。

⑤ 码放货物时注意将货物有标签的一面朝外(见图2-45),需要直立向上的货物不得倒置。

集装板货物组装
(一)

请左侧扫码观看PMC板货物组装视频。

(6) 苫盖货物。货物组装完毕后,用塑料布自上而下苫盖货物,塑料布的下沿与集装板底部的距离不得超过40 cm(见图2-46)。下层的塑料布在内,上层的塑料布在外,两块塑料布结合处用胶带固定,防止雨水渗入塑料布内,浸湿货物。

图2-45 货物标签朝外

图2-46 塑料布与集装板底部的距离要求

(7) 挂网套。

① 挂网前将集装网套展开,网套大边对集装板大边,网套小边对集装板小边。

② 用网套将货物罩起来并安装锁扣,锁扣应在卡锁轨内均匀分布(见图2-47);最外侧的锁扣与集装板边缘的距离应在15~20 cm(见图2-48)。

图2-47 均匀分布的锁扣

图2-48 外侧锁扣与板边的距离

③ 用调节钩拉紧网套,将调节钩尽量向上拉起并钩住上面的网绳(见图2-49)。

④ 用角绳将相邻的板网捆绑连接起来,拉紧角绳时不得损坏货物,且不能导致集装板边缘翘起变形(见图2-50)。

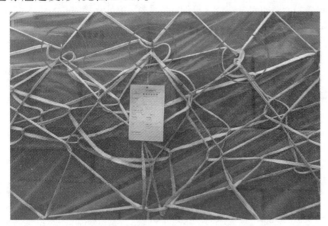

图 2-49　调节钩的作用

图 2-50　角绳的作用

⑤ 板网全部捆绑结束后,检查板网的拉紧程度是否符合要求,即用力拉起板网后,板网与货物之间的距离应在10 cm以内;同时检查角绳、网套是否捆绑牢固,不得有拖地或漏出网外的情况。

(8) 拴挂集装板挂牌(见图2-51)。整集装板称重,填写并拴挂集装板挂牌;挂牌至少2个,分别拴挂在集装货物相对的两个面上。

图 2-51　集装板挂牌

请扫码观看PMC板货物组装视频。

集装板货物
组装(二)

 **任务演练**

1. 简答:请问集装货物组装的基本原则是什么?
2. 根据集装箱持续适航性检查要求,完成以下集装箱检查单。

序号	检查项目	检查要点	检查结论

3. 根据集装板持续适航性检查要求,完成以下集装板检查单。

序号	检查项目	检查要点	检查结论

4. 请绘制集装板货物组装的思维导图,可包含组装程序与要求,并标注要点。

项目小结

本项目介绍了民航飞机与货运操作设备、飞机集装设备及集装货物组装规定与要求,其中飞机货舱的分布、集装器识别代码、集装货物组装规定与要求是重点内容,而难点是集装板货物的组装规定与要求,需要大家认真学习并重点掌握。

通过本项目的学习和训练,同学们应具备正确识别飞机类型、货运操作设备、航空集装器,以及规范组装集装货物等专业能力。同时,提升安全意识和质量意识,养成标准化、规范化的民航工作作风,以及吃苦耐劳、团结协作、严谨细致、敬畏规章、敬畏职责的民航精神。

项目训练

现有如下待运货物,请合理设计货物组装方案,然后根据集装板组装程序和要求将所选货物在PMC板上进行组装,并拍摄视频记录组装过程,完成后进行总结,列出组装过程中存在的问题及改进措施。请大家分组完成该实训任务。

说明:该集装板将装入 A330-200 下货舱。

待运货物列表

货物	尺寸/件数/重量
芒果	40 cm×30 cm×20 cm×20,5 kg/箱
图书	40 cm×30 cm×20 cm×3,30 kg/箱
鱼苗(充氧)	50 cm×40 cm×40 cm×10,10 kg/箱
宠物犬	120 cm×80 cm×100 cm×1,50 kg
鸡苗	60 cm×50 cm×25 cm×10,20 kg/箱
工业设备	200 cm×100 cm×90 cm×1,150 kg
服装	60 cm×50 cm×40 cm×50,30 kg/箱
药品(普货)	60 cm×50 cm×40 cm×60,20 kg/箱

模块二
国内航空货物收运

项目三　国内航空货物收运规定

项目引入

为进一步规范航空货站收货管理工作,推动航空货站收货工作有序、高效运行,民航局修订了《航空货站收货工作规范》(以下简称《规范》),自2022年10月1日起实施。

《规范》结合实地调研,聚焦收货环节的关键堵点、痛点,明确了收货限制范围、收货人员的基本要求、收货的操作流程等内容,并对相关管理制度、安全管理体系提出要求。同时,围绕新模式、新业态,提出了支持运单电子化、绿色通道建设等举措的发展导向。制定《航空货站收货工作规范》,不仅是由于货站收货是航空货运链条的开端,同时也是因为货站收货兼具促安全、提效率和强服务的多重作用和功能。

那么,航空货物的收运程序和具体规定是怎样的?请通过本项目了解学习吧。

项目目标

知识目标
1. 熟悉国内货物收运程序与具体规定。
2. 掌握国内货物收运文件的相关规定和填制要求。
3. 熟悉航空货物包装与标记、标签要求。

能力目标
1. 能够根据货物名称、重量、尺寸等信息准确判断货物能否收运。
2. 能够规范填制货物托运书、货运单等国内货物收运文件。
3. 能够严格、细心地检查货物包装与标记、标签是否合规,并按规定完成收运检查工作。

素养目标
1. 树立安全第一、敬畏规章、敬畏职责的职业意识。
2. 养成科学严谨、认真细致的工作作风。
3. 养成钻研业务、精进技能的良好习惯。

知识架构

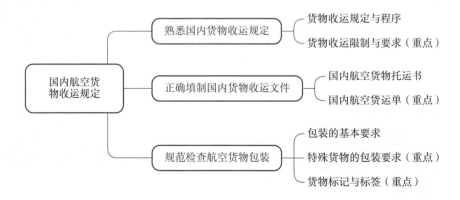

任务一　熟悉国内货物收运规定

货物收运工作是航空货物运输的起点,收运工作质量的高低直接影响到货物运输全过程的质量。在收运工作中,货运人员应对收运的货物进行检查,并通过收运工作获得运输全过程都会使用到的相关信息,如货物品名、重量、体积、性质以及各类运输文件等。因此,从信息流控制及运输质量管理方面来看,收运工作是航空货物运输全过程的重要流程环节。

那么,国内货物收运具体有哪些规定和要求呢?承运人与托运人各自承担哪些责任?请大家在学完本任务内容后回答以上问题。

一、货物收运规定与程序

(一)货物收运的一般规定

(1)承运人应当根据运输能力,按货物的性质和急缓程度,有计划地收运货物。

(2)批量大和有特定条件及时间要求的联程货物,承运人必须事先安排好联程中转舱位后方可收运。

(3)遇有特殊情况,如政府法令、自然灾害、停航或者货物严重积压时,承运人可暂停收运货物。

(4)凡是国家法律、法规和有关规定禁止运输的物品,严禁收运。凡是限制运输的物品,应办理相关手续,符合规定的条件后,方可收运。我国法令规定禁止运输的物品包括毒品及吸毒工具,非法出版物、音像制品等宣传品,非法伪造物品,禁止运输的菌种,禁止进出境物品等。限制运输的物品指政府法令规定只有符合限制条件及需通过政府单位审批授权后才准许运输的物品,如麻醉药品、金属矿砂类、粮食、木材、濒危动植物等。

(5)需经公安、工商、动植物检疫等政府有关部门许可运输的货物,托运人应随附有效证明文件,并对文件的真实性和准确性负责。此类货物在相关手续办妥之前,承运人不得收运。

(6)承运人收运货物时,应当查验托运人的有效身份证件。凡国家限制运输的物品,必须查验国家有关部门出具的准许运输的有效凭证。

(7)承运人可以对货物品名、包装、文件等进行检查,但不承担此种检查的义务。不符合运输要求的,经改善且符合要求后方可办理收运。

(8)承运人对收运的货物应当进行安全检查。对收运后24小时内装机运输的货物,一律实行开箱检查或者通过安检仪器检测。

✈ 想一想:哪些货物需经公安、工商、检验检疫等政府有关部门许可才准运输,具体需要哪些证明文件?建议学习《航空货站收货工作规范》。

(二)货物收运程序

货物收运是承运人承运货物的开始。收运工作的好坏,对飞行安全、运输质量和贯彻运输原则都有直接的影响。收运货物时,应按照下列程序操作。

(1)检查托运人身份。检查托运人的有效身份证件,有效身份证件包括以下7种类型:①居住在境内的中国公民,查验居民身份证或者临时居民身份证;②居住在境内的16周岁以下的中国公民,查验户口簿或身份证(有效期5年);③中国人民解放军军人,查验军人身份证件;④中国人民武装警察,查验武装警察身份证件;⑤香港、澳门特别行政区居民,查验港澳居民来往内地通行证或其他有效旅行证件;⑥台湾地区居民,查验台湾居民来往大陆通行证或者其他有效旅行证件;⑦外国公民,查验护照。

(2)检查运输文件。收货人员应检查货物运输文件是否符合法律法规、行业规定及承运人规定,对于无法提供相关文件或文件不符合要求的货物,不予收货。运输文件中申报品名为泛指品名、商品代号、禁运品(经相关部门批准的除外)等,不予收货。

(3)检查货物外包装。检查货物的外包装是否完好,是否符合航空货物运输相关规定及承运人相关规定和要求。对于外包装不符合收货要求的货物不予收货。

(4)检查运输标志。运输标志包括标记、标签,均应符合行业相关规定和承运人要求。易碎、怕压、不可倒置等货物,须有相应的标志。与所交运货物无关的标志必须清除,并确保普货外包装没有危险品相关标志。

(5)货物安全检查。检查的方式主要有X射线机检查、开箱/包检查和24小时停放。

(6)核对重量,检查件数。核对货物重量,检查货物件数,确保货物重量、件数与运输文件信息相符。

(7)审核托运书。对托运人填写的托运书进行审核,如发现有不符合要求的地方,请托运人及时更正或重新填写。

(8)填制货运单。根据货物托运书的内容填制货运单,并在货物托运书上填写货运单号码。

(9)计算并收取运费。根据货物的重量按公布的货物运价和运费规定计算运费,并将金额填写在货运单的相关栏内;向托运人收取运费,并将货运单第一联交托运人。

(10)货物交接。收货人员应对通过收运检查的货物与后续业务岗位人员做好交接。支持创新交接方式,如采用无纸化交接等。

(11)编制销售日报。根据货运单编制销售日报,连同货运单第二联及所收运费送交财务部门。

(12)文件归类存档。

✈ 想一想:哪些货物需要通过24小时停放的方式进行安全检查?

二、货物收运限制与要求

（一）货物重量与尺寸的一般要求

宽体飞机载运的货物,每件货物重量一般不超过250 kg,体积一般不超过100 cm×100 cm×140 cm;非宽体飞机载运的货物,单件重量一般不超过80 kg,体积一般不超过40 cm×60 cm×100 cm。

实际操作中,承运人可根据飞机货舱地板承受力和地面操作设备及操作能力适当提高单件货物的重量限制,单件重量或尺寸超过上述限制的货物称为超限货物。承运人应依据装运机型及出发地、目的地机场的装卸设备条件,充分考虑运输能力及装卸能力后方可收运超限货物,并收取超限货物处理费。

为确保货物不丢失,货物要符合最小尺寸要求。除了新闻稿件外,要求货物的三边尺寸之和不能小于40 cm,最小一边不能小于5 cm。如果是不符合上述规定的小件货物,应要求托运人加大包装,方可收运。为确保货物不丢失,每件货物外包装的最小尺寸要求为10 cm×20 cm×30 cm,低于以上标准的货物,应要求托运人加大包装,否则拒绝运输。

（二）机舱地板承受力限制

飞机货舱地板有最大承受力,如果货物对飞机货舱地板的压力大于飞机货舱地板的最大承受力,可能会导致飞机货舱地板和飞机结构受损,造成安全隐患,并产生大量维修费用。应考虑货物的不同摆放方式,或在货物与飞机货舱地板之间加垫支撑材料以分散货物重量,该支撑材料通常称作货物垫板。

1 飞机货舱地板最大承受力

不同机型的货舱,其地板最大承受力不一样。例如,A320机型前、后下货舱地板的最大承受力为732 kg/m^2;B747机型前、后下货舱地板的最大承受力为976 kg/m^2,散货舱地板的最大承受力为732 kg/m^2,如表3-1所示。

表3-1 常见机型货舱地板最大承受力

机型	地板最大承受力/(kg/m^2)		
	主货舱	前、后下货舱	散货舱
B747-400F	A-S区 1952	976	732
	T区 484		
B777F	1463	976	732
B747全客机	—	976	732
B787系列	—	976	732
B777系列	—	976	732
A320系列	—	732	—

续表

机型	地板最大承受力/(kg/m²)		
	主货舱	前、后下货舱	散货舱
A350系列	—	659	415
A330系列	—	659	732
B737系列	—	732	—

2 飞机货舱地板承受力计算

货舱地板承受力(kg/m²)=货重(kg)÷货物底部与机舱的接触面积(m²)

■ **实训指导**

例1：一件货物重150 kg，尺寸为50 cm×50 cm×40 cm，如图3-1所示。问：该货物是否能装入A320飞机下货舱？(已知A320下货舱地板最大承受力为732 kg/m²。)

解：地板承受力=150 kg÷(0.5 m×0.5 m)=600 kg/m²

A320下货舱地板最大承受力732 kg/m²＞600 kg/m²，故该货物可以装入A320飞机下货舱。

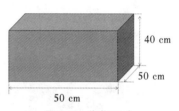

图3-1 货物尺寸

在货物收运的实际操作中，如果货物的重量超过地板承受力该如何解决？

方法一：如货物摆放无特殊要求，可通过不同方式摆放最大可能地增大接触面积。

■ **实训指导**

例2：一件货物重179 kg，尺寸为50 cm×30 cm×60 cm，如图3-2所示。问：该货物是否能装入A320飞机下货舱？(已知A320下货舱地板最大承受力为732 kg/m²。)

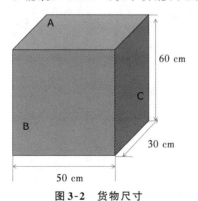

图3-2 货物尺寸

解：货物与地板的接触面积为

A面：0.5 m×0.3 m=0.15 m²

B面：0.5 m×0.6 m=0.30 m²

C面：0.3 m×0.6 m=0.18 m²

采用不同方式接触地面，货舱地板承受力为

A面：179 kg÷0.15 m²≈1193.33 kg/m²

B面：179 kg÷0.30 m²≈596.67 kg/m²

C面：179 kg÷0.18 m²≈994.44 kg/m²

A320下货舱地板最大承受力为732 kg/m²，货物的A面朝下放置超出了该货舱地板最大承受力，但是可以将货物翻转90°，将货物的B面朝下放置，即可保证货物装入且不损坏货舱地板。

方法二：如货物摆放要求不可倒置，可以加垫板，如图3-3所示。

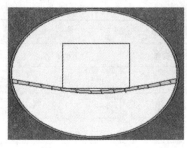 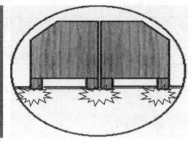 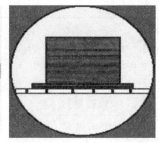

　　　　　　　　　　错误装载　　　　　　　　　　正确装载

图 3-3　装载方式

　　加垫板的目的是使货物重量均匀分布在飞机货舱地板或集装板上,保护飞机货舱横梁结构和集装板不受损害,这样能保证货物顺利装上或卸下飞机,缩短作业时间,降低作业成本,同时也能够节约维修费用。

3. 垫板

　　当所装货物重量过重,可以考虑加一块 2～5 cm 厚的垫板,使得货物底部接触地板的面积增加,从而减少单位压力,如图 3-4 所示。

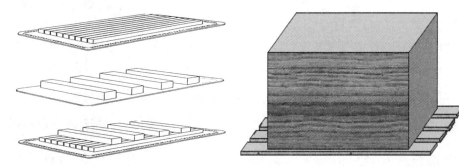

图 3-4　货物垫板

最小垫板面积计算公式如下:

(1)垫板重量已知情况下的最小垫板面积计算。

$$最小垫板面积 = (货物重量 + 垫板重量) \div 机舱地板最大承受力$$

注意:计算时保留两位小数,第三位始终进位。

■ 实训指导

　　例 3:一件货物重 179 kg,尺寸为 50 cm×30 cm×60 cm,如图 3-5 所示。货物不可倒置,请问该货物是否能装入 A320 飞机的下货舱?如果不可以,怎么处理?(已知 A320 下货舱地板最大承受力为 732 kg/m²,垫板重量约为 20 kg。)

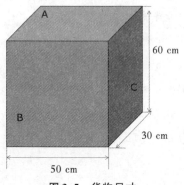

图 3-5　货物尺寸

解:地板承受力 = 179 kg ÷ (0.5 m × 0.3 m) ≈ 1193.33 kg/m²

A320 下货舱地板最大承受力 732 kg/m² < 1193.33 kg/m²,所以该货物不能直接装入货舱,需加垫板。

最小垫板面积 = (179 kg + 20 kg) ÷ 732 kg/m² ≈ 0.272 m² ≈ 0.28 m²

(2)垫板重量未知情况下的最小垫板面积计算。

为充分考虑安全性,当垫板重量未知时,一般按照货物重量的4%估算。

最小垫板面积=货物重量×104%÷机舱地板最大承受力

注意:计算时保留两位小数,第三位始终进位。

■ **实训指导**

例4:一件货物重179 kg,尺寸为50 cm×30 cm×60 cm,货物不可倒置。请问该货物是否能装入A320飞机的下货舱?如果不可以,该怎么处理?(已知A320下货舱地板最大承受力为732 kg/m²,垫板重量未知。)

解:地板承受力=179 kg÷(0.5 m×0.3m)≈1193.33 kg/m²

A320下货舱地板最大承受力732 kg/m²<1193.33 kg/m²,所以该货物不能直接装入货舱,需加垫板。

最小垫板面积=179 kg×104%÷732 kg/m²≈0.26 m²

(三)货舱舱门与容积限制

1 一般要求

由于机型不同,货舱大小也不同,承运人承运货物时必须全面考虑飞机货舱的各种数据限制。这些数据包括飞机货舱的载重量限制、货舱的容积限制、货舱门的尺寸限制、货舱地板面积载荷限制、货舱内温度调节和通风设备的限制等。针对货物的不同性质选择合适的舱位,保证货物运输的安全和质量。

一件货物能否运输,除了重量因素,还需要判断货物的尺寸是否能够进入飞机货舱门并装进货舱。通常以厘米为单位,分别量出货物外包装的最长、最宽和最高值,然后通过查询飞机的货舱装载尺寸表判断货物能否装入货舱。

2 货舱装载尺寸表

在货物的长、宽、高三个因素中,货物的宽度和高度用来判断其是否符合飞机货舱门的尺寸限制,货物长度决定其能否装进货舱。收运货物时应对货物长度能否装入飞机货舱做出准确判断。

在飞机制造商提供的《载重平衡控制和装载手册》(*Weight and Balance Control and Loading Manual*,WBM)中,可以查到飞机货舱允许的最大货物装载尺寸。特别是对于用宽体飞机散货舱和窄体飞机货舱运输的货物,可以通过查看其所装机型的装载尺寸表来判断是否可以运输。

判断的方法是在WBM中查出货物的宽度、高度所对应的货物长度,然后与货物的实际长度进行比较。货物的长、宽、高中任何一个因素超过限制,就表示该件货物无法装入飞机货舱,不能在该机型上正常运输。对于这样的货物,承运人除非可以安排较大的机型,否则应拒绝收运。

波音公司B737-300系列飞机的WBM中给出了货物尺寸限制,如表3-2所示,表格中奇数行数据单位是厘米,偶数行数据单位是英寸。"WIDTH"表示货物宽度,"HEIGHT"表示货物高度,表格中的数字表示在限定高度和宽度情况下所允许的最大长度,货物宽度和高度的数值确定要采取"从大原则"。

表3-2 B737-300系列飞机WBM(单位:厘米和英寸)

HEIGHT	WIDTH								
	12 5	25 10	38 15	50 20	63 25	76 30	88 35	101 40	114 45
12 5	645 254	622 245	609 240	596 235	574 226	502 198	406 160	345 136	299 118
25 10	622 245	604 238	579 228	538 212	508 200	457 180	386 152	332 131	292 115
30 12	604 238	574 226	523 206	472 186	452 178	426 168	365 144	322 127	279 110
35 14	568 224	543 214	472 186	441 171	416 164	381 150	350 138	309 122	261 103
40 16	538 212	487 192	431 170	411 162	381 150	350 138	322 127	292 115	254 100
45 18	502 198	457 180	421 166	396 156	370 146	342 135	314 124	284 112	248 98
50 20	482 190	436 172	411 162	391 154	358 141	330 130	304 120	271 107	238 94
55 22	452 178	426 168	401 158	375 148	345 136	320 126	289 114	264 104	228 90
60 24	441 174	406 160	381 150	355 140	335 132	297 117	274 108	213 84	205 81
66 26	406 160	391 154	365 144	340 134	314 124	289 114	264 104	233 92	193 76
71 28	406 160	381 150	355 140	330 130	304 120	279 110	254 100	228 90	187 74
76 30	335 132	309 122	284 112	264 104	(238) 94	248 88	203 80	182 72	142 56
81 32	309 112	288 114	254 100	233 92					
86 34	284 112	264 104	233 92	213 84					

如何查询飞机货舱装载表?请扫码学习。

如何查询飞机货舱装载表

实训指导

例5:一件货物重量为85 kg,尺寸为245 cm×62 cm×74 cm,如图3-6所示,航线机型为B737-300,判断该货物是否可以运输。

(1)如果该货物在运输过程中不得倒置或倾斜,应严格按照方向指示标记操作。先从

表3-2中"宽度"一行找出对应货物宽度62 cm,在没有对应数据时,应遵循"从大原则",找接近且大于62 cm的数据63 cm,向下画线;同理,从表中"高度"一列根据货物高度选择数据76 cm,向右画线。两条线相交处的数字即为允许的货物最大长度238 cm,如表3-2所示。

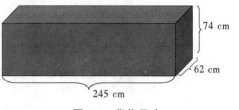

图3-6 货物尺寸

该件货物实际长度为245 cm,大于允许的货物最大长度238 cm,所以在保持方向,不允许倒置或倾斜的情况下,该货物不能装入B737-300的货舱内运输。

(2)如果该货物没有方向性要求,可以尝试将货物的方向进行调整。将上述货物翻转90°装载,则货物尺寸为245 cm×74 cm×62 cm,查表可知允许的货物最大长度为289 cm,如表3-3所示。该件货物实际长度为245 cm,小于允许的货物最大长度289 cm,所以该货物能装入该货舱内运输。

表3-3 B737-300系列飞机WBM(单位:厘米和英寸)

HEIGHT	WIDTH								
	12	25	38	50	63	76	88	101	114
	5	10	15	20	25	30	35	40	45
12	645	622	609	596	574	502	406	345	299
5	254	245	240	235	226	198	160	136	118
25	622	604	579	538	508	457	386	332	292
10	245	238	228	212	200	180	152	131	115
30	604	574	523	472	452	426	365	322	279
12	238	226	206	186	178	168	144	127	110
35	568	543	472	441	416	381	350	309	261
14	224	214	186	171	164	150	138	122	103
40	538	487	431	411	381	350	322	292	254
16	212	192	170	162	150	138	127	115	100
45	502	457	421	396	370	342	314	284	248
18	198	180	166	156	146	135	124	112	98
50	482	436	411	391	358	330	304	271	238
20	190	172	162	154	141	130	120	107	94
55	452	426	401	375	345	320	289	264	228
22	178	168	158	148	136	126	114	104	90
60	441	406	381	355	335	297	274	213	205
24	174	160	150	140	132	117	108	84	81
66	406	391	365	340	314	(289)	264	233	193
26	160	154	144	134	124	114	104	92	76
71	406	381	355	330	304	279	254	228	187
28	160	150	140	130	120	110	100	90	74
76	335	309	284	264	238	248	203	182	142
30	132	122	112	104	94	88	80	72	56
81	309	288	254	233					
32	112	114	100	92					
86	284	264	233	213					
34	112	104	92	84					

(四)货物价值限制

根据中国民用航空局公布的《中国民用航空货物国内运输规则》,国内货物运输中,一票货物的声明价值一般不超过人民币50万元。

■ 货运现场直通车

货物中查获疑似炮弹多枚

2018年4月3日,某机场安检工作人员在一票快件货物中查获疑似炮弹多枚,随即移交机场公安处理。机场派出所请求某市公安局特警支队支援,特警进行现场排爆,排爆后确认为6枚高射炮弹壳、1枚迫击炮弹壳、2枚步枪子弹壳、3枚手雷状物品,弹壳均无火药,无爆炸风险。

事后经调查发现:该票货物由某快递物流公司交运,共16件货物,分别发往8个不同的地方。被查获夹带有疑似炮弹壳的这件货物申报名称为挂历、茶叶,后附详细货物品名清单,包含纺织类、服装、鞋类、配件、五金、电子类、日用品类、水果类及其他等详细品名约45种。由于收运该票货物的货运销售代理人A没有负责承运的航空公司的代理资质,遂将该货物转卖给了另一家货运销售代理人B。代理人B按照公司的货物收运查验制度在16件货物中抽取了3件进行开箱检查,而疑似炮弹壳的那箱货物并未被抽中。

(资料来源:民航新型智库)

【案例启示】

该案例反映了当时的货物托运人对航空货运法律法规掌握不到位、航空货运销售代理人收运查验职责落实不到位、航空公司管理与监督责任落实不到位等问题。由此可见,航空公司应落实主体责任,推进全链条无缝管理;货运从业人员必须具备强烈的安全意识、法规意识,以及认真严谨、恪守职责的职业作风。

■ 知识拓展

《航空货站收货工作规范》文件解读

为进一步规范航空货站收货管理工作,推动航空货站收货工作有序、高效运行,中国民航局修订了《航空货站收货工作规范》(以下简称《规范》),自2022年10月1日起实施。

《规范》明确了适用对象为机场货站、承运人自营货站和第三方独立货站,且仅适用于货站提供地面代理服务的场景,不适用于邮政快递等寄递企业开展快递分拨业务的情况。《规范》明确了收货限制范围,包括禁止接收的货物类型,以及接收限制运输货物时应提交的证明材料;描述了人员资质、岗位职责、数量要求等收货人员的基本要求;规范了收货人员检查交货人员身份、运输文件、货物外包装、运输标志、件数、重量以及做好交接的流程。

《规范》还明确了货站经营人应建立收货管理制度、制定称重设备管理制度和建立监控视频管理制度等相关管理要求;对货站经营人、承运人、机场管理机构提出安全管理要求,以及缩短收货时间、优化服务环境、提升服务能力等其他要求,鼓励企业加强创新。

《规范》对特种货物的接收,包括接收野生动物,《濒危野生动植物种国际贸易公约》禁止或者限制贸易的野生动物或其制品、国家重点保护动物及其制品,以及《中华人民共和国植物检疫条例》规定必须实施检疫的植物和植物产品时需要提供的相关证明都做了详细要求。

(资料来源:中国民用航空局)

请扫码学习《航空货站收货工作规范》。

《航空货站收货
工作规范》

一、选择题、判断题(请扫码答题)

在线答题

二、计算题

一件货物重 210 kg,尺寸为 50 cm×40 cm×85 cm。请问该货物是否能装入 B767 飞机下货舱? 如果不可以,该怎么处理?(已知 B767 下货舱地板最大承受力为 732 kg/m²,垫板重量约为 15 kg。)

任务二　正确填制国内货物收运文件

某公司要空运一批货物,为了保证这批货物准确、快速地送达目的地,正确填写货物的相关运输文件尤为重要。正确检查、填开货物收运文件是货运工作者的必备技能,也是收运工作中的关键任务。那么,国内航空货物收运文件有哪些? 应该如何规范填开呢?

一、国内航空货物托运书

请扫码了解航空货物托运书。

航空货物托运书
简介

（一）货物托运的一般规定

托运国内货物,托运人凭本人居民身份证或者其他有效证件,填写货物托运书,办理托运手续,如需出具单位介绍信或其他有效证明,托运人也应予以提供。托运政府规定限制运输的货物,需要向公安、检疫等有关部门办理手续的,应当随附有效证明。

托运国际货物,托运人所交运的货物必须符合有关始发、中转和目的地国家的法律、法令和规定以及有关航空公司的规定。交运货物前,托运人必须自行或委托代理人办妥海关、卫生检疫等货物出境手续。

因运输条件或者货物性质不同而不能在一起运输的货物,应当分别填写托运书。为确保航空运输安全,承运人或承运人的地面操作代理有权对收运的货物进行安全检查。

（二）货物托运书

1 托运书的定义

托运书是托运人办理货物托运时填写的书面文件,是据以填开航空货运单的凭证。货物托运书被视为航空货物运输合同的一个组成部分。

2 托运书填写要求

（1）托运书应由托运人填写,字迹应清晰,不得使用不符合国家规范的简化字,内容真实、完整、准确。

（2）托运人应对所填内容的真实性与正确性负责,托运人对所填写的单位、个人或物品等内容应当使用全称,并在托运书上签字或者盖章。

（3）一份托运书托运的货物,只能有一个目的地、一个收货人,并以此填写一份航空货运单。

（4）因运输条件或货物性质不同而不能一起运输的货物,不能使用同一份货物托运书托运。

3 托运书具体填写内容

除粗线栏以外,托运书的其他各栏均由托运人填写。托运书由航空公司或其代理人提供,印有航空公司的LOGO。各航空公司的托运书样式各有差异,但均包含以下内容。

（1）航空货运单号码栏。由承运人填写该票货物的货运单号码。

（2）始发站栏。填写货物始发站机场所在城市的名称。地名应写标准中文全称。有两个或两个以上机场的城市,应在城市的名称后注明机场名称,例如上海虹桥、上海浦东等。

（3）目的站栏。填写货物目的站机场所在城市的名称。地名应写标准中文全称。有两个或两个以上机场的城市,托运人应指定到达站机场,并在目的站名称栏内注明,例如上海虹桥、上海浦东等。

（4）托运人姓名、地址、电话号码栏。填写托运人姓名,托运人姓名要与有效身份证件上的姓名一致。如果提供了地址或单位,则地址或单位名称要填写详细。联系电话要留移动电话号码或24小时有人值守的固定电话,号码要书写清楚、准确。

(5) 收货人姓名、地址、电话号码栏。填写收货人姓名,收货人姓名要与有效身份证件上的姓名一致。如果提供了地址或单位,则地址或单位名称要填写详细。联系电话要留移动电话号码或24小时有人值守的固定电话,号码要书写清楚、准确。

(6) 航班／日期栏。声明有无预订航班并在相应栏内画"√"。如已订妥航班,应填写托运人已预先订妥的航班号及日期。

(7) 备注栏。托运货物属于危险物品、押运货物、急件货物、贵重物品或其他特种货物的在此栏内注明。

(8) 件数栏。填写托运货物的总件数。

(9) 包装栏。填写货物实际使用的外包装类别,如泡沫箱、瓦楞纸箱、纤维袋等。如果该批货物有不同包装,应分别写明数量和包装类型,填写每件货物的外包装尺寸和体积,单位分别用厘米和立方米表示。货物尺寸按其外包装的长×宽×高×件数的方式填写。

(10) 货物品名栏。填写货物的具体名称。不再填写表示货物类别的统称和品牌,如电脑、电视机等不能填写电子产品;心电图仪、压力表等不能填写仪器、仪表;急件、快件、押运货物、动物等不能作为货物品名。

(11) 实际重量栏。填写不同种类货物的毛重和货物的总毛重。

(12) 计费重量栏。填写计收运费的货物重量。

(13) 保险金额栏。本着自愿的原则,托运人选择是否投保航空运输险,投保航空运输险的将投保价值填写在此栏内。

(14) 安全检查栏。需要办理安全检查的货物在办理安全检查手续后由安全检查部门在此栏内填写或加盖戳记。

(15) 储运注意事项栏。填写货物在保管运输过程中应注意的事项或其他有关事宜。

(16) 托运人或其代理人签字、盖章栏。由托运人或其代理人签字或盖章。

(17) 托运人或其代理人有效身份证件及号码栏。填写托运人或其代理人的有效身份证件的名称及全部号码。

(18) 承运人签字及日期栏。由承运人或其代理人签字,并填写收运货物的日期。货物托运书应与货运单存根联一起装订留存。

一份简易的国内货物托运书如表3-4所示。

二、国内航空货运单

国内航空货运单简介

请扫码了解国内航空货运单。

(一) 航空货运单简介

(1) 航空货运单是托运人(或其代理人)和承运人(或其代理人)之间缔结的货物运输合同契约,同时也是承运人运输货物的重要证明文件。

表 3-4　国内货物托运书

始发站			目的站	
托运人姓名或单位名称			邮政编码	
托运人地址			电话号码	
收货人姓名或单位名称			邮政编码	
收货人地址			电话号码	
储运注意事项及其他			声明价值	保险价值
件数	毛重	计费重量	货物品名(包括包装、尺寸)	
说明： 1.托运人应当详细填写或审核本托运书各项内容，并对其正确性和真实性负责。 2.有不如实申报价值的货物发生丢失、损坏或被冒领的，赔偿价值以此托运书的注明为准，造成赔偿不足的责任由托运人或收货人负责。 3.承运人根据本托运书填开的航空货运单经托运人签字后，航空运输合同即告成立。 托运人或其代理人签字(盖章)： 托运人或其代理人身份证号码：			货运单号码	
			X光机检查	
			检查货物	
			计算重量	
		经办人	填写标签	
			年　月　日	

注：粗线框内由承运人填写。

（2）航空货运单不可转让，所有权属于出票航空公司。在货运单的右上角印有"不可转让"(Not Negotiable)字样，任何 IATA 成员公司均不得印制可以转让的航空货运单，"不可转让"字样不可被删去或篡改。

（3）航空货运单填写完毕后须经托运人复核、签字，承运人应在货运单各联盖章，盖章后的货运单须经承运人和托运人双方签字后生效。

（二）航空货运单的填开责任

根据《中华人民共和国民用航空法》有关条款，托运人应当填写航空货运单正本一式三份，连同货物交给承运人。承运人有权要求托运人填写航空货运单，托运人有权要求承运人接受该航空货运单。托运人有责任填制航空货运单，可自行填制，也可要求承运人或承运人授权的代理人代为填制，但货运单所填各项内容的正确性、完备性由托运人负责。货运单所填内容不准确、不完备致使承运人或其他人遭受损失，托运人负有责任。托运人在航空货运单上的签字，证明其接受航空货运单正本背面的运输条件和契约。

(三)航空货运单的有效期

(1) 货运单填制完毕后,经托运人(或其代理人)和承运人(或其代理人)签字或盖章后生效;货物运至目的地,收货人提取货物并在货运单交付联签收确认后,货运单作为运输凭证的有效性即告结束。

(2) 作为运输合同,货运单的法律有效期从航班到达、应该到达或运输停止之日起持续两年。

(四)国内航空货运单组成

国内使用的航空货运单由一式八联组成,其中正本三联,副本五联。航空货运单各联的名称、具体用途如表3-5所示。

表3-5 国内航空货运单各联组成

序号	名称	用途	颜色
1	正本3	交托运人	浅蓝色
2	正本1	交出票航空公司财务部门	浅绿色
3	副本7	交第一承运人	淡粉色
4	正本2	交收货人	淡黄色
5	副本4	交付货物的凭证	白色
6	副本5	交目的站	白色
7	副本6	交第二承运人	白色
8	副本8	制单人留存	白色

(五)航空货运单的法律作用

航空货运单是托运人(或其代理人)和承运人(或其代理人)所使用的最重要的运输文件,其作用归纳如下:

(1) 承运人和托运人缔结运输契约的初步证据;

(2) 承运人收运货物的证明文件;

(3) 托运人支付运费的凭证;

(4) 保险证明,如托运人要求承运人代办保险;

(5) 供向海关申报的文件;

(6) 供承运人发运交付和联运的单证路单;

(7) 承运人之间的运费结算凭证;

(8) 货物储运过程中的操作指引。

（六）航空货运单的号码

货运单号码是货运单不可缺少的重要组成部分，货运单的左上角、右上角和右下角分别标有货运单号码。该号码是托运人或其代理人向承运人询问货物运输情况及承运人在货物运输各个环节中组织运输（如订舱、配载、查询货物等）时的重要信息来源和依据。货运单应按编号顺序使用，不得越号。

货运单号码由两组数字组成，第一组3位数字为出票航空公司票证代号；第二组8位数字为货运单顺序号和检验号，其中第8位是检验号（号码为0—6），为前7位数字除以7的余数。

（七）航空货运单的填制规范

（1）货运单应当由托运人填写，连同货物交给承运人。如承运人依据托运人提供的托运书填写货运单并经托运人签字，则该货运单应当视为代托运人填写。

（2）货运单必须填写正确、清楚。托运人应当对货运单上所填关于货物的声明或说明的正确性负责。如果收货人名称、运费合计等栏目内容填写错误，且无法在旁边书写清楚，应当重新填写新的货运单。需要修改的内容，不得在原处涂改，而应将错误划去，在旁边空白处书写正确内容，并在修改处加盖戳印。每份货运单最多可修改三处，每栏只能修改一次。如再填错，应另填制新的货运单，原货运单作废。

（3）始发站货物运输开始后，货运单上"运输声明价值"（Declared Value for Carriage）一栏的内容不得再做任何修改。

（八）国内航空货运单的填制说明

国内货运单样式如表3-6所示。

表3-6 国内航空货运单样式

×××-×××××××× ×××-××××××××

始发站 Airport of Departure	[1]	目的站 Airport of Destination	[2]	不得转让 NOT NEGOTIABLE 航空货运单 AIR WAYBILL 印发人 Issued by	航徽
托运人姓名、地址、邮编、电话号码 Shipper's Name, Address, Postcode & Telephone No. [3]				航空货运单一、二、三联为正本，并具有同等法律效力 Copier 1,2 and 3 of this Air Waybill are originals and have the same validity.	
收货人姓名、地址、邮编、电话号码 Consignee's Name, Address, Postcode & Telephone No. [4]				结算注意事项 Accounting Information [22] 填开货运单的代理人名称 [23] Issuing Carrier's Agent Name	

航线[5] Routing	到达站 To [5A]	第一承运人 By First Carrier [5B]	到达站 To [5C]	承运人 By [5D]	到达站 To [5E]	承运人 By [5F]
航班/日期 [6A] Flight/Date		航班/日期 [6B] Flight/Date		运输声明价值 Declared Value for Carriage [7]		运输保险价值 Amount of Insurance [8]
储运注意事项及其他 Handling Information and Others [9]						
件数 No. of Pcs. 运价点 RCP	毛重 (千克) Gross Weight (Kg)	运价种类 Rate Class	商品代号 Comm. Item No.	计费重量 (千克) Chargeable Weight (Kg)	费率 Rate/Kg	航空运费 Weight Charge	货物品名(包括包装、尺寸或体积) Description of Goods (incl. Packaging, Dimensions or Volume)
[10] [10A]	[11] [11A]	[12]	[13]	[14]	[15]	[16] [16A]	[17]

预付 Prepaid [18]		到付 Collect [21]	其他费用 Other Charge [20]
[18A]	航空运费 Weight Charge	[21A]	本人郑重声明:此航空货运单上所填货物品名和货物运输声明价值与实际交运货物品名和货物实际价值完全一致;并对所填航空货运单和所提供的运输有关文件的真实性和准确性负责。Shipper certifies that description of goods and declared value for carriage on the face hereof are consistent with actual description of goods and actual value of goods and that particulars on the face hereof are correct.
[18B]	声明价值附加费 Valuation Charge	[21B]	
[18C]	地面运费 Surface Charge	[21C]	
[18D]	其他费用 Other Charges	[21D]	托运人或其代理人签字、盖章 Signature of Shipper or Its Agent [27]
[18E]	总额(人民币) Total(CNY)	[21E]	填开日期 填开地点 填开人或其代理人签字、盖章 Executed on (Date) At (Place) Signature of Issuing Carrier or Its Agent [28] [28A] [28B] [28C]
	付款方式 Form of Payment	[19]	

正本3(托运人联)甲　　　　　　　　　　　　　　　　　××× - ×××××××
ORIGINAL 3 (FOR SHIPPER) A

(1)始发站栏。填写货物始发站机场所在城市的名称,地名应写全称,不得简写或使用代码。

(2)目的站栏。填写货物目的站机场所在城市的名称,地名应写全称,不得简写或使用代码。

(3)托运人姓名(地址、邮编和电话号码)栏。填写托运人全名,托运人姓名应与其有效身份证件一致;地址、单位名称、邮编和电话号码要填写清楚准确。

(4)收货人姓名(地址、邮编和电话号码)栏。填写与收货人有效身份证件相符的收货人全名,地址、单位名称、邮编和电话号码要填写清楚准确。此栏只能填写一个收货人,要求内容详细。

(5)航线。[5A]到达站(第一承运人运达站)栏:填写目的站机场或第一中转站机场的三字代码。[5B]第一承运人栏:填写自始发站承运货物的承运人的两字代码。[5C]到达站(第二承运人运达站)栏:填写目的站机场或第二中转站机场的三字代码。[5D]第二承运人栏:填写第二承运人的两字代码。[5E]到达站(第三承运人运达站)栏:填写目的站机场或第三中转站机场的三字代码。[5F]第三承运人栏:填写第三承运人的两字代码。

(6)航班/日期栏。[6A]航班/日期(始发航班)栏:填写已订妥的航班日期。[6B]航班/日期(续程航班)栏:填写已订妥的续程航班日期。

(7)运输声明价值栏。填写托运人向承运人声明的货物价值,托运人未办理声明价值时,填"无"。

(8)运输保险价值栏。填写托运人通过承运人向保险公司投保的货物价值。已办理声明价值的此栏不填。

(9)储运注意事项及其他栏。填写货物在保管运输过程中应注意的事项或其他有关事宜,不得填写超出承运人储运条件的内容。

(10)件数/运价点栏。填写货物的件数。如果货物运价种类不同,应分别填写件数,总件数填在[10A]。如果采用分段相加运价,将运价组成点的城市代码填入本栏。

(11)毛重栏。在与货物件数相对称的同一行处,填写货物毛重。如分别填写,总数应填在[11A]。

(12)运价种类栏。填写运价类型代号,M、N、Q、C或S。

(13)商品代号栏。如果采用指定商品运价,则在本栏填写指定商品编号;如果采用等级货物运价,本栏应填写等级货物运价的构成形式,如N150等。

(14)计费重量栏。如果体积重量大于毛重,应将体积重量填入本栏;如果采用较高重量分界点的较低运价,则在本栏填写该重量分界点的重量。

(15)费率栏。填写货物起讫点之间适用的运价。

(16)航空运费栏。填写根据计费重量与费率计得的航空运费金额。如分别填写,将总额填在[16A]。

(17)货物品名栏(包括包装、尺寸或体积)。填写货物的名称、每件货物的尺寸和外包装类型。名称应具体准确,不得填写表示货物类别的统称或品牌;如果包装不同,应分别填写数量和包装类型,如纸箱、铁桶等。

(18)预付栏(支付方式为"预付"时填写此栏)。[18A]预付航空运费栏:填写[16]栏中的航空运费。[18B]预付声明价值附加费栏:填写按规定收取的货物声明价值附加费。[18C]预付地面运费栏:填写根据地面运费费率和计费重量计得的地面运费。[18D]预付其他费用栏:填写除航空运费、声明价值附加费、地面运费以外的根据规定收取的其他费用。

[18E]预付总额栏：填写[18A]—[18D]的总额。

(19) 付款方式栏。填写托运人支付各项费用的方式，如现金、支票等。

(20) 其他费用栏。对[18D]栏所填金额的具体说明，如燃油附加费20元等。

(21) 到付栏(支付方式为"到付"时填写此栏)。具体填写方法与预付栏一致。

(22) 结算注意事项栏。填写有关结算事项，如有关运价协议号码、销售运价文件号码、特别运价通知、代理人或销售单位编码。

(23) 填开货运单的代理人名称栏。填写填制货运单的代理人名称。

(24) 收货人签字、日期栏。副本4中由收货人签字及填写货物提取日期。

(25) 收货人有效身份证件及号码栏。副本4中填写收货人的有效身份证件号码。

(26) 交付人签字、日期栏。副本4中由交付货物的经办人签字及填写货物交付日期。

(27) 托运人或其代理人签字、盖章栏。由托运人或其代理人签字盖章。

(28) 承运人或其代理人签字、盖章栏。[28A]栏填写货运单的填开日期。[28B]栏填写货运单的填开地点。[28C]栏由填开人或其代理人签字盖章。

国内航空货运单填制示例如表3-7所示。

表3-7 国内航空货运单填制示例

×××-××××××××				×××-××××××××		
始发站 Airport of Departure	大连	目的站 Airport of Destination	上海	不得转让 NOT NEGOTIABLE 航空货运单 AIR WAYBILL　　　中国XX航空公司		
托运人姓名、地址、邮编、电话号码 Shipper's Name, Address, Postcode & Telephone No. 郭艳 辽宁省大连市中山区解放路100号 邮政编码：116001 电话号码：135XXXX7753				印发人 Issued by		
				货物提取时完好无损 Received in Good Order and Condition		
				收货人签字　　　日期 Received By　　　Date		
收货人姓名、地址、邮编、电话号码 Consignee's Name, Address, Postcode & Telephone No. 刘芳 上海市徐汇区安福路88号 邮政编码：200030 电话号码：136XXXX6766				收货人有效身份证件及号码 ID Card Number		
				交付人签字　　　日期 Delivered By　　　Date		
				填开货运单的代理人名称 Issuing Carrier's Agent Name		
航线 Routing	到达站 To PVG	第一承运人 By First Carrier HU		到达站 To	承运人 By	到达站 To	承运人 By
航班/日期 Flight/Date		航班/日期 Flight/Date		运输声明价值 Declared Value for Carriage 无	运输保险价值 Amount of Insurance 无		

储运注意事项及其他 Handling Information and Others **注意防潮！**								
件数 No.of Pcs. 运价点 RCP	毛重（千克）Gross Weight (Kg)	运价种类 Rate Class	商品代号 Comm. Item No.	计费重量（千克）Chargeable Weight (Kg)	费率 Rate/Kg	航空运费 Weight Charge	货物品名(包括包装、尺寸或体积) Description of Goods (incl. Packaging, Dimensions or Volume)	
15	95	Q		100	3.80	380.00	杂志/纸箱 30 cm×30 cm×40 cm× 12箱	
15	95					380.00		
预付 Prepaid		到付 Collect			其他费用 Other Charge			
380.00		航空运费 Weight Charge			本人郑重声明：此航空货运单上所填货物品名和货物运输声明价值与实际交运货物品名和货物实际价值完全一致。并对所填航空货运单和所提供的与运输有关文件的真实性和准确性负责。Shipper certifies that description of goods and declared value for carriage on the face hereof are consistent with actual description of goods and actual value of goods and that particulars on the face hereof are correct.			
		声明价值附加费 Valuation Charge						
		地面运费 Surface Charge						
		其他费用 Other Charges			托运人或其代理人签字、盖章 Signature of Shipper or His Agent			
380.00		总额(人民币) Total(CNY)			填开日期 填开地点 填开人或其代理人签字、盖章 Executed on (Date) At (Place) Signature of Issuing Carrier or Its Agent 2024.1.12 大连			
付款方式 Form of Payment		现金						

×××-××××××× ×

副本4(货物交付联)戊
COPY 4(DELIVERY RECEIPT) E

■ 货运现场直通车

> 乱填航空货运单，代理人员遭罚500元

某机场安检员检查一批准备运往北京的货物时，发现其中一票运单上写着"服装"的货物有问题，开包检查后发现是音乐器材。经查，这批货物是某货运代理公司职员张某办的托运手续。由于其敷衍了事，随意填写航空运输文件，违反了《中华人民共和国民用航空安全保卫条例》，机场派出所决定对其处以500元罚款。

（资料来源：https://news.sina.com.cn）

【案例启示】

通过该案例可以看出,航空货运从业人员必须具备敬畏规章、认真负责、严谨细致的工作态度和职业作风。

知识拓展

郑州机场航空货运单电子化改革经验获认可

国务院于2023年7月印发《关于做好自由贸易试验区第七批改革试点经验复制推广工作的通知》,在全国范围内和特定区域复制推广第七批共24项自贸试验区改革试点经验,涉及领域涵盖投资贸易便利化、政府管理创新等,其中"航空货运电子信息化"入选投资贸易便利化领域复制推广的改革事项,由中国民航局负责在全国范围内进行推广。

2020年5月,河南省机场集团报送的《郑州新郑国际机场航空电子货运试点工作实施方案》获中国民航局批复,成为全国唯一航空电子货运试点机场,两年多的试点建设运行成果丰硕。此次"航空货运电子信息化"入选国务院推广自贸试验区第七批改革试点经验,表明郑州机场"航空货运电子信息化"获得了国家层面的认可,"郑州经验"将走向全国。

长期以来,我国航空货运单据一直以纸质为主,效率较低。郑州机场研发上线了电子运单中性平台,积极推动在郑运营的航空公司和代理人开展电子运单应用,国际国内业务中多家航司实现电子运单数据对接。下一步,河南省机场集团将按照国务院的部署要求,全力配合中国民航局开展"航空货运电子信息化"试点经验复制推广工作,持续巩固提升航空电子货运试点成果,通过信息化、数字化、智能化赋能,进一步提升郑州机场货运保障优势。

(资料来源:经济日报,2023年7月12日)

任务演练

一、填空题

1. 航空货运单号码的第一组3位数字为_____,第二组为货运单的_____;某航空货运单号码为880-4197509_____(填出检验号)。

2. 每份货运单最多可修改_____处,每栏只能修改_____次。

3. 国内航空货运单由一式_____联组成。其中,正本_____联,副本_____联。

二、单选题

1. 国内航空货运单第1联(正本3)应交给谁?(　　)

　　A．收货人　　　B．航空公司　　　C．托运人　　　D．第一承运人

2. 根据《中华人民共和国民用航空法》相关条款,谁应对货运单所填各项内容的正确性、完备性负责?(　　)

　　A．托运人　　　B．承运人　　　C．收货人　　　D．代理人

三、简答题

航空货运单具有哪些作用?

四、填开航空货运托运书

郭艳(辽宁省大连市中山区解放路100号,电话:135×××7753)要托运15 kg樱桃,包装为30 cm×24 cm×9 cm规格的6个纸箱,预订的航班为CA8911,从大连运至上海,收货人刘芳(上海市徐汇区安福路88号,电话:136×××6766)。请根据以上信息填写一份航空货运托运书。

五、填开航空货运单

王圆于1月1日从上海托运10箱服装至北京,货物毛重120 kg,请根据以下货物托运书,以及上海—北京的运价表等相关信息填开航空货运单。

国内货物托运书

始发站		上海		目的站		北京		
托运人姓名或单位名称		王圆		邮政编码	5	1	0	4	0	3
托运人地址		上海市嘉定区嘉唐公路12号		电话号码	020-22243014			
收货人姓名或单位名称		张秋		邮政编码	1	0	0	0	8	9
收货人地址		北京市海淀区新建宫门路2号		电话号码	010-53647856			
储运注意事项及其他 注意防潮!				声明价值		保险价值		无
件数	毛重	计费重量	货物品名(包括包装、尺寸)					
10			服装/纸箱 30 cm×30 cm×40 cm×10					
说明: 1.托运人应当详细填写或审核本托运书各项内容,并对其正确性和真实性负责。 2.有不如实申报价值的货物发生丢失、损坏或被冒领的赔偿价值以此托运书的注明为准,造成赔偿不足的责任由托运人或收货人负责。 3.承运人根据本托运书填开的航空货运单经托运人签字后,航空运输合同即告成立。 托运人或其代理人签字(盖章): 托运人或其代理人身份证号码:			货运单号码 880-56497394					
			经办人	X光机检查				
				检查货物				
				计算重量				
				填写标签				
				2024年1月1日				

注:粗线框内由承运人填写。

运价表如下:

航线	M	N	45	100	300
SHA—BJS	30.00	7.60	5.20	4.10	3.00

其他信息:托运人为此货办理了20000元人民币的声明价值,无其他费用,各项费用以现金支付;海航承运,填开人为王珂。

请扫码填制国内航空货运单。

空白国内货运单

任务三　规范检查航空货物包装

任务导入

某航司收运了一只活动物金毛犬,该货物在机场待运区存放时,包装容器的门突然脱落,金毛犬跑出并冲入机坪,货运人员立即报告相关领导并请示处置意见,接到领导指示后,机场场务人员在跑道附近将金毛犬击毙。你认为导致金毛犬跑出的原因是什么?请谈谈如何通过做好收运检查工作来避免类似事件发生?

一、包装的基本要求

(一) 包装的一般要求

托运人有责任根据货物性质和航空运输要求采取适当的包装方法和包装材料包装货物,并保证货物在正常操作过程中安全运输,且不危害飞机、人员及其他物品的安全。

(1) 货物包装应坚固、完好,在运输过程中能防止包装破裂、内物漏出和散失;防止因码放、摩擦、震荡或因气压、气温变化而引起货物损坏或变质;防止伤害操作人员或污染飞机、地面设备及其他物品。

(2) 包装除应适合货物的性质、状态和重量,还要便于搬运、装卸和码放;包装外表面不能有凸出的钉、钩、刺等;包装要整洁、干燥,没有异味和油渍。

(3) 包装内的衬垫材料(如木屑、纸屑)不能外漏。

(4) 除了纸袋包装的货物(如文件、资料等)外,托运货物都应使用包装带捆扎。严禁使用草袋包装或草绳捆扎货物。

(5) 捆扎货物所用的包装带应能承受该货物的全部重量,并保证提起货物时不致断开。

(6) 由多个包装件组成的集成包装件或托盘货物,应保证在运输过程中各独立包装件不会分离。

(7) 单件重量超过 80 kg 的货物,底部应有便于叉车操作的枕木或底托。体积或重量较大的货物,外包装上应注明重心位置以避免在叉车操作时货物失去平衡,导致损坏。

(8) 假如货物的包装不符合承运人的包装要求规定,承运人应要求托运人改进或重新包装后方可收运。

(二) 常用包装的具体要求

1. 纸箱

纸箱的材质应坚固耐用,并且能够防潮、防震和防压。一般情况下,纸箱应能承受同类包装货物码放 3 米或 4 层的总重量,即当同种类的货物码放至 3 米或 4 层高时,最底层货物的包装不应有变形或凹陷。

2 木箱

木箱的厚度及结构要满足货物安全运输的需要,要确保木箱坚固稳定,不得有腐蚀、虫蛀、裂缝等缺陷。如果目的站要求将包装进行熏蒸处理后才能使用,托运人应遵守此规定并提供相关证明。

3 铁桶

铁皮的厚度应与内装货物重量相对应。单件毛重为25~100 kg的中小型铁桶,应使用0.6~1.0 mm的铁皮制作;单件毛重为101~180 kg的大型铁桶,应使用1.25~1.5 mm的铁皮制作。

4 条筐、竹篓

条筐、竹篓编制要紧实、整齐、牢固、不断条、不劈条,外形尺寸以不超过50 cm×50 cm×60 cm为宜,单件毛重以不超过40 kg为宜,内装货物及衬垫材料不得漏出,且应能承受同类货物码放3层高的总重量。

二、特殊货物的包装要求

(一) 液体货物

(1) 瓶、罐或桶装容器内须留有5%~10%的空隙;封盖必须严密,不得渗漏。

(2) 用玻璃容器时,每个容器不得超过500 ml;外加木箱,箱内应使用衬垫和吸附材料填实,防止晃动和液体渗出;每件货物重量不超过25 kg。

(3) 盛装液体的包装必须能承受因高度变化而产生的压力和温度变化。

(4) 水产品,必须根据货物种类选择符合安全要求的包装方式。

(二) 粉状货物

(1) 粉状货物用袋盛装的,最外层应使用塑料涂膜纺织袋作外包装,保证粉末不能漏出,单件货物毛重不得超过25 kg。

(2) 用硬纸桶、木桶、胶合板桶盛装的,要求桶身完好、接缝严密、桶盖密封、桶箍坚固结实,单件货物毛重不得超过50 kg。

(3) 用玻璃瓶盛装的,每瓶内装物的重量不得超过1 kg,用铁制或木制材料作外包装,箱内用衬垫材料填实,单件货物毛重以不超过25 kg为宜。

(三) 精密易损、质脆易碎货物

单件货物毛重以不超过25 kg为宜,可以采用以下方法包装。

(1) 多层次包装,即货物→衬垫材料→内包装→衬垫材料→外包装。

(2) 悬吊式包装,即用几根弹簧或绳索,从箱内各个方向把货物悬置在箱子中间,如大型电子管、X射线管等物品的包装。

(3) 防倒置包装,即底盘大、有手提把环或屋脊式箱盖的包装,不宜平放的玻璃板、挡风玻璃等必须使用此类包装。

(4) 玻璃器皿包装,应使用足够厚度的海绵、泡沫、塑料或其他衬垫材料围裹严实,外加坚固的瓦楞纸箱或木箱,箱内物品不得晃动。

(四) 贵重物品

应使用质地坚硬的包装,如硬木箱,不得使用纸质包装。外包装应用"井"字铁条加固,并使用铅封或火漆封志。在外包装上拴挂标签时,只能使用挂签。除识别标签和操作标签外,贵重物品不需要任何其他标签和额外粘贴物,货物外包装上不可有任何对内装物做出提示的标记。

(五) 裸装、不怕碰压的货物

如轮胎等可以不用包装。不易清点件数、形状不规则、外形与运输设备相似或容易损坏飞机的货物,应使用绳、麻布包扎或外加包装。

(六) 大型货物

体积或重量较大的物体,底部应有便于叉车操作的枕木或底托。货物外包装上应注明重心位置以避免在叉车操作时货物失去平衡,导致损坏。

(七) 信函类物品

对于一般文件、信函、新闻录像带、录音带、光碟、医用X光片等,应要求托运人使用纸箱或木箱作为货物外包装。使用其他材料作为外包装的,包装强度必须能够保证货物在运输过程中不会因其他货物的正常挤压而损坏。使用布质口袋或网袋作为外包装的,应有内包装。

(八) 带有电源的货物

带有电源的电器、玩具、工具等,应将电源独立包装。不能分开包装的,应采取措施防止开关在储运过程中被意外开启。使用干电池作为电源的警棍、电筒、玩具、电钻等物品,托运前必须将干电池取出或将电池正负极倒放。

为使货物包装符合航空运输的要求,民航货运工作人员应积极帮助货主了解航空货物包装的有关规定和要求,宣传做好货物包装工作的必要性。货物经过运输后,若发现包装无法保证货物安全,货运工作人员应及时与货主沟通,共同研究改进货物包装。在货物包装得到改进前,不宜继续承运同类包装不良的货物。

三、货物标记与标签

在货物运输中,货物标记与标签的要求是非常重要的,货物标记与标签的正确使用有助于货物的识别和追踪,避免货物运输差错等情况发生。托运人或其代理人必须在包装上书写货物标记,并粘贴或拴挂货物标签。

(一)货物标记

标记是托运人书写、印刷或粘贴在货物外包装上的有关记号、储运注意事项和说明等,包括以下内容,其中(1)、(2)为必填内容。

(1)货物始发站,托运人姓名、地址、电话或传真号码。

(2)货物目的站,收货人姓名、地址、电话或传真号码。

(3)货物特性和储运注意事项,如"小心轻放""防湿"等;大件货物的包装表面标明的"重心点""由此吊起"等由文字及/或图案组成的操作图示。

(4)货物合同号、贸易标记、包装系列号等。

(5)货物单件毛重及/或净重。

书写、印刷或粘贴标记时需注意以下事项。

(1)货物标记应与航空货运单的内容一致。

(2)托运人应逐件在货物的外包装上书写货物标记。如果货物外包装表面不便于书写,可写在纸板、木板、布条上,再钉、拴在包装上面。

(3)托运人使用旧包装,必须清除原包装上的残旧标记。

(二)货物标签

货物标签包括运输标签、特种货物标签和操作标签。

1 运输标签

运输标签也称为识别标签,是用来表明货物的始发站、目的站、货运单号码、件数、重量(包括本件货物重量)的标识。运输标签有两种:一种是粘贴用的软纸运输标签(见图3-7(a)),适用于表面可粘贴的货物包装;另一种是拴挂用的硬纸运输标签(见图3-7(b)),适用于不宜使用软纸标签的货物包装,如布、麻、草袋或筐等。为区分不同承运人的货物,运输标签上要有承运人的名称和标志。

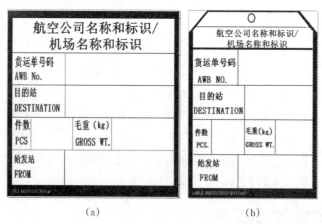

(a)　　　　　　(b)

图3-7　运输标签

2 特种货物标签

特种货物标签包括活体动物标签、鲜活易腐货物标签和危险物品标签等。其作用是要求工作人员按照货物的特性进行操作,预防事故的发生。其图形、名称、尺寸、颜色均应符合标准。特种货物标签如图3-8至图3-11所示。

图3-8　鲜活易腐货物标签

图3-9　活体动物标签

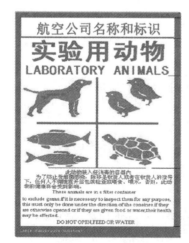

图3-10　实验用动物标签

第1类 1.1/1.2/1.3项 爆炸品

第2类 2.2项 非易燃无毒气体

第3类 易燃液体

第4类 4.1项 易燃固体

第5类 5.1项 氧化性物质

第6类 6.1项 毒性物质

第6类 6.2项 感染性物质

第7类 放射性物质（Ⅲ—黄色）

第8类 腐蚀性物质

第9类 杂项危险品和物品

图 3-11 危险品的危险性标签（部分）

3 操作标签

标明货物储运注意事项的各类标签，称为操作标签。其作用是提示工作人员按标签的要求操作，以达到安全运输的目的。操作标签的图形、名称、尺寸、颜色均应符合标准。操作标签主要包括以下几种。

（1）易碎物品标签，适用于精密仪器、玻璃器皿及其他质脆易碎的货物。

（2）小心轻放标签，适用于活体动物、精密仪器、危险物品、灵柩等货物。

（3）向上标签，适用于所有在运输中必须保证货物直立向上、不能倾斜和倒放的货物。

(4) 谨防潮湿标签,适用于所有在运输过程中必须保证货物干燥、不能受潮和浸湿的货物。

(5) 紧急航材标签,适用于飞机停场或在外发生故障而抢修所急需的航材。

(6) 急件货物标签,适用于急件或有运输时间限制的货物。

(7) 货物标签,适用于外形与行李或货物装载设备、设施相似,容易导致装卸人员错卸或漏卸的货物,如作为货物托运的行李、木制托盘样品等。

(8) 超限货物标签,适用于体积超大或重量超过 150 kg 的货物。

(9) 温度限制标签,适用于在运输过程中有温度限制要求的货物。

(10) 押运货物标签,仅适用于国内运输的押运货物。

(11) 不正常货物标签,适用于不正常运输的货物。

操作标签样式如图 3-12 所示。

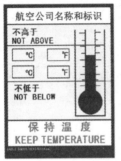

图 3-12　操作标签

(三)标签使用注意事项

1 填写

运输标签上的各项内容应与货运单一致,字迹清晰,容易辨认。

2 粘贴和拴挂

(1)货物标签应由托运人粘贴(或拴挂)。承运人应协助托运人正确地粘贴(或拴挂)标签,并检查标签粘贴(或拴挂)情况,发现错、漏或位置不当时,应立即纠正。

(2)标签应粘贴(或拴挂)在与收货人姓名、地址相邻的位置。

(3)托运人使用旧包装时,须清除原包装上的残旧标签。

(4)每件货物至少应牢固地粘贴(或拴挂)一个运输标签。如果一个包装件超过$0.4\ m^3$,应在包装件两侧对称部位分别粘贴(或拴挂)一个运输标签。

(5)因货物包装材料或其他原因限制,货物标签在运输过程中容易脱落时,应将货运单号码、货物始发站和目的站写在货物的外包装上。

(6)包装形状特殊的货物,应根据情况将标签粘贴(或拴挂)在明显部位。

(7)特种货物应粘贴(或拴挂)特种货物标签。

(8)凡用玻璃瓶作内包装的货物和精密易损、质脆易碎的货物,必须粘贴(或拴挂)易碎物品标签、谨防潮湿标签或者向上标签。

(9)含有液体的货物,包装上须粘贴(或拴挂)向上标签。

(10)标签应粘贴(或拴挂)在货物的侧面,不得粘贴(或拴挂)在货物顶部或底部。

(11)当一件货物需粘贴(或拴挂)两个或两个以上标签时,应在包装两侧对称部位粘贴(或拴挂)。

(12)标签不得粘贴(或拴挂)在包装带上。

(13)在装卸、仓储保管过程中要注意保持标签的完整。遇有脱落或辨认不清的,应根据货运单及时补齐。

✈ 想一想:托运人交运贵重物品时(无押运),货物外包装上需要加贴贵重物品标签吗?为什么?

■ 货运现场直通车

动物逃逸事件

2014年3月4日,长春—南京—厦门某航班到达目的站停靠后,装卸员将后货舱门打开一半时,发现一只大型犬伸着舌头站在舱门口的隔网内,于是立即关闭舱门并准备好盖货网兜。待提货人到达现场后,装卸员用网兜覆盖住货舱门,并用四张网兜在机下围成一个包围圈。打开舱门后,提货人立即用牵绳将狗套住拉下飞机,并用网兜覆盖拖离现场。

后经确认,该宠物为大型金毛犬,由于宠物箱的铁丝过细,金毛咬断铁丝后逃出,最终导致该航班延误近一个小时。

【案例启示】

通过该案例可以看出货物包装的重要性,航空货物能否安全、顺利地运至目的地,很大程度上取决于包装是否符合空运规定,这就需要收运人员在收货环节必须认真、严格地检查货物包装,避免货物不正常运输事件发生。

■ 知识拓展

> **聚焦智慧民航 | 一码通行 货畅其流:航空物流货物轨迹数字化的深圳机场样本**

2023年2月,一单82件且每件货物都贴有民航唯一16位"身份证号"的货物,搭乘海航HU7155航班从深圳机场出发,落地南京机场,标志着深圳机场"货运一个码"项目正式上线试运行。

2022年2月,民航局发布《智慧民航建设2022年工作计划》,明确"在深圳机场试点开展航空货物运输便捷化研究,试点推进货物信息全流程跟踪"。深圳机场把握机遇,联合国内其他机场共同开展"货运一个码"项目试点,通过创新应用信息技术,研究航空物流货物轨迹数字化,探索实现全流程跟踪。项目建成后,希望能在一定程度上提升航空物流业务的服务质量和运行控制水平,促进航空物流业态融合发展,为航空货运提供行业监管的数据支撑,形成可复制、可推广的深圳标准,树立行业标杆。

(资料来源:中国民航报)

✈ 任务演练

一、选择题、判断题(请扫码答题)

在线答题

二、简答题

1.航空货物运输中,货物包装的主要原则是什么?

2.纸箱、木箱、铁桶、条筐和竹篓作为货物包装时,具体要求是怎样的?

🧳 项目小结

本项目介绍了国内航空货物收运规定、国内货物收运文件填制要求及航空货物包装要求,其中国内航空货运单的填制、特殊货物的包装要求和货物标记与标签是重点,难点是货物收运限制与要求,需要大家认真学习并熟练掌握。

通过本项目的学习和训练,同学们应具备货物收运检查和正确填制货物托运书、货运单等国内货物收运文件的专业能力,树立安全第一及敬畏规章、敬畏职责的职业意识,养成科学严谨、认真细致的工作作风。

项目训练

回顾复习本项目内容,扫码完成项目测试题。

项目测试

项目四　国内航空货物运输费用

项目引入

芒果是海南的主要特产之一，台农芒、金煌芒、贵妃芒，等等，出果期一般两到三个月，对运输时限要求较高。航空运输速度快、质量高，是芒果运输较好的选择之一。但由于芒果属于鲜活易腐货物，相较于普通货物，芒果的运价通常较高，运输成本高是影响芒果销售的主要原因之一，因此我们有时看到大量芒果积压在果园，导致果农损失惨重，辛劳白费。作为服务行业，近年来航空运输业针对此类情况开展了一系列助农活动（见图4-1），很多航司在当地农产品上市时，为当地搭建空中通道，制定优惠运价。

图4-1　航空运输业的助农活动

那么，你了解航空货物运价体系吗？像芒果这类鲜活易腐货物，运价一般比普通货物高多少？在什么情况下可以使用优惠价格呢？

项目目标

知识目标

1. 熟悉国内航空货物运价与运费相关规定。
2. 了解国内货物运价体系，掌握货物计费重量的确定方法。
3. 熟悉不同种类运价的计费规则与注意事项。
4. 掌握国内航空货运其他费用的种类与计算方法。

能力目标

1. 能够正确选择运价并准确计算航空运费。
2. 能够准确计算货物运输过程中产生的其他费用。

素养目标

1. 养成求真务实、科学严谨的工作作风与诚实守信的职业操守。
2. 树立为家乡做点事、为社会做点事的信念，提升社会责任感和职业使命感。

民航货物运输服务

知识架构

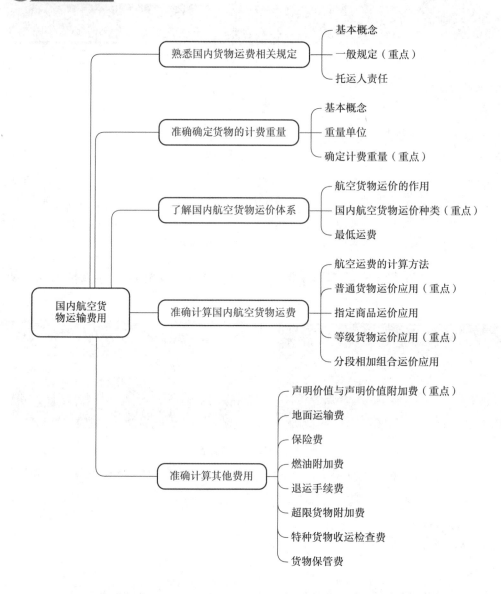

任务一 熟悉国内货物运费相关规定

任务导入

海南某水果代理商委托海南航空从三亚运输50箱火龙果到长沙，货物总毛重为250 kg，包装箱尺寸为50 cm×40 cm×30 cm，办理托运手续时适用的运价为4.5元/kg，但办完托运手续（运费已收取且航空货运单已填制）的第二天，适用运价下调为4.1元/kg。请问海南航空是否应退还该代理商相应的运费？

一、基本概念

(1) 运价:也称费率,指单位重量的货物自始发地机场至目的地机场的空运价格。

(2) 航空运费:指根据货物的计费重量与适用的运价计算而得的运输费用,不包括机场与市区之间或同一城市两个机场之间的地面运输费及其他费用。

(3) 其他费用:航空运输过程中发生的除航空运费以外的,承运人依据规定收取的费用,如地面运输费、货物保管费、燃油附加费、特种货物收运检查费等。

二、一般规定

(1) 除另有约定外,国内航空货物运费使用人民币、支票或信用卡支付。

(2) 货物运输费用应由托运人在托运货物时或由收货人在提取货物前付清。发生在运输过程中或目的站的与运输有关的费用由收货人在提取货物前付清。

(3) 航空运费与声明价值附加费必须同时预付或到付;航空公司代收的保险费必须预付。

(4) 国内航空货物运输中,货物运价的最小单位为0.1元/kg(1角/kg),角以下四舍五入。运输费用(包括航空运费和其他费用)的结算单位为元,元以下四舍五入。

(5) 对于信誉好、货量大的托运人或代理人,在缴纳保证金后,可与承运人签订货物运费定期结账协议,按照协议规定的周期与方式结算费用。

(6) 货物收运后,如遇货物运价调整,货物运费多不退、少不补。托运人如有异议,可办理货物退运。

三、托运人责任

(1) 托运人除支付必须支付的费用,还应支付因收货人原因可能使第三人蒙受的损失。航空公司有权扣押未付清上述费用的货物,并进行拍卖处理,用部分或全部拍卖收入支付费用,但是此种拍卖不能免除托运人付款不足的责任。

(2) 无论货物是否损失或是否运抵运输合同所指定的目的站,托运人或收货人应支付因承运该货物而产生的所有费用。

(3) 托运人或收货人拒绝支付全部或部分费用时,承运人可以拒绝运输或交付货物。

任务演练

选择题(请扫码答题):

在线答题

任务二　准确确定货物的计费重量

任务导入

托运人王某委托南方航空公司运输一批棉花,货物的总体积很大,但称得的重量却非常轻,你认为该货物的运费应该如何计算?对于此类体积大但重量轻的货物,航空公司如何计收运费?是根据货物的实际重量计费吗?是否还会考虑其他因素?

一、基本概念

1　计费重量(Chargeable Weight)

计费重量指用以计算货物航空运费的重量,国内航空货运以千克为货物的计重单位。货物的计费重量可能是实际毛重或者货物的体积重量,也可能是运价表中较高重量分界点的重量。

2　实际毛重(Gross Weight)

实际毛重指包括包装在内的货物重量,通过称重确定。

3　体积重量(Volume Weight)

体积重量是将货物的体积按照一定的比例折合成的重量。折算体积重量时,每 $6000\ cm^3$ 折合 $1\ kg$,即体积重量=货物体积÷$6000\ cm^3/kg$。

想一想:确定计费重量时,为什么要考虑货物的体积重量?

计量货物的体积时,首先度量每件货物的最长、最宽、最高,以厘米为单位,并将量得的数值取整(厘米以下四舍五入),再计算货物的体积。

若一份货运单包含多件货物,须用货物的总体积除以 $6000\ cm^3/kg$ 计算体积重量,具体做法如下:

(1)当多件货物的包装尺寸一致时,货物总体积=长×宽×高×件数;

(2)若多件货物的包装尺寸不一致,货物总体积=每件货物的体积相加之和。

4　轻泡货物

轻泡货物又称低密度货物,即每千克的体积超过 $6000\ cm^3$ 的货物,或者体积重量大于实际毛重的货物。

二、重量单位

(1)国内航空货物运输中,普通货物的毛重、体积重量和计费重量以 $1\ kg$ 为最小单位,不足 1 kg 的四舍五入；贵重物品的重量以 0.1 kg 为最小单位，不足 0.1 kg 的四舍五入。

（2）一份航空货运单的货物重量不足 1 kg 时，按 1 kg 计算。

三、确定计费重量

（1）称出货物的实际毛重。
（2）计算货物的体积重量。
（3）比较体积重量和实际毛重，取较高者作为计费重量。

■ **实训指导**

例1：一箱纺织品，实际毛重为 9 kg，量得的尺寸为 20.3 cm × 45.6 cm × 30.2 cm，请问该货物的计费重量是多少？

解：实际毛重＝9 kg

体积重量＝20 cm×46 cm×30 cm÷6000 cm³/kg＝4.6 kg≈5 kg＜9 kg

计费重量＝9 kg

例2：一件桶装货物（圆柱形桶，见图 4-2），其底部直径为 60 cm，高为 90 cm，实际毛重为 50 kg，请问该货物的计费重量是多少？

解：实际毛重＝50 kg

体积重量＝60 cm×60 cm×90 cm÷6000 cm³/kg＝54 kg＞50 kg

计费重量＝54 kg

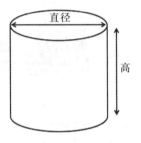

图 4-2　桶装货物示意图

想一想：上题中圆柱形货物的体积为何不用底面积×高，而是以"直径×直径×高"的方式计算？

若一份货运单包含多件货物，则将货物的总体积重量与总毛重相比较，取较高者作为计费重量。

例3：一票货物包含两件尺寸不同的货物，其中一件的尺寸为 60 cm×55 cm×40 cm，毛重为 25 kg；另一件的尺寸为 100 cm×40 cm×30 cm，毛重为 60 kg。此票货物的计费重量是多少？

解：总实际毛重＝25 kg＋60 kg＝85 kg

总体积重量＝(60×55×40＋100×40×30) cm³÷6000 cm³/kg＝42 kg＜85 kg

计费重量＝85 kg

■ **任务演练**

一、选择题（请扫码答题）

在线答题

二、计算题

1.以下4票货物为普货,请计算其体积重量并确定计费重量。

序号	件数	单件尺寸	总毛重	体积重量	计费重量
1	4箱	54.3 cm×41.8 cm×28.1cm	38 kg		
2	5箱	48.2 cm×31.6 cm×27.3 cm	32 kg		
3	2桶	直径37 cm,高35 cm	24 kg		
4	3箱	47 cm×35 cm×23 cm	32 kg		

2.以下3票货物均为黄金饰品,请计算其体积重量并确定计费重量。

序号	件数	单件尺寸	总毛重	体积重量	计费重量
1	10箱	46 cm×30 cm×20 cm	91.4 kg		
2	4箱	54 cm×42 cm×28 cm	38.3 kg		
3	5箱	48 cm×32 cm×27 cm	32.2 kg		

任务三　了解国内航空货物运价体系

 任务导入

通过上一任务内容的学习,我们已经掌握了货物计费重量的确定方法,如果知道运价是多少,就可以顺利完成计算航空运费的任务了。那么,航空货物运价是怎样的呢?日常生活中,很多人都有邮寄快递的经历,快递公司通常会公布始发地至不同目的地的货物首重运价,以及超出首重后每千克的收费标准。航空货物运价也是如此吗?航空公司的计费标准与快递公司是否相同呢?请大家从本任务内容中去寻找答案。

一、航空货物运价的作用

货物运价是调节航空货运市场状态的关键因素,是平衡运力与运输需求的杠杆。在市场经济条件下,货运资源的分配与调整,取决于航空货运市场发展状况和货物运价机制。

运价过高,可能造成运输市场需求减少,运力过剩,资源浪费,同时也会使其他相关经济部门受到不良影响,限制其正常发展。反之,若运价过低,则会导致需求过量,运力不足,货运资源无法正常供给,降低货物运输效率和质量,甚至造成航空货运市场出现恶性竞争,航空物流业无法健康有序发展。因此,科学、合理地制定货物运价是保证货运行业稳定发展的关键因素。

二、国内航空货物运价种类

(一) 协议运价(Agreement Rate)

协议运价指承运人与托运人通过单独商谈、签订运输协议而确定的运价,托运人保证在协议期内向承运人交运一定数量的货物,而承运人则依照协议为托运人提供一定数量的运价折扣。协议运价又可以根据不同的协议方式(见图4-3)进行细分。

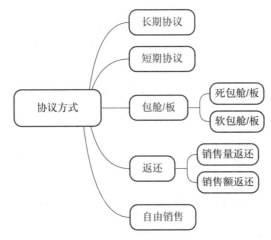

图4-3 协议运价的方式

(1) 长期协议:一般指航空公司与托运人签订的一年期限的协议。

(2) 短期协议:一般指航空公司与托运人签订的半年或半年以下期限的协议。

(3) 包舱/板:指托运人在一定航线上包用承运人的全部或部分舱位或集装器来运送货物。

(4) 死包舱/板:指托运人在承运人的航线上通过包舱/板的方式运输时,托运人无论是否向承运人交付货物,都必须支付协议上规定的运费。

(5) 软包舱/板:指托运人在承运人的航线上通过包舱/板的方式运输时,在航班起飞前72小时如果没有确定舱位,承运人可以自由销售舱位,但承运人对代理人包舱/板的总量要有控制。

(6) 销售量返还:指如果代理人在规定期限内完成了一定的货量,航空公司按一定的比例返还运费。

(7) 销售额返还:指如果代理人在规定期限内完成了一定的销售额,航空公司按一定的比例返还运费。

(8) 自由销售:也称议价货物或一票一价,是指除了签订协议的货物外,其他按照一票货物一个定价。

在目前的货运市场上,航空公司的销售价格大多是协议运价,此种运价通常比公布运价低,且只能在协议双方或多方之间使用。

（二）公布直达运价（Published Through Rate）

（1）普通货物运价（General Cargo Rate，GCR）：指普通货物适用的运价，货物既不属于指定商品，也不属于等级货物时，适用普通货物运价。

①标准普通货物运价（Normal Rate）：也称基础运价，指 45 kg 以下的普通货物适用的运价，代码为"N"。民航局统一规定各航线的基础运价。

②重量分界点运价（Quantity Rate）：指 45 kg 以上（含 45 kg）的普通货物适用的运价，如 45 kg、100 kg、300 kg、500 kg 等重量分界点运价，代码为"Q"。

（2）指定商品运价（Specific Commodity Rate，SCR）：承运人在特定地区或航线上运输特定品名的货物而制定的货物运价，代码为"C"。

对于某些批量大、季节性强、单位价值低的货物，航空公司可申请建立指定商品运价。此种运价较低，在选择运价时应优先考虑，但应注意使用该运价需满足相应的条件，如货物重量满足运价的最低限制重量等。

（3）等级货物运价（Commodity Classification Rate，CCR）：指针对某些特定货物，在普通货物运价的基础上附加（Surcharge）或附减（Reduction）一定的百分比而构成的货物运价。

目前，国内航空货物运费计算仅使用附加的等级货物运价，即在标准普通货物运价（N 运价）的基础上附加 50%（即 N×150%）而构成，代码为"S"。

国内货运使用该运价的货物一般包括贵重物品、活体动物、鲜活易腐货物、危险品、生物制品、押运货物、灵柩、骨灰和急件货物等。

（三）分段相加组合运价

分段相加组合运价是指当货物的始发站至目的站没有公布直达运价时，可以选择合适的运价组合点，按分段相加的方法组成全程最低货物运价。使用此种运价时，要选择不同的运价组合点，将构成的全程运价进行比较，取最低者。

使用分段相加组合运价时，不考虑实际运输路线。但若托运人指定运输路线，则应按其指定运输路线将各航段的运价相加组成全程运价。

（四）运价的使用顺序

前面介绍的几种航空货物运价在使用时按照以下顺序进行选择。

（1）协议运价。

（2）公布直达运价，其中指定商品运价优先于等级货物运价和普通货物运价，等级货物运价优先于普通货物运价。

（3）分段相加组合运价。

三、最低运费

最低运费（Minimum Charge）是指运输一票货物（一份航空货运单包含的货物）应收取的航空运费的最低标准，代码为"M"。货物按其计费重量和适用的运价所计得的航空运费不得低于这一标准。

最低运费由航空公司根据市场需求制定,报政府主管部门备案或批准后使用。目前,国内空运一票普通货物的最低运费一般为人民币30元,运输一票特种货物(使用等级货物运价的货物)的最低运费按普通货物最低运费的150%计算,即人民币45元。

各航空公司的最低运费略有差异,具体以企业规定为准。

■ 知识拓展

我国航空货运运价体系发展历程

我国航空货运运价体系的发展历程大致可分为四大阶段。

第一阶段为我国民航发展初期,国内的航空货运价格是根据客运价格而确定的,以相应航线客票价格的8%作为该航线的货物运价,并且只设立了普货运价和特种货物运价两种运价类别。该时期市场需求少,货邮运输量少,在客运价格基础上通过一定比例来确定货运价格的方式比较易于操作。

第二阶段从20世纪90年代开始,我国航空货运进入了蓬勃发展时期,空运货物的种类逐步呈现出多样化的特征,原有的航空货运价格体系已经不适应航空货运市场的需求,甚至对航空货运业的发展产生了一定制约。民航总局于1998年9月1日提出以客货运价分离为指导原则的国内航空货物运输体系,该运价体系创新性地提出了航空货物运输的最低运价、普通货物运价、等级货物运价、指定商品运价等概念。虽然该运价体系已经有了非常大的优化提升,但依然存在一些问题,如由民航总局指导运价的方式过于模式化,航空运输企业无法通过价格的调整实现资源合理分配和市场需求调节。

第三阶段即进入21世纪后,中国民航业进行了一系列改革。2002年国务院印发《民航体制改革方案》,提出实施国有航空公司战略性重组,提倡政企开的发展战略。2004年民航总局颁布了《民航国内航空运输价格改革方案》,该方案将国内航空货物运输定价机制由政府指导运价改为由航空公司向民航总局报备审批的市场化定价模式,采用了航空货物运输价格的市场化报备机制,价格制定的主动权从政府移交到了企业,有效激发了航空公司大力开展航空货运业务的积极性。

第四阶段从2010年开始,航空货物运价体系基本实现市场化。随着我国航空货运市场的不断发展成熟,大多航空公司摒弃了旧的货运价格体系,改由托运人与航空公司直接协商货物运输价格,航空货运市场上出现了"标准零售""协商运价"以及"核心客户运价"等根据不同需求制定的货运价格。航空货运销售人员可以凭借个人对市场的判断和经验进行决策,航空公司也会依照市场的供求关系灵活制定相应的航空货物运价。

(资料来源:邹晓剑,《H航空货运运价体系优化研究》,海南大学硕士论文,2020年。)

■ 任务演练

选择题(请扫码答题):

在线答题

任务四 准确计算国内航空货物运费

任务导入

每年的五、六月份是海南季节性特色农产品荔枝大规模上市之际,近年来,中国邮政、顺丰航空、海南航空等多家航司积极搭建海南农产品航空物流"空中通道",与相关机场协同联动,畅通空中绿色通道,保证收运、安检、装卸等各运输环节无缝衔接,保障荔枝寄递服务,助力海南农产品外销(见图4-4)。

图 4-4　运输海南荔枝的邮航专机

2023年5月10日,海口某水果代理商委托中国邮政航空公司运输一批"妃子笑"荔枝到上海,货物共40箱,每箱的尺寸为50 cm×40 cm×30 cm,总毛重为405 kg。作为南航货运部的收运人员,你认为此票货物适用哪种运价?请查询运价表并计算此票货物的航空运费。

一、航空运费的计算方法

(一)航空运费计算公式

航空运费=货物的计费重量×适用的货物运价

(二)从低原则

航空货物运费计算应遵循从低原则,即当货物的计费重量接近下一个重量分界点的重量时,将原计费重量乘以对应的运价所计得的运费与下一个重量分界点的重量乘以对应的运价所计得的运费相比较,取较低者。

如何应用从低原则?请扫码学习。

二、普通货物运价应用

如何应用从低原则

首先,普通货物运价包括标准普通货物运价(N运价)和重量分界点运价(Q运价),计费时须严格遵循运价的使用规则。特别是Q运价,必须明确不同重量分界点运价的适用条件。例如Q45运价,适用于计费重量大于等于45 kg且小于100 kg的货物;同理,Q100运价适用于计费重量大于等于100 kg且小于300 kg的货物;以此类推。

其次,计算过程中还应注意货物重量和运费都必须精确到最小进位单位(见本项目的任务一和任务二)。

最后,航空货运单的运费计算栏也应按照货运单的填制要求规范填写。

■ 实训指导

例1:某航司收运一票货物,计划从上海运往西安,货物名称为办公用品,共5件,每件尺寸为50 cm×30 cm×20 cm,总毛重为29.8 kg,包装为纤维板箱。请计算此票货物的航空运费,运价表如下:

航线	M	N	45	100	300
SHA—SIA	30.00	6.20	4.80	4.20	3.60

解题步骤:

第一步,列出此票货物的实际毛重。

实际毛重:29.8 kg≈30 kg

第二步,计算货物的体积重量。

体积重量:50 cm×30 cm×20 cm×5÷6000 cm³/kg=25 kg

第三步,比较毛重与体积重量,取高者作为计费重量。

计费重量:30 kg

第四步,选择适用的货物运价。

适用运价:N运价,即6.20元/kg

第五步,计算航空运费。

航空运费:30 kg×6.20元/kg=186.00元

航空货运单运费计算栏填制如下:

件数 No.of Pcs. 运价点 RCP	毛重 (千克) Gross Weight (kg)	运价 类别 Rate Class	商品代号 Comm. Item No.	计费重量 (千克) Chargeable Weight (kg)	费率 Rate/kg	航空运费 Weight Charge	货物品名 (包括包装、尺寸或体积) Description of Goods (incl.Packaging,Dimensions or Volume)
5	30	N		30	6.20	186.00	办公用品/纤维板箱
5	30					186.00	50 cm×30 cm×20 cm×5

例2:某航司收运一票货物,计划从上海运往西安,货物名称为办公用品,共1件,尺寸为 40 cm×30 cm×20 cm,毛重为 3.6 kg,包装为纤维板箱。请计算此票货物的航空运费,运价表如下:

航线	M	N	45	100	300
SHA—SIA	30.00	6.20	4.80	4.20	3.60

解题步骤:

(1) 实际毛重:3.6 kg≈4 kg

(2) 体积重量:40 cm×30 cm×20 cm÷6000 cm³/kg=4 kg

(3) 计费重量:4 kg

(4) 适用运价:N运价,即 6.20 元/kg

(5) 航空运费:4 kg×6.20元/kg=24.80元＜30.00元

此票货物用N运价计得的运费低于最低运费30元,因此,航空运费应按普通货物的最低运费收取。

航空货运单运费计算栏填制如下:

件数 No.of Pcs. 运价点 RCP	毛重 (千克) Gross Weight (kg)	运价 类别 Rate Class	商品代 号 Comm. Item No.	计费重量 (千克) Chargeable Weight (kg)	费率 Rate/kg	航空运费 Weight Charge	货物品名 (包括包装、尺寸或体积) Description of Goods (incl.Packaging,Dimensions or Volume)
1	4	M		4	30.00	30.00	办公用品/纤维板箱
1	4					30.00	40 cm×30 cm×20 cm×1

例3:某航司收运一票货物,计划从北京运往广州,货物名称为食品(糖果),共15件,每件尺寸为 40 cm×30 cm×20 cm,总毛重为 120.3 kg,包装为纤维板箱。请计算此票货物的航空运费,运价表如下:

航线	M	N	45	100	300
BJS—CAN	30.00	6.70	5.00	4.20	3.20

解题步骤:

(1) 实际毛重:120 kg

(2) 体积重量:40 cm×30 cm×20 cm×15÷6000 cm³/kg=60 kg

(3) 计费重量:120 kg

(4) 适用运价:Q100运价,即 4.20 元/kg

(5) 航空运费:120 kg×4.20元/kg=504.00元

航空货运单运费计算栏填制如下:

件数 No.of Pcs. 运价点 RCP	毛重 （千克） Gross Weight (kg)	运价 类别 Rate Class	商品代号 Comm. Item No.	计费重量 （千克） Chargeable Weight (kg)	费率 Rate/kg	航空运费 Weight Charge	货物品名 （包括包装、尺寸或体积） Description of Goods (incl.Packaging, Dimensions or Volume)
15	120	Q		120	4.20	504.00	食品（糖果）/纤维板箱 40 cm×30 cm×20 cm×15
15	120					504.00	

例4：某航司收运一票货物，计划从北京运往广州，货物名称为食品（糖果），共15件，每件尺寸为40 cm×30 cm×20 cm，总毛重为95 kg，包装为纤维板箱。请计算此票货物的航空运费，运价表如下：

航线	M	N	45	100	300
BJS—CAN	30.00	6.70	5.00	4.20	3.20

解题步骤：

（1）实际毛重：95 kg

（2）体积重量：40 cm×30 cm×20 cm×15÷6000 cm³/kg＝60 kg

（3）计费重量：95 kg

（4）适用运价：Q45运价，即5.00元/kg

（5）航空运费：95 kg×5.00元/kg＝475.00元

✈ 想一想：此票货物的计费重量已经非常接近100 kg了，而Q100运价比Q45运价便宜0.8元，如果你是托运人，是否关注到这一点了？

如果使用Q100运价，运费是多少呢？

（6）适用运价：Q100运价，即4.20元/kg

（7）航空运费：100 kg×4.20元/kg＝420.00元

✈ 易错点提示：此处的计费重量必须用100 kg，而非95 kg。

根据航空运费从低原则，使用Q100运价计得的运费低于使用Q45运价计得的运费，因此，该票货物的航空运费为420.00元。

航空货运单运费计算栏填制如下：

件数 No.of Pcs. 运价点 RCP	毛重 （千克） Gross Weight (kg)	运价 类别 Rate Class	商品代号 Comm. Item No.	计费重量(千克) Chargeable eight (kg)	费率 Rate/ kg	航空运费 Weight Charge	货物品名 （包括包装、尺寸或体积） Description of Goods (incl.Packaging, Dimen- sions or Volume)
15	95	Q		100 （注意：此栏须填100）	4.20	420.00	食品（糖果）/纤维板箱 40 cm×30 cm×20 cm×15
15	95					420.00	

例5:某航司收运一票货物,计划从北京运往广州,货物名称为药品(普货),共15件,每件尺寸为50 cm×40 cm×40 cm,总毛重为220 kg,包装为纤维板箱。请计算此票货物的航空运费,运价表如下:

航线	M	N	45	100	300
BJS—CAN	30.00	6.70	5.00	4.20	3.20

解题步骤:

(1) 实际毛重:220 kg

(2) 体积重量:50 cm×40 cm×40 cm×15÷6000 cm³/kg=200 kg

(3) 计费重量:220 kg

(4) 适用运价:① Q100 运价,即 4.20元/kg

② Q300 运价,即 3.20元/kg

(5) 航空运费:① 220 kg×4.20元/kg=924.00元

② 300 kg×3.20元/kg=960.00元

 易错点提示:使用 Q300 运价时,计费重量必须用 300 kg,而非 220 kg。

根据航空运费从低原则,使用 Q100 运价计得的运费低于使用 Q300 运价计得的运费,因此,该票货物的航空运费为924.00元。

航空货运单运费计算栏填制如下:

件数 No.of Pcs. 运价点 RCP	毛重 (千克) Gross Weight (kg)	运价类别 Rate Class	商品代号 Comm. Item No.	计费重量 (千克) Chargeable Weight (kg)	费率 Rate/kg	航空运费 Weight Charge	货物品名 (包括包装、尺寸或体积) Description of Goods (incl.Packaging,Dimensions or Volume)
15	220	Q		220	4.20	924.00	药品(普货)/纤维板箱
15	220					924.00	50 cm×40 cm×40 cm×15

三、指定商品运价应用

指定商品运价通常由承运人制定,报民航地区管理局备案后执行。我国目前没有统一的指定商品品名表,承运人根据所开辟的航线范围内运输货物情况的不同,制定了不同的指定商品品名表和运价。表4-1为某航空公司的指定商品品名表。

表4-1 某航空公司指定商品品名表

商品代号	商品举例
001	虾、观赏鱼、活鱼、螃蟹等
002	各种鱼苗、虾苗、蟹苗等
003	各种冰虾、冰鱼、冻肉等冷冻产品

续表

商品代号	商品举例
004	药品、服装、电子产品、茶叶、化妆品、烟草、配件、保健品等
005	鱼、山龟、青蛙、泥鳅、黄鳝、贝类、海水石等
006	活鸡、活鸭、小羊、鸽子、兔子、鸡苗、鸭苗等
007	槟榔、树种子、鲜花、芦荟、淡水鱼苗等
008	各种水果,包括圣女果
009	各种蔬菜

当货物同时满足以下三个条件时,可直接使用指定商品运价:

(1) 始发地至目的地的运价表中有公布的指定商品运价;

(2) 托运人所交运的货物品名与运价表中某指定商品的品名相吻合;

(3) 货物的计费重量满足指定商品运价的最低限制重量。

■ 实训指导

例6:某航司收运一票海口至重庆的货物,共40件,毛重为300 kg,品名为茶叶,每件的尺寸为60 cm×40 cm×20 cm,包装为纤维板箱,请计算此票货物的航空运费并填写货运单的运费计算栏。指定商品品名表见表4-1,运价表如下:

HAK—CKG	M	30.00
	N	7.60
	45	6.20
	100	5.30
	300	4.60
002	300	3.70
004	300	3.60
	500	3.20

解题步骤:

(1) 实际毛重:300 kg

(2) 体积重量:60 cm×40 cm×20 cm×40÷6000 cm^3/kg=320 kg

(3) 计费重量:320 kg

(4) 此票货物为茶叶,属于表4-1中的004号指定商品,且计费重量满足运价表中004号指定商品运价的最低限制重量300 kg,因此可使用该运价。

适用运价:SCR004/300,即3.60元/kg

(5) 航空运费:320 kg×3.60元/kg=1152.00元

航空货运单运费计算栏填制如下:

件数 No.of Pcs. 运价点 RCP	毛重 （千克） Gross Weight (kg)	运价 类别 Rate Class	商品代号 Comm. Item No.	计费重量 （千克） Chargeable Weight (kg)	费率 Rate/ kg	航空运费 Weight Charge	货物品名 （包括包装、尺寸或体积） Description of Goods (incl.Packaging,Dimensions or Volume)
40	300	C	004	320	3.60	1152.00	茶叶/纤维板箱 60 cm×40 cm×20 cm×40
40	300					1152.00	

✈ 想一想：如果货物的计费重量不满足指定商品运价的最低限制重量，是不是就不可以使用此种运价了呢？

例7：某航司收运一票海口至重庆的货物，共30件，毛重为230 kg，品名为茶叶，每件的尺寸为60 cm×40 cm×20 cm，包装为纤维板箱，请计算此票货物的航空运费并填写货运单的运费计算栏。指定商品品名表见表4-1，运价表如下：

		M	30.00
HAK—CKG		N	7.60
		45	6.20
		100	5.30
		300	4.60
	002	300	3.70
	004	300	3.60
		500	3.20

解题步骤：

（1）实际毛重：230 kg

（2）体积重量：60 cm×40 cm×20 cm×30÷6000 cm^3/kg=240 kg

（3）计费重量：240 kg

（4）当货物的计费重量不满足指定商品运价的最低限制重量时，则使用指定商品运价(SCR)与普通货物运价(GCR)分别计算并比较结果，取运费较低者。

适用运价：① SCR004/300，即3.60元/kg

② GCR/Q100，即5.30元/kg

（5）航空运费：① 300 kg×3.60元/kg=1080.00元

② 240 kg×5.30元/kg=1272.00元

✈ 易错点提示：使用SCR004/300运价时，计费重量必须用300 kg，而非240 kg。

使用SCR计得的运费低于使用GCR计得的运费，因此，该票货物的航空运费为1080.00元。

航空货运单运费计算栏填制如下：

件数 No.of Pcs. 运价点 RCP	毛重 (千克) Gross Weight (kg)	运价 类别 Rate Class	商品 代号 Comm. Item No.	计费重量 (千克) Chargeable Weight (kg)	费率 Rate/kg	航空运费 Weight Charge	货物品名 (包括包装、尺寸或体积) Description of Goods (incl.Packaging, Dimensions or Volume)
30	230	C	004	300 (注意:此栏 须填300)	3.60	1080.00	茶叶/纤维板箱 60 cm×40 cm×20 cm×30
30	230					1080.00	

例8:某航司收运一票海口至重庆的货物,共20件,毛重为155 kg,品名为茶叶,每件的尺寸为60 cm×40 cm×20 cm,包装为纤维板箱,请计算此票货物的航空运费并填写货运单的运费计算栏。指定商品品名表见表4-1,运价表如下:

HAK—CKG	M	30.00
	N	7.60
	45	6.20
	100	5.30
	300	4.60
002	300	3.70
004	300	3.60
	500	3.20

解题步骤:

(1) 实际毛重:155 kg

(2) 体积重量:60 cm×40 cm×20 cm×20÷6000 cm³/kg=160 kg

(3) 计费重量:160 kg

(4) 适用运价:① SCR004/300,即3.60元/kg

② GCR/Q100,即5.30元/kg

(5) 航空运费:① 300 kg×3.60元/kg=1080.00元

② 160 kg×5.30元/kg=848.00元

使用GCR计得的运费低于使用SCR计得的运费,因此,该票货物的航空运费为848.00元。

航空货运单运费计算栏填制如下:

件数 No.of Pcs. 运价点 RCP	毛重 (千克) Gross Weight (kg)	运价 类别 Rate Class	商品 代号 Comm. Item No.	计费重量 (千克) Chargeable Weight (kg)	费率 Rate/kg	航空运费 Weight Charge	货物品名 (包括包装、尺寸或体积) Description of Goods (incl.Packaging, Dimensions or Volume)
20	155	Q		160	5.30	848.00	茶叶/纤维板箱 60 cm×40 cm×20 cm×20
20	155					848.00	

四、等级货物运价应用

国内货运中使用的等级货物运价是在标准普通货物运价(N 运价)的基础上附加 50%(N×150%)而构成的,代码为"S"。

与普通货物运价和指定商品运价相比,使用等级货物运价计费时,除了要注意货物的重量和运费须注意进位,还应注意运价(N×150%)计算后也应精确到 0.1元/kg。

最低运费:运输一票特种货物(使用等级货物运价的货物)的最低运费为人民币 45 元。

如何准确应用等级货物运价计算运费呢?请扫码学习。

■ 实训指导

例9:某航司收运一票货物,计划从乌鲁木齐运往武汉,货物名称为冻羊肉,共8件,每件尺寸为 40 cm×30 cm×20 cm,毛重为 50 kg,包装为纤维板箱。请计算此票货物的航空运费,运价表如下:

航线	M	N	45	100	300
URC—WUH	30.00	9.50	7.60	6.70	5.70

解题步骤:

(1) 实际毛重:50 kg

(2) 体积重量:40 cm×30 cm×20 cm×8÷6000 cm³/kg=32 kg

(3) 计费重量:50 kg

(4) 适用运价:冻羊肉属于鲜活易腐货物,适用等级货物运价,即 N×150%。

   9.50 元/kg×150%=14.25≈14.30 元/kg(注意运价进位)

✈ 易错点提示:N×150%是国内等级货物运价的固定构成,与货物的计费重量无关,即无论货物的计费重量是多少,均应使用N运价乘以150%。

(5) 航空运费:50 kg×14.30元/kg=715.00元

航空货运单运费计算栏填制如下:

件数 No.of Pcs. 运费点 RCP	毛重(千克) Gross Weight (kg)	运价类别 Rate Class	商品代号 Comm. Item No.	计费重量(千克) Chargeable Weight (kg)	费率 Rate/kg	航空运费 Weight Charge	货物品名(包括包装、尺寸或体积) Description of Goods (incl.Packaging, Dimensions or Volume)
8	50	S	N150 (注意:此处不加百分号)	50	14.30	715.00	冻羊肉/纤维板箱 40 cm×30 cm×20 cm×8
8	50					715.00	

例10:某航司收运一票货物,计划从广州运往天津,货物名称为黄金饰品,共4件,每件尺寸为50 cm×40 cm×30 cm,毛重为44.5 kg,包装为胶合板箱。请计算此票货物的航空运费,运价表如下:

航线	M	N	45	100	300
CAN—TSN	30.00	9.80	8.70	7.50	6.40

解题步骤:

(1) 实际毛重:44.5 kg

(2) 体积重量:50 cm×40 cm×30 cm×4÷6000 cm³/kg=40 kg

(3) 计费重量:44.5 kg

 易错点提示:贵重物品的重量最小单位为0.1 kg,此处无须进整。

(4) 适用运价:黄金饰品属于贵重物品,适用等级货物运价。

9.80 元/kg×150%=14.70 元/kg

(5) 航空运费:44.5 kg×14.70元/kg=654.15元≈654.00元

航空货运单运费计算栏填制如下:

件数 No.of Pcs. 运价点 RCP	毛重（千克） Gross Weight (kg)	运价类别 Rate Class	商品代号 Comm. Item No.	计费重量（千克） Chargeable Weight (kg)	费率 Rate/kg	航空运费 Weight Charge	货物品名（包括包装、尺寸或体积）Description of Goods (incl.Packaging, Dimensions or Volume)
4	44.5	S	N150（注意:此处不加百分号）	44.5	14.70	654.00	黄金饰品/胶合板箱 50 cm×40 cm×30 cm×4
4	44.5					654.00	

例11:某航司收运一票货物,计划从广州运往福州,货物名称为黄金饰品,共1件,尺寸为35 cm×30 cm×20 cm,毛重为4.2 kg,包装为胶合板箱。请计算此票货物的航空运费,运价表如下:

航线	M	N	45	100	300
CAN—FOC	30.00	6.80	5.90	5.00	4.20

解题步骤:

(1) 实际毛重:4.2 kg

(2) 体积重量:35 cm×30 cm×20 cm×1÷6000 cm³/kg=3.5 kg

(3) 计费重量:4.2 kg

(4) 适用运价:CCR/N150,6.80元/kg×150%=10.20元/kg

(5) 航空运费:4.2 kg×10.20元/kg=42.84元<45.00元

运输一票特种货物的最低运费为人民币45元,因此,此票货物的航空运费应按45元收取。

航空货运单运费计算栏填制如下:

件数 No.of Pcs. 运价点 RCP	毛重 (千克) Gross Weight (kg)	运价 类别 Rate Class	商品代号 Comm. Item No.	计费重量 (千克) Chargeable Weight (kg)	费率 Rate/ kg	航空运费 Weight Charge	货物品名 (包括包装、尺寸或体积) Description of Goods (incl.Packaging, Dimen- sions or Volume)
1	4.2	S	N150	4.2	45.00	45.00	黄金饰品/胶合板箱 35 cm×30 cm×20 cm×1
1	4.2					45.00	

五、分段相加组合运价应用

当货物的始发站至目的站没有公布直达运价时,可以选择多个运价相加点进行分段相加,然后选择其中最低的一个运价计算航空运费,此运价与运输路线无关。

使用分段相加组合运价计算航空运费时,也须遵循从低原则。货物的最低运费不受分段相加运价的影响,一票普通货物的最低运费依然是30元,特种货物的最低运费依然为45元。

适用等级货物运价的货物,可以用分段相加组合运价的N运价作为等级货物运价的基础。

■ 实训指导

例12:某航司收运一票货物,计划从青岛运往三亚(该航线无公布直达运价),货物名称为机械配件,共10件,每件尺寸为40 cm×30 cm×20 cm,毛重为55 kg,包装为纤维板箱。请计算此票货物的航空运费并填写货运单的运费计算栏。

分析:由于青岛至三亚没有公布直达运价,可以选择济南、广州、上海等城市作为运价点组成不同的分段相加组合运价,即青岛—济南—三亚,青岛—广州—三亚,青岛—上海—三亚。经查询比较,以济南为运价点的组合运价最低,故采用该运价计算此票货物的航空运费。

航线	M	N	45	100	300
TAO—TNA	30.00	5.50	4.60	3.70	2.60
TNA—SYX	30.00	8.60	7.50	6.40	5.20

解题步骤:

(1) 实际毛重:55 kg

(2) 体积重量:40 cm×30 cm×20 cm×10÷6000 cm³/kg=40 kg

(3) 计费重量:55 kg

(4) 适用运价:TAO—TNA Q45运价 4.60元/kg

$$Q100\ 运价\quad 3.70\ 元/kg$$

$$TNA—SYX\quad Q45\ 运价\quad 7.50\ 元/kg$$

$$Q100\ 运价\quad 6.40\ 元/kg$$

Q45 组合运价:4.60 元/kg+7.50 元/kg=12.10 元/kg

Q100 组合运价:3.70 元/kg+6.40 元/kg=10.10 元/kg

(5)航空运费:55 kg×12.10 元/kg=665.5≈666.00 元

100 kg×10.10 元/kg=1010.00 元

根据从低原则,此票货物的航空运费为 666.00 元。

航空货运单运费计算栏填制如下:

件数 No.of Pcs. 运价点 RCP	毛重 (千克) Gross Weight (kg)	运价类别 Rate Class	商品代号 Comm. Item No.	计费重量 (千克) Chargeable Weight (kg)	费率 Rate/kg	航空运费 Weight Charge	货物品名 (包括包装、尺寸或体积) Description of Goods (incl.Packaging, Dimensions or Volume)
10 TNA	55	Q		55	12.10	666.00	机械配件/纤维板箱 40 cm×30 cm×20 cm×10
10	55					666.00	

任务演练

计算以下货物的航空运费并填写货运单的运费计算栏。

1.一票货物计划从北京空运至广州,货物名称为纺织品,共 10 件,毛重为 110 kg,包装为纸箱,每箱的尺寸为 50 cm×30 cm×30 cm。运价表如下:

航线	M	N	45	100	300
BJS—CAN	30.00	6.60	5.00	4.20	3.20

件数 No.of Pcs. 运价点 RCP	毛重 (千克) Gross Weight (kg)	运价类别 Rate Class	商品代号 Comm. Item No.	计费重量 (千克) Chargeable Weight (kg)	费率 Rate/kg	航空运费 Weight Charge	货物品名 (包括包装、尺寸或体积) Description of Goods (incl.Packaging, Dimensions or Volume)

2.一票货物计划从北京空运至广州,货物名称为印刷品,共 1 件,毛重为 3.5 kg,包装为纸箱,尺寸为 30 cm×30 cm×20 cm。运价表如下:

航线	M	N	45	100	300
BJS—CAN	30.00	6.60	5.00	4.20	3.20

件数 No.of Pcs. 运价点 RCP	毛重 （千克） Gross Weight (kg)	运价 类别 Rate Class	商品代号 Comm. Item No.	计费重量 （千克） Chargeable Weight (kg)	费率 Rate/kg	航空运费 Weight Charge	货物品名 （包括包装、尺寸或 体积） Description of Goods (incl.Packaging, Dimensions or Volume)

3. 一票货物计划从北京空运至广州，货物名称为纺织品，共20件，毛重为260 kg，包装为纸箱，每箱的尺寸为50 cm×40 cm×30 cm。运价表如下：

航线	M	N	45	100	300
BJS—CAN	30.00	6.60	5.00	4.20	3.20

件数 No.of Pcs. 运价点 RCP	毛重 （千克） Gross Weight (kg)	运价 类别 Rate Class	商品代号 Comm. Item No.	计费重量 （千克） Chargeable Weight (kg)	费率 Rate/kg	航空运费 Weight Charge	货物品名 （包括包装、尺寸或 体积） Description of Goods (incl.Packaging, Dimensions or Volume)

4. 一票货物计划从昆明空运至上海，货物名称为番茄（番茄属于009号指定商品），共20件，毛重为320 kg，包装为纸箱，每箱的尺寸为50 cm×40 cm×30 cm。运价表如下：

航线	M	N	45	100	SCR 009/300
KMG—SHA	30.00	6.40	5.10	4.50	3.00

件数 No.of Pcs. 运价点 RCP	毛重 （千克） Gross Weight (kg)	运价 类别 Rate Class	商品代号 Comm. Item No.	计费重量 （千克） Chargeable Weight (kg)	费率 Rate/kg	航空运费 Weight Charge	货物品名 （包括包装、尺寸或 体积） Description of Goods (incl.Packaging, Dimensions or Volume)

5. 一票货物计划从太原空运至南京,货物名称为宠物犬,共1件,毛重为44 kg,包装为活动物专用运输箱,尺寸为80 cm×60 cm×50 cm。运价表如下:

航线	M	N	45	100	300
TYN—NKG	30.00	5.60	4.50	4.00	3.20

件数 No.of Pcs. 运价点 RCP	毛重 （千克） Gross Weight (kg)	运价 类别 Rate Class	商品代号 Comm. Item No.	计费重量 （千克） Chargeable Weight (kg)	费率 Rate/kg	航空 运费 Weight Charge	货物品名 （包括包装、尺寸或 体积） Description of Goods (incl.Packaging,Di- mensions or Volume)

6. 一票货物计划从乌鲁木齐空运至广州,货物名称为钻石,共1件,毛重为13.4 kg,包装为木箱,尺寸为65 cm×40 cm×30 cm。运价表如下:

航线	M	N	45	100	300
URC—CAN	30.00	6.60	5.10	4.50	3.00

件数 No.of Pcs. 运价点 RCP	毛重 （千克） Gross Weight (kg)	运价 类别 Rate Class	商品代号 Comm. Item No.	计费重量 （千克） Chargeable Weight (kg)	费率 Rate/kg	航空运费 Weight Charge	货物品名 （包括包装、尺寸或 体积） Description of Goods (incl.Packaging,Di- mensions or Volume)

7. 一票货物计划从西安空运至成都,货物名称为骨灰,共1件,毛重为7 kg,包装为木盒,尺寸为40 cm×30 cm×20 cm。运价表如下:

航线	M	N	45	100	300
SIA—CTU	30.00	3.60	3.10	2.50	2.00

件数 No.of Pcs. 运价点 RCP	毛重 （千克） Gross Weight (kg)	运价 类别 Rate Class	商品代号 Comm. Item No.	计费重量 （千克） Chargeable Weight (kg)	费率 Rate/kg	航空运费 Weight Charge	货物品名 （包括包装、尺寸或 体积） Description of Goods (incl.Packaging,Di- mensions or Volume)

8.本任务"任务导入"中有这样一票货:海口某水果代理商委托中国邮政航空运输一批"妃子笑"荔枝(荔枝属于008号指定商品)到上海,货物共40箱,每箱的尺寸为50 cm×40 cm×30 cm,总毛重为405 kg。运价表如下:

航线	M	N	45	100	SCR 008/300
HAK—SHA	30.00	9.80	8.90	7.50	5.60

件数 No.of Pcs. 运价点 RCP	毛重 (千克) Gross Weight (kg)	运价 类别 Rate Class	商品代号 Comm. Item No.	计费重量 (千克) Chargeable Weight (kg)	费率 Rate/kg	航空运费 Weight Charge	货物品名 (包括包装、尺寸或体积) Description of Goods (incl.Packaging,Dimensions or Volume)

任务五　准确计算其他费用

 任务导入

托运人王女士委托某航司运输两箱价值近10万元的茅台酒,提货时却被告知两箱酒已丢失,航司表示根据航空货运赔偿标准,货物总重33 kg,所以共赔偿她3300元。航司这一赔偿标准有依据吗?作为运输服务企业,航空公司是否有办法帮助托运人避免类似损失,保护托运人的权益呢?

航空货物从托运人交给航空公司或代理人,到目的地由航空公司或代理人交付收货人,整个运输过程中除了前述内容中所讲的航空运费,还可能产生相关的其他费用。承运人根据规定可以收取货运杂费,如声明价值附加费、地面运输费、保险费、燃油附加费、特种货物收运检查费等。

国内航空货物运输中,其他费用的结算单位为元,元以下四舍五入。

 一、声明价值与声明价值附加费

1 声明价值(Declared Value for Carriage)

根据《国内航空运输承运人赔偿责任限额规定》,国内航空承运人对货物的最高赔偿限额为每千克(毛重)人民币100元。

当货物毛重每千克的价值超过人民币100元时,托运人可以办理货物声明价值,该价值为承运人应负赔偿责任的最高限额。办理声明价值时,托运人须在货运单的运输声明价值栏内填写声明价值的金额,若填"无",表示不办理货物声明价值。

② 声明价值附加费(Valuation Charges)

托运人办理声明价值时,应按规定向承运人缴纳声明价值附加费。计算公式如下:

$$声明价值附加费=(声明价值-货物毛重\times 100)\times 0.5\%$$

③ 相关规定

(1) 托运人办理货物声明价值时,必须对一份货运单包含的所有货物进行办理,不得分批或部分办理。

(2) 货物声明价值针对一票货物的总毛重,不包括航空公司的集装设备重量等。

(3) 每份国内航空货运单的货物声明价值不得超过人民币50万元。

(4) 声明价值附加费和航空运费一起,只能全部预付或者全部到付。

(5) 货物发运前,托运人要求变更声明价值的,按货物退运办理,声明价值附加费不予退还。货物发运后,声明价值不得变更。

二、地面运输费

地面运输费是指使用承运人的车辆在机场和市内货运处之间,或同一城市两个机场之间运送货物的费用,简称地运费。

地运费的计费标准一般为货物每千克(计费重量)0.2元,各航司略有不同,同时应根据实际使用车辆次数计收。始发地和目的地分别计收,始发地不应计收目的地的地面运输费。机场与市区之间路程较远时,可请当地工商、税务等部门核准该费用的计收标准。

每份国内航空货运单最低收取地面运输费5.00元。

三、保险费

航空货物运输中,托运人可自愿办理航空货物运输保险,航空公司作为保险公司的代理方,根据货物的性质、易损程度,参照保险公司提供的保险费率表收取保险费,为托运人办理货物运输保险手续。保险费计算公式如下:

$$保险费=货物投保额\times 保险费率$$

保险费率因货物的性质、易损程度不同而不同,各保险公司对于货物的类别划分和保险费率标准的制定也不尽相同。某保险公司的货物保险费率如表4-2所示。

表 4-2　某保险公司货物保险费率表

类别	保险费率	货物类别
第一类	1‰	一般物资：物品本身属于非危险品，受碰撞或包装破裂时，所装物资无明显影响或者有一定损失但不显著。如机器设备、一般金属原材料、电子元器件、马达、中西药材、10 ml以下针剂药物等
第二类	4‰	易损物资：物品本身较易燃烧、破裂、渗漏、挥发等，包装破裂或一经碰撞，所装物品容易受损。如一般仪器仪表、家用电器、皮货、服装、印刷品、普通工艺品和较易挥发的物品等
第三类	8‰	特别易损物资：物品本身属于危险品，或本身特别容易燃烧、破裂、渗漏、挥发等，包装破裂或受碰撞后，所装物品极易损坏或者损坏后没有残余价值。如各种玻璃制品、陶瓷制品、石膏制品、高精密度仪表仪器、高精密度医疗器械、电子元件等
第四类	12‰	冰鲜易腐物品：一般植物、水产品、冷冻肉类，如冻鱼、冻肉等
第五类	20‰	鲜活易腐物品：一般动物，如鱼苗、成雏畜禽、种蛋、鲜花、鲜切花等
第六类	30‰	珍稀动植物：国家重点保护的珍贵动物、植物及其他珍稀活物

航空货物运输保险只在始发地办理，且保险费需全部预付。托运人托运货物时，航空运输保险与声明价值两者选其一。

四、燃油附加费

受原油价格的影响，承运人在某一段时期内针对某些航线收取燃油附加费，计费公式如下：

燃油附加费＝货物计费重量×燃油附加费率

燃油附加费率随油价变化而变化。

■ 知识拓展

可持续航空燃料

可持续航空燃料（Sustainable Aviation Fuel，SAF）由中国石化镇海炼化厂使用餐饮废弃油作为原材料炼制生产，是中国首套可持续航空燃料工业装置实现规模化生产后的首批国产SAF。可持续航空燃料是以废弃的动植物油脂、油料、使用过的食用油、城市生活垃圾和农林废弃物为原料，以可持续方式生产的替代燃料。相较于传统的化石燃料，SAF从原材料收集到最终用户使用的整个过程中产生的碳排量最高可减少85％。

2023年4月4日，四川航空在天津空客中国交付中心接收一架注册号为B-328L的A320NEO飞机，该架飞机加注了可持续航空燃料，从天津调机飞抵成都，这是2023年西南地区首次使用可持续航空燃料执行飞行任务（见图4-5）。

图 4-5 四川航空首次可持续航空燃料飞行活动

(资料来源:中国民用航空西南地区管理局)

五、退运手续费

国内货物运输中,每份航空货运单的退运手续费为人民币20元。

六、超限货物附加费

航空货物运输中,对于非宽体机,单件重量超过80 kg或体积超过100 cm×60 cm×40 cm的货物,以及宽体机单件重量超过250 kg或体积超过140 cm×100 cm×100 cm的货物,称为超限货物。收运超限货物应考虑飞机货舱门的尺寸,始发站、中转站、到达站机场装卸设备的操作能力,以及飞机货舱地板承受力的大小等因素。

收运超限货物,承运人应按规定根据每件货物的计费重量收取超限货物附加费。各航空公司的超限货物附加费计费标准不尽相同。某航空公司超限货物附加费计费标准如表4-3所示。

表 4-3 某航空公司超限货物附加费收费标准

计费重量/kg	计费标准/(元/件)
81~100	3~5
101~200	10~20
201~300	20~30
300以上	30~50

七、特种货物收运检查费

收运特种货物时,承运人按规定向托运人收取特种货物收运检查费,如活体动物收运检查费、危险品收运检查费等。

一般情况下,每份国内货运单最低收取活动体物收运检查费人民币50.00元,最高收取100元;一票货物的件数超过5件时,每增加一件加收10元。每份国内货运单收取危险品收运检查费人民币400元。

八、货物保管费

货物到达目的站后,通常有一定的免费保管期,收货人提取货物时若超出免费保管期限,应向航空公司或机场缴纳超期保管费。不同种类的货物收费标准不同,一般分为以下几类。

1 普通货物

自货运部门发出到货通知的次日起免费保管3日,分批到达的货物免费保管期限从通知提取最后一批货物的次日算起。超出免费保管期限的货物,每日每千克收取保管费0.10元,保管期不满一日按一日计算。每份货运单最低收取保管费5.00元。

2 贵重物品

自到达目的站的次日起,每日每千克按5.00元收取保管费,保管期不满一日按一日计算。每份货运单最低收取保管费50.00元。

3 危险品

自货运部门发出到货通知的次日起免费保管3日,超过免费保管期限后,每日每千克收取保管费0.50元,保管期不满一日按一日计算。每份货运单最低收取保管费10.00元。

4 冷藏、冷冻货物

需要冷藏的鲜活易腐物品、冷冻物品,自航班到达后免费保管6小时,超过6小时后,每日每千克收取保管费0.50元,保管期不满一日按一日计算。每份货运单最低收取保管费10.00元。

以上各类货物的免费保管期限与保管费计费标准见表4-4。

表4-4 各类货物免费保管期限与保管费计费标准

货物类别	免费保管期限	收费标准/ (元/日千克)	每票最低 收费标准/(元)	备注
普通货物	3天(发出到货通知次日起)	0.10	5.00	①保管费应以货物的计费重量为计算依据。 ②保管期不满一日按一日计算
贵重物品	到达当日	5.00	50.00	
危险品	3天(发出到货通知次日起)	0.50	10.00	
冷藏、冷冻货物	6小时(航班到达后)	0.50	10.00	

■ 实训指导

例1:托运人交运一票从沈阳运往西安的货物,品名为仪器设备,毛重为24 kg,共2件,每件尺寸为60 cm×40 cm×40 cm,托运人为该货物办理了15000.00元的声明价值,货物在始发地产生了地面运输费。请问托运人应为该票货物缴纳多少声明价值附加费和地面运输费?

解题步骤:

(1) 实际毛重:24 kg

(2) 声明价值附加费:(15000－24×100)元×0.5％＝63.00元

✈ 易错点提示:计算声明价值附加费必须用货物的实际毛重。

(3) 体积重量:60 cm×40 cm×40 cm×2÷6000 cm³/kg＝32 kg

(4) 计费重量:32 kg

(5) 地面运输费:32 kg×0.2元/kg＝6.4元≈6.00元

✈ 易错点提示:计算地面运输费必须用货物的计费重量。

例2:一票贵重物品于1月10日18:00到达目的站,货物毛重为4 kg,共1件,尺寸为30 cm×30 cm×20 cm。收货人于1月12日10:00到货运站提取货物,请问此票货物是否要收取保管费?如果需要,保管费是多少?

分析:贵重物品的免费保管期为到站当天,保管期不满一日按一日计算。此票货物到达当天(1月10号)免费保管,收货人于1月12号提货,因此要收取保管费,计费时间为1月11、12号,共2天。贵重物品保管费计费标准为每日每千克收取5.00元。

解题步骤:

(1) 实际毛重:4 kg

(2) 体积重量:30 cm×30 cm×20 cm×1÷6000 cm³/kg＝3 kg

(5) 计费重量:4 kg

(4) 保管费:5.00元/kg×2×4 kg＝40.00元＜50.00元(最低收费)

因此,此票货物的保管费为最低收费50.00元。

✈ 任务演练

1. 托运人交运一票从郑州运往上海的货物,品名为钻石饰品,毛重为4 kg,共1件,尺寸为30 cm×30 cm×20 cm,托运人为该货物办理了声明价值,共10000.00元,货物在始发地产生了地面运输费。请计算此票货物的声明价值附加费与地面运输费。

2. 一票冷冻海鲜于3月8日9:00到达机场,货物毛重为35 kg,共3件,每件尺寸为50 cm×40 cm×30 cm。收货人于3月10日12:00到货运站提取货物,请问此票货物是否要收取保管费?如果需要,保管费是多少?

📅 项目小结

本项目介绍了国内航空货物运费的相关规定、货物计费重量的确定、航空货物运价体系、航空运费及其他费用的计算,其中航空运费及其他费用的计算是重点,几种公布直达运价(GCR、SCR、CCR)的使用规则是难点,需要大家认真学习并熟练掌握。

通过本项目的学习和训练,同学们应具备正确选择运价、准确计算货物航空运费及其他费用的专业能力,养成认真、严谨、细致的工作作风与诚实守信的职业操守,树立服务家乡、服务社会的信念,提升社会责任感和职业使命感。

项目训练

某航司收运了一票从广州运往福州的货物,品名为高精密度医疗器械,共1件,尺寸为120 cm×60 cm×60 cm,毛重为88 kg,包装为胶合板箱,托运人为该货物办理了声明价值,共30000.00元。货物于5月1日13:30到达目的地,并产生了地面运输费,货运部当天发出到货通知,收货人林某于5月3日9:30提取货物。

此票货物在运输过程中都产生了哪些费用?请分别计算托运人(始发地)和收货人(目的地)各自应缴纳的总费用,并填写货运单相关栏目。运价表如下:

航线	M	N	45	100	300
CAN—FOC	30.00	6.80	5.90	5.00	4.20

件数 No. of Pcs. 运价 点 RCP	毛重 (千克) Gross Weight (kg)	运价 种类 Rate Class	商品 代号 Comm. Item No.	计费重量 (千克) Chargeable Weight(kg)	费率 Rate/kg	航空 运费 Weight Charge	货物品名(包括包装、尺寸或体积) Description of Goods (incl. Packaging, Dimensions or Volume)

预付 Prepaid		到付 Collect		其他费用 Other Charge	
航空运费 Weight Charge					
声明价值附加费 Valuation Charge					
地面运费 Surface Charge					
其他费用 Other Charges					
总额(人民币) Total(CNY)					
付款方式 Form of Payment					

模块三
国际航空货物收运

项目五　国际航空货物收运规定

项目引入

2023年,我国民航全行业完成货邮运输量735.4万吨,同比增长21%,恢复到2019年的97.6%。受海外节日带动,国际航空货运需求旺盛,2023年11月份六家上市航司总体货邮运输量为40.5万吨,环比增长3%,恢复至疫情前同期的90.3%。截至2023年11月底,机场货运设施保障能力约3100万吨,其中,国际航站设施利用率约80%;全国共计新开通国内货运航线71条、国际货运航线140条。我国货运航空公司连通境外国家61个、境外机场142个、共建"一带一路"国家42个,共同助力推动航空货运发展。

国际航空货运快速发展需要大量专业人才支撑,通过本模块的学习,大家可以掌握国际航空货物收运方面的专业知识和技能。本项目主要介绍国际航空货运收运规定和收运文件等内容,前面已经学习了国内货物收运知识,那么国际与国内收运规定是否有相同之处?区别又有哪些呢?请大家学完本项目后进行对比总结。

项目目标

知识目标
1. 了解国际货物收运规定,熟悉收运限制条件与专业术语。
2. 掌握国际货物收运文件的一般规定与填制要求。
3. 了解国际货物运输所需的其他文件。

能力目标
1. 能够熟练应用国际货物收运一般规定。
2. 能够熟练填制和检查国际航空货运单等收运文件。
3. 能够按照国际货物收运规定规范、熟练地进行收运检查。

素养目标
1. 养成按章操作、敬畏规章的职业习惯。
2. 养成认真细致、爱岗敬业的工作态度。

知识架构

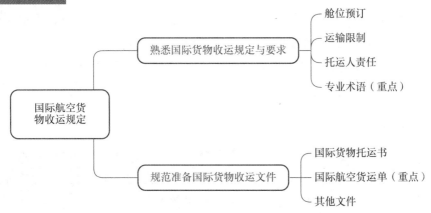

任务一 熟悉国际货物收运规定与要求

任务导入

12月,海南百香果和火龙果等当地水果成熟了,果农通过出口的方式增加水果的销路,现要将一批水果由三亚运输至东京。假设你是货运代理人,请问这批货物运输需遵守哪些国际航空收运规定?

国际货物收运涉及不同国家和承运人,因此,要考虑运输的航班和舱位信息,以及货物的品名、包装、重量、体积和运输时限等信息,同时还要考虑始发国、中转国和目的国的相关规定,以及机场的设备设施和承运人规定等。

一、舱位预订

一般在国际货物运输中,托运人需提前向承运人预订舱位,确保货物准确高效地运输。在联程运输中,除非事先订妥全程舱位,承运人不接收以下类型货物。

(1) 在运输过程中需要特别注意的货物。

(2) 一票货物声明价值超过10万美元或其等价货物。

(3) 包括但不限于以下货物:①形状不规则的货物;②活体动物;③鲜活易腐货物;④危险品;⑤灵柩、骨灰。

二、运输限制

(一) 一般规定

国际货物运输必须遵守有关国际公约,以及始发站、中转站和目的站国家的法律法规,严禁收运有关国家法律和行政法规禁止运输的物品。收运相关国家法律法规限制运输的货物,必须办理符合规定的手续。货物的重量、包装、标志和运输要求等均应符合承运人的相关规定。

(二) 货物性质的限制

根据TACT规则,确定在进出口国家某种货物是否可以收运。如收运活体动物、鲜活易腐货物、贵重物品、危险品、灵柩、骨灰、枪械军械、外交信袋和超大超限货物等特种货物,应根据相关国家和承运人要求满足特种货物运输相关规定。

(三) 货物声明价值的限制

除另有约定外,每份货运单的声明价值不超过10万美元或其等值货币(若货物未办理声明价值,则按照每千克毛重SDR 22计算价值)。超过该价值限制时,需要填写几份货运单托运该货物,由此产生的货运单工本费由托运人承担。

(四) 费用付款的限制

货物的运费可以预付,也可以到付,是否可以办理运费到付需查阅目的国相关规定。办理时需注意以下几点。

(1) 货物的航空运费和声明价值附加费必须全部预付或全部到付。

(2) 以下货物不能办理运费到付:活体动物、鲜活易腐货物、灵柩、骨灰、个人及家用物品、收货人为政府代理机构的货物、托运人和收货人为同一人的货物。

三、托运人责任

(1) 托运人托运货物应遵守适用的公约、法律和规定。托运人应保证:托运的货物为始发地、经停地及目的地国家所允许的;托运货物的包装符合航空运输要求;托运货物随附的文件齐全、有效;托运货物不会危及航班飞行安全,不会危及航空器、旅客和工作人员的安全。

(2) 托运人应自行办理海关手续,托运人应当提供必需的资料或文件,并确保资料或文件真实、准确、有效,以便在货物交付收货人前完成海关、行政法规规定的手续。

(3) 托运人承担向承运人付清所有费用的责任。如收货人拒绝或不能足额支付所有费用,托运人应当承担付清所有费用的责任。

四、专业术语

在国际货物运输中,确定是否收运需要查询TACT规则,包括第一至六单元的一般规定、第七单元国家信息和第八单元承运人的特殊规定,查阅规则时涉及相关英文专业术语,具体含义如下。

(1) IATA Area:航协区域,表示该国家或地区所属的IATA区域。

(2) City/Airport Codes:城市或机场代码,表示该城市或机场的IATA代码。

(3) Advance Arrangement:预先安排,表示托运人需要提前联系承运人确定舱位。

(4) Available:可用的,表示仓储状态是否可用。

(5) Airport Facilities:机场设备,包括装卸货物所使用的装卸设备、存储仓库和海关信息等。

(6) Cargo, Transit:过境/转运货物,表示货物到达某站后无须装卸而随原运输工具离境的货物。

(7) Cargo, Transfer:中转货物,表示货物到达某站后需装卸更换航班继续运输的货物。

(8) Consolidator：集中托运人，表示专门从事货物组织发运工作的代理人。

(9) Customs：海关，表示一个国家设置的执行进出口监督管理的国家行政机关。

(10) Customs Clearance：清关，表示货物进出口过程中需要进行的报关手续和检查。

(11) Embargo：禁运，表示某个时期、某个区域或某些航线上承运人禁运货物。

(12) Export：出口，在TACT规则中国家信息部分，表示将本国生产或加工的商品输往国外市场销售。

(13) General Information：一般信息，显示国家基本信息。

(14) General Cargo：普通货物，不含贵重物品等特种货物在内的按照普通货物运价计算费用的货物。

(15) Hidden Dangerous Goods：隐含危险品，表示物品中或物品的某个组成部分具有危险性。

(16) IATA Cargo Agent：国际航协货运代理人，经国际航协授权注册的代理人。

(17) Loading/Unloading Equipment：装卸设备，用于货物装卸的设备，包括集装器升降平台、叉车、传送带车和推车等。

(18) Import：进口，在TACT规则中国家信息部分，表示将其他国家或地区的货物运输至本国。

(19) Storage：仓储，在TACT规则中国家信息部分，表示某个机场可用于存放货物的场所。

(20) Restrictions：限制，在TACT规则中国家信息部分，一般表示运输时对某些货物性质的限制。

(21) 部分专业术语缩写含义。

ACT：Active Temperature Controlled System，自动温控系统。

AOG：Aircraft on Ground，紧急航空器材。

AVI：Live Animal，活体动物。

AWB：Air Waybill，航空货运单。

MAWB：Master Air Waybill，航空主运单。

HAWB：House Air Waybill，航空分运单。

BIG：Outsized，超大货物。

CAO：Cargo Aircraft Only，仅限货机。

COL：Cool Goods，冷藏货物。

CASS：Cargo Accounts Settlement System，货物财务结算系统。

CCA：Cargo Charges Correction Advice，运费更改通知单。

DIP：Diplomatic Mail，外交信袋。

EAP：E-freight Consignment with Accompanying Document，随附纸质文件的电子货运货物。

EAT：Foodstuffs，食品。

EAW：E-freight Consignment with No Accompanying Document，无纸质文件的电子货运货物。

ECC：Consignment established with an electronically concluded cargo contract ECC with no accompanying paper Air Waybill,ECC之间运输的无纸质运单的货物。

　　FRI:Frozen goods subject to veterinary/phytosanitary inspection,需要经过动植物检疫的冷冻货物。

　　FRO:Frozen Goods,冷冻货物。

　　HUM:Human Remains in Coffins,灵柩。

　　LIC:License Required,需要许可证的货物。

　　MAL:Mail,邮件。

　　NWP:Newspapers,Magazines,报纸杂志。

　　PEF:Flowers,鲜花。

　　PEM:Meat,肉类。

　　PEP:Fruits and Vegetables,水果蔬菜。

　　PER:Perishable Cargo,鲜活易腐货物。

　　PES:Fish/Seafood,鱼、水产品。

　　VAL:Valuable Cargo,贵重物品。

　　VOL:Volume,体积。

　　WET:Shipments of wet material not packed in watertight containers,未装于防渗漏容器中的湿货。

　　GCR:General Cargo Rate,普通货物运价。

　　SCR:Specific Commodity Rate,指定商品运价。

　　SLI:Shipper's Letter of Instruction,航空货物托运书。

　　ULD:Unit Load Device,集装设备。

任务演练

选择题(请扫码答题):

在线答题

任务二　规范准备国际货物收运文件

任务导入

　　12月,海南百香果和火龙果等当地水果均成熟了,果农通过出口的方式增加水果的销路,现要将一批水果由三亚运输至东京,通过查阅相关规定,这批货物可以运输。假设你是货运代理人,请问这批货物在托运时需要准备哪些文件?

在国际货物收运中,应根据货物性质及相关国家要求,准备相应的收运文件。运输中,必需的文件包括国际货物托运书和航空货运单。其他文件还包括货物装箱单、进出口和过境的有关文件、特种货物的证明文件等,具体根据航线和货物性质查阅相关资料确定。

一、国际货物托运书

托运人在托运货物前,应该用英文填写一份国际货物托运书,即通常说的"Shipper's Letter of Instruction"(SLI),承运人通过托运书判断是否收运货物,托运人依据托运书填写货运单。

(一)一般规定

(1)国际货物托运书是托运人用于委托承运人或其代理人填开航空货运单的一种表单,表单上列有填制货运单所需的各项内容,并印有授权于承运人或其代理人代托运人在货运单上签字的文字说明。

(2)托运书上的各项内容应填写完整,托运人对所填各项内容的真实性和准确性负责。托运人应在托运书上签字或盖章,如需委托他人办理交货事宜,应出具相应证明并随附在托运书后。

(3)托运书应使用钢笔、圆珠笔填写,也可以打印,填写字迹应清晰易认,一份托运书只能有一个托运人、一个收货人,当收货人栏同时出现公司和个人名称时,个人名称为收货人。

(4)运输条件不同的货物、性质互相抵触的货物或目的站不同的货物应分别填制货物托运书。

(5)货物托运书应当和相应的货运单存根联以及其他必要的运输文件副本放在一起,按照货运单号码顺序装订成册,作为核查货物运输的原始依据。

(二)国际货物托运书的填写

一份简易的国际货物托运书如表5-1所示。国际货物托运书的基本内容和填写规范如下所述。

(1)No. of Air Waybill,货运单号码栏:填写航空货运单号码。

(2)Airport of Departure,始发站栏:填写始发站机场或城市的全称,不得简写或使用代码。如一批货物从北京始发,不能填写PEK或BJS,只能填写BEIJING。

(3)Airport of Destination,目的(到达)站栏:填写目的站机场的全称。不知道机场名称时,可以填写城市名称;某一城市名称用于一个以上国家时,应加上国名。例如,三个国家有"London"这个城市,一个在英国,一个在加拿大的Ontario,另外一个在美国的Kentucky,若货物目的站为加拿大的"London",应在目的站栏填写"London, Ontario, Canada"。

有两个或两个以上机场的城市,托运人应指定到达机场,并填写在托运书的目的站栏内。例如,目的站为东京,东京有两个机场Hanada Airport和Narita Airport,在填写时要注明具体机场名称。

(4)Routing and Destination,线路及到达站栏:填写选择的运输路线以及承运人代号,如不指定承运人则只需填写路线。

（5）Shipper's Account Number，托运人账号栏：根据承运人的要求，填写托运人的账号。

表5-1　国际货物托运书

国际货物托运书 SHIPPER'S LETTER OF INSTRUCTION						货运单号码　[1] NO. OF AIR WAYBILL	
始发站 AIRPORT OF DEPARTURE [2]			到达站 AIRPORT OF DESTINATION [3]			供承运人用 FOR CARRIER USE ONLY	
						航班/日期 FLIGHT/DATE	航班/日期 FLIGHT/DATE
线路及到达站　[4] ROUTING AND DESTINATION							
至 TO	第一承运人 BY FIRST CARRIER	至 TO	承运人 BY	至 TO	承运人 BY	至 TO	承运人 BY
						已预留吨位 BOOKED　[8]	
托运人账号　[5] SHIPPER'S ACCOUNT NUMBER		托运人姓名及地址 SHIPPER'S NAME AND ADDRESS　[6]				运费 CHARGES [11]	
另请通知　[7] ALSO NOTIFY							
收货人账号 CONSIGNEE'S ACCOUNT NUMBER [9]		收货人姓名及地址 CONSIGNEE'S NAME AND ADDRESS [10]					
托运人声明的价值 [12] SHIPPER'S DECLARED VALUE		保险金额 AMOUNT OF INSURANCE				所附文件 DOCUMENT ACCOMPANY TO AIR WAYBILL	
供运输用 FOR CARRIAGE	供海关用 FOR CUSTOMS	[13]				[14]	
件数 NO. OF PACKAGES [15]	实际毛重(千克) ACTUAL GROSS WEIGHT(kg) [16]	运价类别 RATE CLASS [17]		计费重量 CHARGEABLE WEIGHT [18]	费率 RATE/CHARGE [19]	货物品名及数量(包括体积或尺寸) NATURE AND QUANTITY OF GOODS (INCL. DIMENSIONS OR VOLUME) [20]	
在货物不能交收货人时，托运人指示处理方法 SHIPPER'S INSTRUCTION IN CASE OF INABLITY TO DELIVER SHIPMENT AS CONSIGNED　[21]							
处理情况(包括包装方式，货物标志及号码等)　[22] HANDLING INFORMATION(INCL. METHOD OF PACKING, IDENTIFYING MARKS AND NUMBERS ETC.)							
托运人证实以上所填全部属实并愿意遵守承运人的一切载运章程 THE SHIPPER CERTIFIES THAT THE PARTICULAR ON THE FACE HEREOF ARE CORRECT AND AGREE TO THE CONDITIONS OF CARRIAGE OF THE CARRIER.							
托运人签字 SHIPPER'S SIGNATURE [23]		日期 DATE [24]		经手人 AGENT [25]		日期 DATE [26]	

（6）Shipper's Name and Address，托运人姓名及地址栏：填写托运人的全名、详细地址及联系方式，包括街道、城市、国家名称，必要时应填写州的名称。电话号码应为能够及时联系到的电话号码。

（7）Also Notify，另请通知栏：托运人填写的另一收货通知人，要求详细填写。

（8）Booked，已预留吨位栏：填写预留吨位（包括已订妥或已发电申请预留吨位）的航班号（含承运人代号）和日期。

（9）Consignee's Account Number,收货人账号栏：根据承运人的要求,填写收货人账号。

（10）Consignee's Name and Address,收货人姓名及地址栏：填写收货人的全名、详细地址及联系方式(同托运人姓名及地址栏要求)。

因为货运单不能转让,此栏内不得填写"to order"或"to order of"字样。本栏不能填写"机场自提"且不能不留任何联系方式。

（11）Charges,运费栏：由承运人填写运费及其支付方式,运费预付或运费到付。

（12）Shipper's Declared Value,托运人声明价值栏。

① for Carriage,供运输用声明价值栏：填写托运人向承运人声明的货物价值,该价值为承运人赔偿的限额。托运人未声明价值时,应填写"NVD"(No Value Declared 的缩写)。

② for Customs,供海关用声明价值栏：填写托运人向目的站海关申报的货物价值。托运人未声明价值时,应填写"NCV"(No Commercial Value or No Customs Value 的缩写),表示货物无商业价值。

（13）Amount of Insurance,保险金额栏：填写货物的实际价值或投保金额。

（14）Document Accompany To Air Waybill,所附文件栏：填写随附在货运单上运往目的站文件的名称,如托运人的动物证明(Shipper's Certification For Live Animals)。

（15）No. of Packages,件数栏：填写不同运价种类货物的件数和货物的总件数。

（16）Actual Gross Weight,实际毛重栏：填写不同运价种类货物的毛重和货物的总重量,以千克为单位,保留一位小数。由承运人或其代理人填写,如托运人已填,承运人或其代理人必须复核。

（17）Rate Class,运价类别栏：由承运人或其代理人填写采用的运价类型。

（18）Chargeable Weight,计费重量栏：由承运人或其代理人填写计算运费的重量,如托运人已填,承运人或其代理人必须复核。

（19）Rate/Charge,费率栏：由承运人或其代理人填写适用的运价,如果使用最低运费,也需要填写在本栏。

（20）Nature and Quantity of Goods (Incl. Dimensions or Volume),货物品名及数量(包括尺寸或体积)栏。

① 填写货物的具体名称,不得填写表示货物类别的统称,如电器、仪器、仪表;如果是集运货物,填写"Consolidation As Per Attached List";托运人组装的集装货物,应填写集装箱的识别代号,并注明"SLAC"(Shipper's Load And Count)字样。

② 以 cm 为单位填写每件货物的外包装尺寸,货物尺寸按其外包装的"最长×最宽×最高×件数"的顺序填写。无法填写尺寸的货物,应填写整票货物的总体积,以 m^3 为单位,采取直接进位保留到小数点后两位。货物尺寸清单一份随附货运单后,一份保留。

（21）Shipper's Instruction in Case of Inability to Deliver Shipment as Consigned,货物不能交付收货人时,托运人指示的处理方法：必要时填写。

（22）Handling Information (Incl. Method of Packing, Identifying Marks And Numbers etc.),处理情况：必要时填写。

（23）Shipper's Signature,托运人签字栏：由托运人在本栏签字或盖章。

（24）Date,日期栏：托运人或代理人填写交货的日期。

(25) Agent,经手人签字栏:经办人签字。

(26) Date,日期栏:填写办理托运货物的日期。

国际货物托运书的填写样例见表5-2。

表5-2 国际货物托运书填写示例

国际货物托运书 SHIPPER'S LETTER OF INSTRUCTION							货运单号码 NO. OF AIR WAYBILL 999-12345675	
始发站 AIRPORT OF DEPARTURE GUANGZHOU, CHINA		到达站 AIRPORT OF DESTINATION TOKYO, JAPAN					供承运人用 FOR CARRIER USE ONLY	
							航班/日期 FLIGHT/DATE	航班/日期 FLIGHT/DATE
线路及到达站 ROUTING AND DESTINATION							CZ199/OCT 9	
至 TO TYO	第一承运人 BY FIRST CARRIER CZ	至 TO	承运人 BY	至 TO	承运人 BY	至 TO	承运人 BY	
							已预留吨位 BOOKED	
托运人账号 SHIPPER'S ACCOUNT NUMBER		托运人姓名及地址 SHIPPER'S NAME AND ADDRESS					运费 CHARGES	
MR DUOTIAN NARITA INTERNATIONAL AIRPORT TOKYO JAPAN TEL:666666							FREIGHT PREPAID	
另请通知 ALSO NOTIFY								
收货人账号 CONSIGNEE'S ACCOUNT NUMBER		收货人姓名及地址 CONSIGNEE'S NAME AND ADDRESS						
MR A BAIYUN JICHANG ROAD GUANGZHOU CHINA TEL:888888								
托运人声明的价值 SHIPPER'S DECLARED VALUE			保险金额 AMOUNT OF INSURANCE				所附文件 DOCUMENT ACCOMPANY TO AIR WAYBILL	
供运输用 FOR CARRIAGE 50000.00	供海关用 FOR CUSTOMS NCV		XXX				Commercial Invoice	
件数 NO. OF PACKAGES	实际毛重(千克) ACTUAL GROSS WEIGHT(kg)		运价类别 RATE CLASS	计费重量 CHARGEABLE WEIGHT		费率 RATE/CHARGE	货物品名及数量(包括体积或尺寸) NATURE AND QUANTITY OF GOODS (INCL. DIMENSIONS OR VOLUME)	
2	20						PRECISION INSTRUMENTS DIMS:30X40X60CMX1	
在货物不能交收货人时,托运人指示处理方法 SHIPPER'S INSTRUCTION IN CASE OF INABLITY TO DELIVER SHIPMENT AS CONSIGNED								
处理情况(包括包装方式,货物标志及号码等) HANDLING INFORMATION (INCL. METHOD OF PACKING, IDENTIFYING MARKS AND NUMBERS ETC.)								
托运人证实以上所填全部属实并愿意遵守承运人的一切载运章程 THE SHIPPER CERTIFIES THAT THE PARTICULAR ON THE FACE HEREOF ARE CORRECT AND AGREE TO THE CONDITIONS OF CARRIAGE OF THE CARRIER.								
托运人签字 SHIPPER'S SIGNATURE A			日期 DATE OCT. 9,2023		经手人 AGENT OUYANG		日期 DATE OCT. 9,2023	

二、国际航空货运单

国际航空货运单是国际货物运输中重要的法律文件和运输凭证,托运人在托运货物时需规范填写航空货运单。

（一）国际航空货运单的形式及组成

1 国际航空货运单的形式

国际航空货运单有两种形式：一种是预先印制上承运人标识的承运人货运单，主要是区分不同承运人的货运单，此部分主要包括承运人名称、承运人总部地址、承运人图案标志、承运人票证代码（包括货运单的具体编号）；另外一种是没有任何形式的承运人标识的中性货运单。两种货运单的填写内容一致。图5-1为中国国际货运航空有限公司[①]（简称"国货航"）的货运单，图5-2为中性货运单。

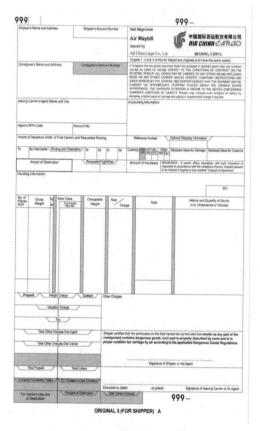

图5-1 国货航货运单

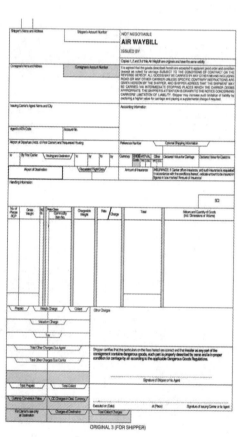

图5-2 中性货运单

2 国际航空货运单组成

（1）国际航空货运单的组成。

国际航空货运单至少一式八联。其中，正本三联，三联正本的背面均有契约条件，并具有同等法律效力。副本至少五联，各联可以通过不同颜色进行区别。承运人可以根据需要增加副本数量。国内各航空公司的国际货运单一般一式十二联，其中三联正本，六联副本，三联额外副本。货运单三联正本背面印有英文的有关运输契约条件，是航空货物运输合同的核心内容。

---

① 现为中国国际货运航空股份有限公司。

(2)货运单各联的用途。

第一联(蓝色),正本3,托运人联:作为托运人支付货物运费并将货物交承运人运输的凭证,也是承运人和托运人缔结运输契约合同的书面文件。

第二联(绿色),正本1,制单承运人联:作为承运人收取货物运费的凭证,也是承运人和托运人缔结运输契约合同的书面文件。

第三联(白色),副本9,代理人联:代理人留存备查。

第四联(粉色),正本2,收货人联:随货物运至目的站,承运人交付货物时,将此联交予收货人。

第五联(黄色),副本4,最后承运人联:随货物运至目的站,收货人在上面签字后,作为交付货物的收据和完成运输的证明由承运人留存。

第六联(白色),副本5,目的站机场联:目的站机场留存备查。

第七联(白色),副本6,第三承运人联:第三承运人结算凭证。

第八联(白色),副本7,第二承运人联:第二承运人结算凭证。

第九联(白色),副本8,第一承运人联:第一承运人结算凭证。

第十、十一、十二联(白色),为额外副本:由承运人根据需要使用。

3 国际航空货运单的作用

(1)货运单是承运人或其授权的代理人填开的货物运输文件,也是承运人和托运人之间缔结运输合同的书面文件。

(2)货运单是托运人将货物交给承运人、承运人将货物交付给收货人的凭证。

(3)货运单是货物运费的凭证。

(4)货运单是货物保险的凭证(如果承运人根据托运人的要求提供相关保险)。

(5)货运单是承运人处理、运送、交付货物的依据。

(6)货运单还是向海关申报的证明。

(二)国际航空货运单的填制

1 填写要求

(1)国际航空货运单一般应使用英文大写字母,用电脑打制。

(2)各栏内容必须准确、清楚、齐全,不得随意涂改,不得任意简化或省略。货运单已填内容在运输过程中需要修改时,必须在修改项目的旁边盖章注明修改货运单的空运企业名称、地址和日期。修改货运单时,应将所有剩余的各联一同修改。

(3)一份货运单只能有一个托运人、一个收货人。

(4)如果货物的运输条件不同、目的站不同、收货人不同,应分别填写货运单。

货运单各栏内容如图5-3所示(中性货运单)。

图 5-3 中性货运单

2 货运单各栏填写内容

（1）Airport of Departure，始发站机场栏①：填写始发站机场的 IATA 三字代码，如果没有机场的三字代码,可以填写机场所在城市的三字代码。

Air Waybill Number,货运单号码栏:货运单号码应当清晰地印制在货运单的左、右上角及右下角,中性货运单需要自行填制。

①A填写航空公司的IATA数字代号,如中国国际航空公司数字代号为999,中国南方航空公司数字代号为784。

①B填写航空货运单的序号及检验号码。

①CIssuing Carrier's Name and City,制单承运人的名称和地址栏:此栏印有航空公司的标志、名称和地址,中性货运单上没有预先印制好承运人的名称和地址,应在此处填写承运人的名称和地址。

①DReference to originals,货运单正本的说明栏:此处说明货运单第1、2、3联为正本,并具有同等法律效力,此栏不用填写。

①EReference to conditions of contract,契约条件栏:除非制单承运人要求填写,一般不需填写。

(2)Shipper's Name and Address,托运人姓名及地址栏②:填写托运人的名称、地址和国家全称(或两字代码),一种或多种联系方式,如电话、电传、传真号码。

(3)Shipper's Account Number,托运人账号栏③:除非制单承运人要求填写,一般不需填写。

(4)Consignee's Name and Address,收货人姓名及地址栏④:填写收货人的名称、地址和国家全称(或两字代码),一种或多种联系方式,如电话、电传、传真号码。当货物为无人押运行李时,应填写收货人的非临时性地址。

因货运单不能转让,此栏内不可填"to order"或"to order of"字样。

(5)Consignee's Account Number,收货人账号栏⑤:除非制单承运人要求填写,一般不需填写。

(6)Issuing Carrier's Agent Name and City,代理人名称和城市栏⑥:填写制单代理人的名称及所在的城市。

(7)Agent's IATA Code,代理人的IATA代码栏⑦:航空公司为便于内部系统结算管理,要求其代理人在此处填写相应的IATA数字代码。

在未启用CASS系统的地区,应填写IATA七位数字代码,如02-3 1234;在已启用CASS系统的地区,除IATA七位数字代码,还应填写三位数字的地址代码及检查号。

(8)Account No.,代理人账号栏⑧:除非制单承运人要求填写,一般不需填写。

(9)Airport of Departure(Address of First Carrier)and Requested Routing,始发站机场和航线要求栏⑨:填写货物始发站机场的全称(第一承运人的地址)和托运人所要求的路线。

(10)Accounting Information,结算注意事项栏⑩:填写有关财务说明事项,一般包括如下内容。

a. 付款方式,如CASH(现金)或CHEQUE(支票)等。

b. 杂费证(MCO),只能支付作为货物运输的行李所产生的费用,如果使用杂费证付款,填写杂费证号码并换算成与航空运费相同的币种,填写客票号码及已经确认的航程、航班、日期。

c. 用政府提单(GBL)支付费用时,填写政府提单号码。

d. 因无法交付而退回始发站的货物,在新货运单的此栏内填写原始货运单号码。

e. 托运人或代理人要求填制的有关代号。

f. 使用信用卡付款时,填写信用卡号码。

(11) Routing and Destination,航线和目的站栏⑪,包括⑪A—⑪F。

⑪A To,到达站栏(第一承运人运达站):填写目的站或者第一中转站机场的IATA三字代码。城市有一个以上机场且不知机场名称时,可以填写城市名称。

⑪B By First Carrier,第一承运人栏:填写第一承运人的全称或者IATA两字代码。

⑪C To,到达站栏(第二承运人运达站):填写目的站或者第二中转站机场的IATA三字代码。城市有一个以上机场且不知机场名称时,可以填写城市名称。

⑪D By,第二承运人栏:填写第二承运人的全称或者IATA两字代码。

⑪E To,到达站栏(第三承运人运达站):填写目的站或者第三中转站机场的IATA三字代码。城市有一个以上机场且不知机场名称时,可以填写城市名称。

⑪F By,第三承运人栏:填写第三承运人的全称或者IATA两字代码。

当货物需要中转时,尽量选用同一承运人或代码共享航班。如需要选择另外一家承运人,要考虑第一承运人与续运承运人是否有联运双边协议。关于联运双边协议部分,可以参考TACT RULES 8.1。

(12) Currency,货币栏⑫:填写始发站所在国家货币的三字代码(由国际标准化组织(ISO)规定)。除㉝A—㉝D栏以外,货运单上所列明的费用均应以此货币表示。

(13) CHGS Code,付款方式栏⑬:

CA——部分费用信用证到付,部分费用现金预付;

CB——部分费用信用证到付,部分费用信用证预付;

CC——所有费用到付;

CG——所有费用使用政府提单到付;

CP——目的站使用现金到付;

CX——目的站使用信用卡到付;

PP——全部运费使用现金预付;

NC——免费。

(14) WT/VAL Charges,费用栏⑭:此栏选择航空运费/声明价值附加费的付款方式。

托运人或代理人在⑭A和⑭B中选择一种付款方式,用"×"表示选择的付款方式,也可以在"PPD"(预付)、"COLL"(到付)栏内填写"PP""CC"。

航空运费和声明价值附加费必须同时全部预付或者全部到付。如全部预付,则相应的费用填写在㉔A或㉕A栏内;全部到付,填写在㉔B或㉕B内。

(15) Other,始发站其他费用的付款方式栏⑮:选择其他费用的付款方式。

托运人或代理人在⑮A和⑮B中选择一种付款方式,用"×"表示选择的付款方式,也可以在"PPD"(预付)、"COLL"(到付)栏内填写"PP""CC"。

在㉗A或㉗B、㉘A或㉘B栏内的其他费用必须同时全部预付或者全部到付。

(16) Declared Value for Carriage,供运输用声明价值栏⑯:填写托运人向承运人申报的货物价值。托运人未办理货物声明价值的,必须填写"NVD"(No Value Declared)字样。

（17）Declared Value for Customs，供海关用声明价值栏⑰：填写托运人向海关申报的货物价值。托运人未办理此声明价值，必须填写"NCV"(No Customs Value)字样。

（18）Airport of Destination，目的站机场栏⑱：填写货物目的站机场全称。城市有一个以上机场而不知机场名称时，可以填写城市名称。

（19）Requested Flight/Date，航班/日期栏⑲。

⑲A 填写承运人、代理人、托运人已经为货物订妥的航班/日期。

⑲B 填写承运人、代理人、托运人已经为货物订妥的续程的航班/日期。

（20）Amount of Insurance，保险金额栏⑳：如果承运人向托运人提供代办保险业务，此栏填写托运人货物投保的金额；如果承运人不提供此项服务或托运人不要求投保，此栏内填写"×××"字样。

（21）Handling Information，操作注意事项栏㉑：填写货物在仓储和运输过程中需要注意的事项。如运输的货物是危险品，应填写"Dangerous Goods As Per Attached Shipper's Declaration"或"Dangerous Goods As Per Attached DGD"。

㉑A 特殊海关信息（SCI）栏。当一票货物在欧盟国家被装上飞机或再次被装上飞机运输，此栏必须填写海关始发站代号；如不属于此类情况，可以填写其他海关信息。一般情况下，此栏不填写。

（22）Consignment rating details，运费计算栏㉒，包括㉒A—㉒L。

一票货物中含有不同运价货物时，应分别填开，每填写一项另起一行。如含有危险品，该货物应列在第一行。

㉒A No. of Pieces, RCP，件数/运价点栏：填写货物的件数，如果所使用的货物运价种类不同，应分别填写，并将总件数填写在㉒A内。当使用比例运价或分段相加的方法组成全程运价和运费时，将运价构成点或运价组成点（运价点）的城市三字代码填写在货物件数下面。

㉒B Gross Weight，毛重栏：填写货物的实际重量，使用不同运价计费的货物，应分列重量。

㉒C kg/LB，重量的计量单位栏：填写货物重量的计量单位"K"或"L"，分别表示"千克"或"磅"。

㉒D Rate Class，运价种类栏：填写所采用的货物运费和运价种类代号。

M——Minimum Charge，最低运费；

N——Normal Rate，普通货物标准运价；

Q——Quantity Rate，普通货物重量分界点运价；

C——Specific Commodity Rate，指定商品运价；

S——Class Rate Surcharge，附加等级货物运价；

R——Class Rate Reduction，附减等级货物运价；

U——Unit Load Device Basic Charge or Rate，集装货物基础运费或运价；

E——Unit Load Device Additional Information，集装货物附加信息。

㉒E Commodity Item No.，指定商品编号栏：应根据下列情况分别填写。

使用指定商品运价时，填写指定商品代号。

使用等级货物运价时，填写所适用的普通货物运价的代号及百分比数。

㉒F Chargeable Weight,计费重量栏:填写与适用的运价相对应的货物计费重量。

㉒G Rate/Charge,费率/运费栏:填写所适用的货物运价或最低运费。

㉒H Total,总运费额栏:填写根据适用的运价和计费重量相乘,计算出的航空运费或最低运费。如涉及不同运价计算运费,则在㉒I内填写㉒H的总和。

㉒I Nature and Quantity of Goods (Incl. Dimensions or Volume),货物品名及数量(包括尺寸或体积)栏:填写货物的具体名称,不得填写表示货物类别的统称,如不能将"电子血压计"填写成"仪器";也不能用"鲜活易腐货物""活体动物"等泛指名称作为货物品名。

如果是危险品,应按照IATA《危险品规则》中的相关要求填写。

如果是活体动物,应按照IATA《活体动物规则》中的相关要求填写。

如果是集运货物,填写 "Consolidation As Per Attached List"并随附相关清单。

填写货物包装件尺寸、件数和体积,一般表示为长×宽×高×件数。

运费计算栏是国际航空货运单中非常重要的内容,必须准确填写。填写时有哪些注意事项?请扫码学习。

国际航空货运单运费计算栏填写说明

㉒J栏:空白栏,填写㉒A中件数的总和。

㉒K栏:空白栏,填写㉒B中毛重的总和。

㉒L栏:空白栏,填写㉒H中运费的总和。

(23)Other Charges,其他费用栏㉓:填写其他费用的项目名称和金额。

a.在始发站发生的其他费用可以全部预付或者全部到付。

b.在中转站或目的站发生的费用可以全部预付或者全部到付。

c.其他费用采用运费到付时,应看成"代垫付款",按照TACT RULES 4.2处理。

d.在中转站、目的站发生的其他费用和未在此栏内列明的其他费用,只能到付,由目的站承运人填写在㉝D中。

e.除了㉖A和㉖B栏内的税款外,其他运费的描述和金额都应填写在此栏。如填写"AWC:50.00",表示从中国始发的制单费为50元人民币。

f.当货运单的数据以电子方式传输,可以使用其他费用代号,代号一般由三个英文字母表示,前两个字母表示其他费用描述,最后一个字母表示此项费用的归属,C表示该项费用由承运人收取,A表示该项费用由代理人收取。

AW——Air Waybill Fee,货运单费;

AC——Animal Container,动物容器费;

DB——Disbursement Fee,代垫手续费;

LA——Live Animal,活体动物处理费;

FC——Charge Collect Fee,货物运费到付手续费;

RA——Dangerous Goods Fee,危险品处理费;

SD——Surface Charge-destination,目的站地面运输费。

g.将㉓栏中的各项其他运费总额填写在适用的㉗A或㉗B、㉘A或㉘B中。

h. 货物在目的站因无法交付而退回始发站，应在新填制的货运单上写明未向收货人收取的费用总额。

i. 具有相同功能的并且代号相同的其他费用，只能在货运单上出现一次。

(24) Weight Charge，航空运费栏：填写㉒的航空运费总额，根据付款方式预付或到付分别填写在㉔A或㉔B中。

(25) Valuation Charge，声明价值附加费栏：填写根据⑯栏内的金额计算应收取的货物声明价值附加费，根据付款方式预付或到付分别填写在㉕A或㉕B中。

(26) Tax，税款栏：填写按规定收取的税款额，应与㉔A和㉕A同时全部预付或与㉔B和㉕B同时全部到付，税款不需要填写在其他费用㉓栏内。

(27) Total Other Charges Due Agent，代理人收取的其他费用总额栏：填写㉓栏内代理人应收取的其他费用之和，根据付款方式预付或到付分别填写在㉗A或㉗B中。

(28) Total Other Charges Due Carrier，承运人收取的其他费用总额栏：填写㉓栏内承运人收取的其他费用之和，根据付款方式预付或到付分别填写在㉘A或㉘B中。

(29) 无标题栏：此栏一般不填写，除非填开货运单的承运人有特殊要求。

(30) Total Prepaid，全部预付货物费用的总额栏㉚A：填写㉔A、㉕A、㉖A、㉗A、㉘A、㉙A栏内货物预付运费总额。

Total Collect，全部到付货物费用的总额栏㉚B：填写㉔B、㉕B、㉖B、㉗B、㉘B、㉙B栏内货物到付运费总额。

(31) Signature of Shipper or his Agent，托运人或其代理人签字栏㉛：如果没有预先印制托运人或其代理人的签名（可以是打印、签字或盖章），应由其填上。

(32) Carrier's Execution Box，承运人完成栏。

㉜A Executed on (Date)，制单日期栏：填写货运单的填开日期，按照日、月、年顺序填写，月份以英文全称或缩写表示。

㉜B at (Place)，制单地点栏：填写货运单的填开地点（机场或城市）。

㉜C Signature of Issuing Carrier or its Agent，制单承运人或其代理人签字或盖章栏：由填制货运单的承运人或其代理人签字或盖章。

(33) For Carrier's use only at Destination，仅限在目的站由承运人填写栏：此栏不填写。

㉝A Currency Conversion Rates，汇率栏：填写目的站所在国家币种代号和汇率。

㉝B CC Charges in Destination Currency，到付货物运费栏：填写根据㉝A中的汇率将㉚B中的到付货物运费换算成的金额。

㉝C Charges at Destination，目的站其他费用额栏：填写在目的站发生的货物运费额。

㉝D Total Collect Charges，运费到付总金额栏：填写㉝B和㉝C的合计金额。

3 航空货运单填写的样例

图5-4、图5-5分别展示货物运费预付和运费到付时的填写样例。下列货运单样例中使用的运价、运费以及运价等级、换算率和重量分界点只是说明运价的使用，填写货运单时要使用有效的运价、运费等规则。

图 5-4 运费预付货运单填写样例

| 777 | ZRH | 12345675 | | | | | | 777-12345675 |

Shipper's Name and Address	Shipper's Account Number	NOT NEGOTIABLE **AIR WAYBILL** ISSUED BY	TRANSPARENT AIR 227 RUE BLANCHET 75076 PARIS FRANCE
MAYER AND CO. LTD. GEISSHUBEL 357 8303 NUERENSDORF SWITZERLAND FAX 01-865 46 73		Copies 1, 2 and 3 of this Air Waybill are originals and have the same validity.	
Consignee's Name and Address	Consignee's Account Number	It is agreed that the goods described herein are accepted in apparent good order and condition (except as noted) for carriage SUBJECT TO THE CONDITIONS OF CONTRACT ON THE REVERSE HEREOF. ALL GOODS MAY BE CARRIED BY ANY OTHER MEANS INCLUDING ROAD OR ANY OTHER CARRIER UNLESS SPECIFIC CONTRARY INSTRUCTIONS ARE GIVEN HEREON BY THE SHIPPER, AND SHIPPER AGREES THAT THE SHIPMENT MAY BE CARRIED VIA INTERMEDIATE STOPPING PLACES WHICH THE CARRIER DEEMS APPROPRIATE. THE SHIPPER'S ATTENTION IS DRAWN TO THE NOTICE CONCERNING CARRIERS' LIMITATION OF LIABILITY. Shipper may increase such limitation of liability by declaring a higher value for carriage and paying a supplemental charge if required.	
A.B. SWINGER LTD. WATERLOO GATE 77 LAFAYETTE LOUISIANA 52601 USA FAX 377-836-6496			
Issuing Carrier's Agent Name and City		Accounting Information	
COMMISSIONABLE AGENT SPEEDAIR SERVICES ZURICH			
Agent's IATA Code	Account No.		
01-1 0035			

Airport of Departure (Addr. of First Carrier) and Requested Routing	Reference Number	Optional Shipping Information
ZURICH		

To	By First Carrier Routing and Destination	to	by	to	by	Currency	CHGS Code	WT/VAL PPD COLL	Other PPD COLL	Declared Value for Carriage	Declared Value for Customs
JFK	TRANSPARENT AIR	LFT	YY			CHF		X	X	150000.00	150000.00

Airport of Destination	Requested Flight/Date	Amount of Insurance	INSURANCE: If Carrier offers insurance, and such insurance is requested in accordance with the conditions thereof, indicate amount to be insured in figures in box marked 'Amount of Insurance'
LAFAYETTE		XXX	

Handling Information
ALSO NOTIFY MR.RODONSKY DIV. OF SWINGER LTD. SHREVEPORT LA. USA FAX 311-465-7031

SCI

No. of Pieces RCP	Gross Weight	kg lb	Rate Class Commodity Item No.	Chargeable Weight	Rate / Charge	Total	Nature and Quantity of Goods (incl. Dimensions or Volume)
10	480.0	K	Q	500.0	5.35	2675.00	ABRASIVE PASTE NOT RESTRICTED NO DIMENSIONS AVAILABLE

Prepaid	Weight Charge	Collect	Other Charges
	2675.00		SUA 65.00 DBC 13.25
	Valuation Charge		
	1033.00		
	Tax		
	Total Other Charges Due Agent		Shipper certifies that the particulars on the face hereof are correct and that insofar as any part of the consignment contains dangerous goods, such part is properly described by name and is in proper condition for carriage by air according to the applicable Dangerous Goods Regulations.
	65.00		
	Total Other Charges Due Carrier		
	13.25		
			MAYER AND CO. LTD. Signature of Shipper or his Agent
Total Prepaid	Total Collect		
	3786.25		Day Month Year ZURICH SPEEDAIR SERVICES
Currency Conversion Rates	CC Charges in Dest. Currency		Executed on (Date) at (Place) Signature of Issuing Carrier or its Agent
For Carrier's use only at Destination	Charges at Destination	Total Collect Charges	777-12345675

ORIGINAL 3 (FOR SHIPPER)

图 5-5　运费到付货运单填写样例

三、其他文件

托运人在托运货物时,除了要填写货物托运书、货运单,还要提供与运输有关的其他文件,主要包括:

(1)货物的装箱单;

(2)货物进、出口和过境所需的文件;

(3)托运动植物所需的证明文件,如活体动物托运证明书、动物检验检疫证明书和《濒危野生动植物种国际贸易公约》相关文件等;

(4)托运灵柩、骨灰的证明文件,如死亡证明、火化证明等;

(5)托运其他特种货物所需的证明文件;

(6)在IATA一区和IATA二区之间、IATA三区和IATA一区之间,运输指定商品需要商业发票。

任务演练

在线答题

一、选择题(请扫码答题)

二、填空题

1.( )是托运人用于委托承运人或其代理人填开航空货运单的一种表单,表单上列有填制货运单所需各项内容。

2.托运书中Shipper's Declared Value for Carriage栏,应填写托运人向承运人声明的货物价值,当托运人未声明价值时,必要时应填写( )。

3.航空货运单号码由票证代号、顺序号和检验号组成,中国国际航空公司的票证代号为( )。

4.货运单已填内容在运输过程中需要修改时,必须在修改项目的旁边盖章注明修改货运单的( )名称、地址和日期。

三、货运单填制

请根据实际货物托运书练习填制国际航空货运单。

项目小结

国际航空货物收运是国际航空货物运输的第一环节,国际航空货物能否高质量运输与收运有着直接的关系。本项目主要介绍了国际航空货物运输收运应注意的事项和收运文件,其中收运限制和收运文件的填写是本项目重难点。

通过本项目的学习和训练,同学们应具备国际货物收运检查和规范填制国际航空货运单等收运文件的专业能力,养成按章操作、敬畏规章、认真细致、恪尽职守的工作作风。

项目训练

12月,海南百香果和火龙果等当地水果成熟了,果农通过出口的方式增加水果的销路,现要将一批水果由三亚运输至首尔,货物信息如下:百香果纸箱包装100箱,单件尺寸60 cm×40 cm×30 cm,单件毛重10 kg;火龙果纸箱包装100箱,单件尺寸60 cm×50 cm×40 cm,单件毛重20 kg。托运人:张晓13631184001,三亚凤凰路218号。收货人:李楠,02-980-2113,Gwanak-ro, Gwanak-gu, Seoul 151-742, Korea。付款方式为预付,无声明价值。

作为货运代理人,请你解决以下问题:

1. 这批货物能否运输,需遵守哪些国际航空收运规定?
2. 根据相关信息扫码填制国际航空货运单。

空白国际航空货运单

项目六　国际航空货物运输费用

项目引入

航空货运市场的波动与整体经济以及供应链、产业链的变化密切相关,据国际航空运输协会最新统计,目前80%的跨境电商货物由航空运输,跨境电商业务收入已占航空货运行业收入的20%。2023年在中国跨境电商企业出口需求的推动下,下半年中国国际航空货运市场一飞冲天,运价飙升。从国内去往美国的航空运价一度达到80元/千克,去往欧洲的运价也涨到60元/千克,中国跨境电商企业在海外的蓬勃发展助推了2023年中国国际航空货运市场收入和货量的双提升。

运价水平的变化直接影响航空公司的收入,在现有国际航空运价体系下,航空运费如何计算呢?本项目将详细介绍国际航空货物运输费用的计算。

项目目标

知识目标

1. 熟悉国际航空货物运输费用相关规定。
2. 了解国际货物运价体系,重点掌握计费重量、货币及进位规则、运价表知识。
3. 掌握国际航空货物运费及其他费用的计算规则。

能力目标

1. 能够熟练查阅货币进位表并按照规则进位。
2. 能够正确选择运价并根据运价规则准确计算运费。
3. 能够准确计算国际航空运输其他费用。

素养目标

1. 养成实事求是、诚实守信的工作作风。
2. 养成认真细致、科学严谨的工作态度。

知识架构

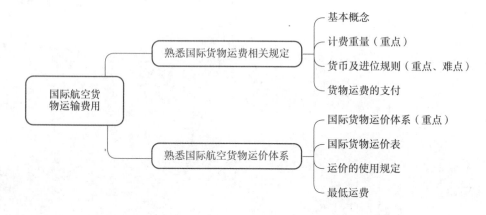

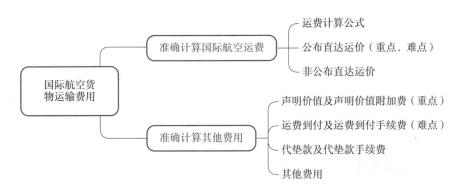

任务一 熟悉国际货物运费相关规定

任务导入

12月,海南百香果和火龙果等当地水果成熟了,果农通过出口的方式拓展销路,现要将一批1000 kg百香果由三亚发往首尔,办理运费到付,收货人想了解大致费用。假设你是收运人员,请你根据货物基本信息判断此票货物是否可以办理运费到付?如需订舱,大概需要预订多少舱位。

一、基本概念

1 运价

运价(Rate)是指托运人与承运人签订货物运输合同当日承运人对外公布生效,或合同双方约定的货物自始发地机场至目的地机场之间的航空货物运输价格。运价不包括市区与机场之间、同一城市两个机场之间的运费及其他费用。

运价又称为费率,是承运人运输单位重量的货物所收取的从始发地机场到目的地机场的运输费用,不包括其他费用。

2 航空运费

航空运费(Weight Charges)是指承运人将一票货物自始发地机场运至目的地机场所收取的航空运输费用,是通过货物的计费重量与填开航空货运单当日承运人公布的有效适用的运价相乘计算的费用。计算公式如下:

$$航空运费 = 计费重量 \times 适用的运价$$

3 最低运费

最低运费(Minimum Charges)是指在两点间运输一票货物应收取的最低航空运费。

4 其他费用

其他费用(Other Charges)是指托运人在托运货物时或收货人提取货物时须向承运人

支付的,除航空运费和声明价值附加费以外的与货物运输有关的其他所有费用,包括地面运输费、仓储费、运费到付手续费和保险费等。

5 货物运费

货物运费(Charges)是指在航空货物运输中产生的,应向托运人或收货人收取的费用,包括航空运费、货物声明价值附加费和其他费用。

二、计费重量

飞机载量受货物的重量和体积的限制,即飞机所能装载货物的多少,取决于飞机的最大业载(重量)和飞机的货舱体积。如果飞机装的均是重而小的货物,在货舱还没有装满时,已达到飞机的最大业载,这样浪费了飞机容积;如果飞机装的均是轻而大的货物,在还没有达到飞机的最大业载时,飞机的货舱已装满,同样浪费了飞机的业载。

因此,国际航协设立了计费重量(Chargeable Weight)的概念,即用以计算航空运费的重量。

货物计费重量可以是货物的实际毛重、货物的体积重量或较高重量分界点的重量。对于重量大、体积小的货物,计费重量一般为货物的实际毛重。对于重量小、体积大的货物,计费重量一般按货物的体积计算。

(一)国际货物重量单位

(1)国际运输中,因不同国家的计量单位不同,货物的尺寸单位和重量单位也不同,尺寸单位有厘米(cm)和英寸(in),重量单位有千克(kg)和磅(lb)。

(2)重量单位。

① 根据TACT RULES,国际货物运输中计费重量以0.5 kg为最小单位,重量不足0.5 kg,进位至0.5 kg;0.5 kg以上不足1 kg,进位至1 kg。如20.01 kg计为20.5 kg,20.51 kg计为21 kg。

② 当货物重量以磅为单位表示时,计费重量以1 lb为最小单位,小数点后不足1 lb的全部进位为1 lb。

(二)国际货物尺寸单位

1 尺寸的测量和进位

在测量货物外包装尺寸时,要测量它的最长、最宽和最高,对量出的尺寸厘米和英寸均按照四舍五入的方式保留到整数,再计算货物体积。

■ **实训指导**

例1:依据货物的实际尺寸,确定货物的尺寸进位及体积。

货物实际尺寸	进位后的尺寸	货物体积
22.4 cm×35.6 cm×48.8 cm	22 cm×36 cm×49 cm	38808 cm^3
15(1/2) in×26(3/4) in×32(3/8) in	16 in×27 in×32 in	13824 in^3

如果货物包装为圆桶,包装的最长和最宽应为圆桶的直径。

2 体积重量的计算

计算货物体积重量时,根据TACT RULES,换算标准为每6000 cm^3折合1 kg;每366 in^3折合1 kg;每166 in^3折合1 lb。

如果每6000 cm^3货物的重量小于1 kg,或每366 in^3货物的重量小于1 kg,或每166 in^3货物的重量小于1lb,则该货物称为轻泡货物。

(三)计费重量的确定

在确定计费重量时,将货物的实际毛重和体积重量进行比较,较高者为计费重量。

■ **实训指导**

例2:一件尺寸为45.6 cm×30.4 cm×28.2 cm的货物,毛重为12.7 kg,计费重量是多少?

货物体积:45.6 cm×30.4 cm×28.2 cm=46 cm×30 cm×28 cm=38640 cm^3

体积重量:38640 cm^3÷6000 cm^3/kg=6.44 kg≈6.5 kg

实际毛重:12.7 kg≈13 kg

计费重量:13 kg

例3:10 boxes,尺寸为35 in×27 in×26 in,总毛重为702 lb,计费重量是多少?

体积重量:35 in×27 in×26 in×10÷166 in^3/lb=1480.12 lb≈1481 lb

计费重量:1481 lb

三、货币及进位规则

从1990年1月1日起,国际货运中使用国际标准化组织(ISO, International Organization for Standardization)公布的统一货币代号。

(一)货币代号

(1)每一ISO货币代号由国家两个字母代号和每一个国家货币的单位组成。例如,China两字代号为CN,人民币货币单位是"元"(Y),因此人民币的货币代号为CNY。

货币代号的构成也有不规则情况,如EUR。EUR为欧元的货币代号,在加入欧元区的国家中统一使用,它不符合传统的货币代号的构成方法。

(2)关于各国的当地货币代号列在TACT RULES 5.7.1(CURRENCY TABLE)和TACT RATES 5.3.1(CUNSTRUCTION EXCHANGE RATES)部分。

(二)货币进位

国际货物航空运价及运费的货币进位,因货币的币种不同而不同,运费进位时需按照TACT RULES 5.7.1(见表6-1)和TACT RATES 5.3.1中列出的货币进位单位进位。

表 6-1 TACT 货币进位规则表（节选）

Country	Currency			Rounding off Units	
	Name	Unit	Code	Except Min. Charges	Min. Charges
Abu Dhabi	UAE Dirham	100 Fils	AED	0.05	1
Afghanistan	Afghani＋	100 Puls	AFN	1	1
Albania	Lek＋	100 Quindarka	ALL	0.10	1
Argentina [4]	Peso＋	100 Centavos	ARS	0.01	1
Armenia	Armenian Dram＋	100 Luma	AMD	—	—
Australia [3]	Australian Dollar	100 Cents	AUD	0.05	1
Bahrain	Bahraini Dinar	1000 Fils	BHD	0.005	1
Benin	CFA franc	100 Centimes	XOF	5	100
Brazil [5]	Brazilian Real＋	100 Centavos	BRL	0.01	0.01
Chile	Chilean Peso＋	100 Centavos	CLP	1	1
China, People's Rep. (excluding Hong Kong SAR and Macao SAR)	Yuan Renminbi＋	100 Fen	CNY	0.01	1
Congo, Democratic Republic of	Franc Congolais＋	100 Centimes	CDF	0.001	1
Denmark [1]	Danish Krone	100 øre	DKK	0.10	10
Djibouti	Djibouti Franc	100 Centimes	DJF	5	500
Fiji [3]	Fiji Dollar	100 Cents	FJD	0.01	1
Iran	Iranian Rial＋	—	IRR	10	100
Ireland	Euro	100 Cents	EUR	0.01	0.01
Israel [2]	New Israeli Sheqel	100 Agorot	ILS	1	1
Japan [1]	Yen	—	JPY	1	100
Korea (Dem. People's Rep. of)	North Korean Won＋	100 Chon	KPW	0.01	0.01
Korea (Rep. of) [7]	Won	1Won	KRW	10	100
Lebanon [6]	Lebanese Pound	100 Piastres	LBP	100	1000
Mauritania	Ouguiya＋	5 Khoums	MRO	1	20
Rwanda	Rwanda Franc＋	100 Centimes	RWF	0.50	1
United Kingdom [1]	Pound Sterling	100 Pence	GBP	0.01	1
United States	US Dollar	100 Cents	USD	0.01	1

备注：① 货币的进位规则分为最低运费和除最低运费以外的两种进位形式，Rounding off Units 指进位单位，Except Min. Charges 指除最低收费外的进位单位，Min. Charges 指最低收费时的进位单位。

② 有些国家的名称右上角有 1)、2) 等数字，具体内容见 TACT RULES 5.7.2 注释部分。

③ 有些货币名称后带有"＋"，表示接受这些货币是有限制的，如果是本国货币，只能在运输始发国用此种货币支付。

按照TACT RULES 5.7.1 CURRENCY TABLE中货币的进位规则,采取半数进位方法进位,具体方法如表6-2所示。

表6-2 TACT货币进位程序

When rounding-off unit is	Results of calculations are between/and	Rounding-off amount will be
0.001	104.9995 — 105.0004	105.000
	105.0005 — 105.0014	105.001
0.005	105.0025 — 105.0074	105.005
	105.0075 — 105.0124	105.010
0.01	104.995 — 105.004	105.00
	105.005 — 105.014	105.01
0.05	105.025 — 105.074	105.05
	105.075 — 105.124	105.10
0.10	105.050 — 105.149	105.10
	105.150 — 105.249	105.20
0.50	105.250 — 105.749	105.50
	105.750 — 106.249	106.00
1	104.5 — 105.4	105
	105.5 — 106.4	106
5	102.5 — 107.4	105
	107.5 — 112.4	110
10	105.0 — 114.9	110
	115.0 — 124.9	120

(1)当货币进位单位为0.001、0.01、0.10、1或10时,进位方法与四舍五入相似,并按照进位单位保留小数。

■ 实训指导

例4:China的货币代号为CNY,进位单位为0.01。

CNY 210.234进位后数值为CNY 210.23;

CNY 210.236进位后数值为CNY 210.24。

例5:Albania的货币代号为ALL,进位单位为0.10。

ALL 307.12进位后的数值为ALL 307.10;

ALL 307.15进位后的数值为ALL 307.20。

例6:Iran的货币代号为IRR,进位单位为10。

IRR 502进位后的数值为IRR 500;

IRR 507 进位后的数值为 IRR 510。

(2)当货币进位单位为 0.005、0.05、0.50、5 或 50 时,采取半数进位法进位,并按照进位单位保留小数,示例如表 6-3 所示。

表 6-3 进位示例

序号	进位金额	进位单位	进位单位的一半	可能的数值	最后数值比较	进位结果
1	210.234	0.05	0.025	210.20	0.034＞0.025 进位	210.25
				210.25		
2	52.15	0.50	0.25	52.0	0.15＜0.25 舍去	52.0
				52.5		
3	107.5	5	2.5	105	2.5＝2.5 进位	110
				110		
4	5210	50	25	5200	10＜25 舍去	5200
				5250		

四、货物运费的支付

1 运费的付款方式

在航空货物运输中,可以使用现金、支票或信用卡支付所有费用,如果承运人同意接收银行转账支票、银行汇票,还可以使用支票或汇票支付货物费用。

当旅客行李作为货物运输时,还可以使用旅行信用卡或杂费证(Miscellaneous Charges Order,MCO)支付相关费用。

2 运费的支付方式

运费的支付方式有两种,分别是运费预付和运费到付。运费预付(Charges Prepaid,PP)是指由托运人在始发站支付货物运费的形式,运费到付(Charges Collect,CC)是指由收货人在目的站支付货物运费的形式。

(1)航空运费和声明价值附加费必须同时全部预付或全部到付。在始发站发生的其他费用全部预付或者全部到付,在始发站预先能确定中转站或目的站所发生的费用,也可预付,在运输途中发生的其他费用应全部到付。

(2)在国际货物运输中付款需考虑币种问题。运费预付时,一般使用运输始发国当地货币支付,即用 TACT RULES 5.7.1 表中不带"＋"的任何一种货币付款时,必须将货运单上所表示的当地货币转换成支付货币。转换时应在航空货运单上填制当日的有效汇率。

(3)运费到付时,首先查阅 TACT RULES 中的规定确定是否可以办理运费到付,其次使用运输目的国当地货币支付货物运费,将货运单上的到付总金额使用当地银行卖出价转换成目的国当地货币。

任务演练

一、选择题(请扫码答题)

二、填空题

1. 计算货物体积重量时,根据 TACT RULES,每( )cm3 折合 1 kg,每( )in3 折合 1 kg,每( )in3 折合 1 lb。

2. 某货物的实际毛重远小于体积重量,通常将此类货物称为( )。

3. 货币代号 CNY,其中 CN 表示( ),Y 表示( )。

4. 运费到付时,需要将货运单上的到付总金额使用( )转换成目的国当地货币后再支付。

在线答题

任务二 熟悉国际航空货物运价体系

任务导入

某货主计划从海口运输两条观赏鱼至首尔,一种方式是代理人上门取货,直接交运;另一种方式是货主本人去机场交运。哪种方式更节约费用呢?航空货物运费是如何收取的,运价又是如何使用的?

航空货物运价受多种因素影响,包括但不限于运输生产成本、市场供求关系和航空公司的因素等,因此,运价制定是一个复杂的决策过程。在国际航空运输中,运价分为 TACT 公布运价和承运人非公布运价。

一、国际货物运价体系

TACT 公布运价是指承运人在 TACT RATES 手册中,对公众公开发布和销售的运价;承运人非公布运价是承运人和托运人之间签订协议的,适用于特定组织或个人的,不对公众公开发布和销售的运价。

(一) 运价的分类

1 按货物运价组成分类

国际货物运输中,按照货物运价的组成,运价可分为公布直达运价和非公布直达运价。

公布直达运价是自始发地至目的地公布的直达运价;非公布直达运价指自始发地至目的地无公布的直达运价,包括比例运价和分段相加运价。

比例运价是指货物的始发地至目的地无公布直达运价时,采用货物运价手册中公布的一种不能单独使用的运价附加数(Add-on Amount)与已知的公布直达运价相加构成的运价。

分段相加运价是指货物的始发地至目的地无公布直达运价且不能使用比例运价时,选择适当的运价构成点,采用分段相加的办法组成全程最低运价。

2 按货物性质分类

按照运输货物的性质,国际货物运价可分为普通货物运价、指定商品运价、等级货物运价和集装货物运价。

(二)运价的使用顺序

1 承运人非公布运价

当承运人与托运人之间有约定协议,优先使用协议约定运价计算运费。

2 公布直达运价

自始发地至目的地有公布直达运价时,使用公布直达运价,指定商品运价优先于等级货物运价和普通货物运价,等级货物运价优先于普通货物运价。

3 非公布直达运价

自始发地至目的地无公布直达运价时,优先使用比例运价,无比例运价时,最后选择合理的分段相加运价。

二、国际货物运价表

TACT RATES中按照始发地城市名称英文字母排列顺序,公布了从始发地机场到目的地机场两点间的公布直达运价和最低运费。

需要使用公布直达运价时,按照始发站城市名称英文字母查找,下面以北京到东京的运价为例介绍运价表包含的信息。运价表包括两部分,第一部分为始发站信息,具体包括始发站城市全称、始发站国家两字代码、货币信息和重量单位。第二部分为始发站至到达站的公布直达运价,包括五栏,每一栏含义如表6-4所示。

表6-4 北京至东京运价表

Date/Type	Note	Item	Min. Weight	Local Curr.
BEIJING Y.RENMINBI		CNY	CN	BJS KGS
TOKYO		JP		
TOKYO		JP	M	230.00
			N	37.51
			45	286.13
		0008	300	18.18
		0300	500	20.61
		1093	100	18.43
X28029		2195	500	18.80
E01039		2195	500	18.20

续表

Date/Type	Note	Item	Min. Weight	Local Curr.
	CA	2195	500	18.92
5	/B		2000	4800.00

第一栏:Date/Type,运价的有效期和集装器运价类型。

日期为E或X和5位数字构成,E为EFFECTIVE的缩写,表示运价开始生效日期;X为EXPIRY的缩写,表示运价失效日期。数字前两位表示日期,第三、四位表示月,最后一位表示年。

E01039表示自2019年3月1日起,开始使用相对应的指定商品编号2195对应的运价,每千克18.20元。

X28029表示运价截止日期为2019年2月28日,即自2019年3月1日起,就不能使用指定商品编号2195对应的运价,每千克18.80元。

数字5/B表示集装货物运价。

第二栏:Note(注释),在此栏中列出的数字和字母,承运人两字代码表示所对应的运价只适用于该承运人,其他承运人不能使用。其他数字的具体含义查阅TACT RATES 3注释部分。

第三栏:Item(编号),在此栏中列出的4位数字表示指定商品运价品名编号。

第四栏:Min. Weight(最低重量),表示使用相应运价应满足的最低计费重量。

M表示北京到东京的最低运费,N表示45千克以下的普通货物运价,即计费重量为45千克以下时所使用的运价。45表示45千克及以上的普通货物运价,即计费重量为45千克(含)以上100千克以下时所使用的运价,同样,100表示100千克(含)以上300千克以下的普通货物运价,300表示300千克(含)以上的普通货物运价。运价是运输单位重量的货物的价格,一般随着重量的增加,运价逐渐降低。

第五栏:Local Curr.(当地货币),表示以始发地国家当地货币公布的运价,从北京始发公布的运价以人民币为单位。有的国家以美元代替其本国货币公布运价,此时,美元即为运输始发地当地货币。

三、运价的使用规定

(1)承运人公布运价是始发地机场至目的地机场之间的直达运价,运价以始发国货币公布,运价以货运单填开之日所适用的运价为准。

(2)货物公布直达运价的使用必须按照货物运输的正方向使用,而不能反方向使用,如上海到东京的航程,运价只能查询并使用上海至东京的运价而不能使用东京至上海的运价。

(3)使用运价表中的运价时,使用条件要符合运价表中的注释说明(3.1和3.2),如AA01-RATE APPLICABLE TO AA AND INTERLINE SHIPMENTS,表示该运价只适用于AA承运人及其联运货物。

(4)使用运价计算运费时,应注意遵循从低原则计算航空运费。当货物计费重量接近某一个较高的重量分界点时,可能存在较高重量分界点较低运费。因此,需要将该货物的计费重量与相应的运价相乘计算的运费与较高重量分界点与相应的运价相乘计算的运费相比较,取低者,遵循运费从低原则。

四、最低运费

1 最低运费定义

最低运费(Minimum Charges)是指在两点间运输一票货物应收取的最低航空运费,即一票货物自始发地机场至目的地机场航空运费的最低限额。例如,从上海到东京运输一票货物,不管重量多轻或体积多小,其航空运费不能少于人民币230.00元。

2 最低运费使用规定

(1)当使用适用运价乘以计费重量计算出的航空运费低于最低运费时,应取最低运费。

(2)最低运费优先于任何组合的最低运费和按其他任何规定计算出的最低运费,其他规定中特别指明的除外。

(3)最低运费是指航空运费,不包括声明价值附加费。

(4)最低运费适用于一票货物。

(5)TACT RATES中通常有公布的最低运费,其是根据TACT RULES 3.4.2最低运费确定的,两者若不一致,以TACT RATES中公布的最低运费为准。

(6)TACT RATES中若没有公布的最低运费,可以查阅TACT RULES 3.4.2查询某国至某一区域或国家航空运费的最低限额。

(7)等级货物的最低运费应遵循等级货物运费计算的相关规定。

3 各国最低运费

在TACT RULES 3.4.2中,最低运费是按照国家英文名称顺序列出的,是从一个国家或区域到IATA区域或次区的最低运费。

TACT RULES 3.4.2中公布的从中国始发的最低运费见表6-5。

表6-5 从中国始发的最低运费

from Country to Area Sub-area/Exception	CURRENCY CODE Minimum Charges
From CHINA(excluding Hong Kong SAR and Macao SAR) to	CNY
1	420
2　Europe, Middle East	320
2　Africa	451
3　Japan, Korea(Dem. People's Rep.of), Korea(Rep.of)	230
3　South Asian Subcontinent	230
3　South East Asia except to Hong Kong(SAR) and Macao(SAR)	230

续表

from Country to Area Sub-area/Exception	CURRENCY CODE Minimum Charges
3　Hong Kong(SAR) and Macao(SAR)	90
3　South West Pacific	420
Exceptions: Not applicable Australia and Japan	

■ 知识拓展

2023年下半年,电子商务出口商品需求旺盛,从我国至日本、美国、欧洲等地的运价持续上涨,航空公司的运力也随着增加,包括包机等方式。国际航协预测,2024年全球运价将出现下滑,逐渐回归至2019年同期水平。2025年可能会出现增长态势,随着跨境电商的快速发展,全球航空货运业仍充满不确定性,也将面临大量新机遇,航空货运可能会迎来新的增长周期。

(资料来源:中物联航空物流分会)

任务演练

一、选择题(请扫码答题)
二、填空题
1.(　　)是指在两点间运输一票货物应收取的最低航空运费。
2.承运人公布运价是始发地机场至目的地机场之间的直达运价,运价以(　　)货币公布,运价以货运单填开之日所适用的运价为准。
3.(　　)是指货物的始发地至目的地无公布直达运价时,采用货物运价手册中公布的一种不能单独使用的运价附加数与已知的公布直达运价相加构成的运价。
4.货物公布直达运价使用时必须按照货物运输的(　　)使用,而不能反方向使用。

在线答题

任务三　准确计算国际航空运费

任务导入

12月,海南百香果和火龙果等当地水果成熟了,果农通过出口的方式增加水果的销路,现要将一批1000 kg水果空运从三亚发往首尔,他需要预估运输费用,你作为货运代理人根据货物基本信息并查询运价表确定该票货物运输费用,以便果农测算成本。

一、运费计算公式

航空运费(Weight Charges)是依据货物的计费重量与填开航空货运单当日承运人公布的有效适用的运价相乘计算的费用。计算公式如下:

航空运费 ＝ 计费重量×适用的运价

因此,航空运费的计算应按照以下步骤进行。

第一步,查阅运价表确定始发站至目的站是否有公布直达运价,确定使用公布或非公布直达运价。

第二步,若有公布直达运价,根据货物类型确定使用普通货物运价、指定商品运价或等级货物运价。

第三步,根据实际毛重和体积重量确定货物计费重量。

第四步,根据计费重量选择合适的重量点运价。

第五步,计算运费并检查是否符合最低运费标准,是否符合运费从低原则。

具体解题步骤如下:

(1) 计算体积重量(Volume Weight);

(2) 计算实际毛重(Gross Weight);

(3) 确定计费重量（Chargeable Weight）;

(4) 确定适用运价(Applicable Rate);

(5) 计算航空运费(Weight Charges)。

二、公布直达运价

(一)普通货物运价(General Cargo Rate,GCR)

普通货物运价是指除了等级货物运价和指定商品运价以外的适合于普通货物运输的运价。该运价在 TACT RATES 4.3 中以两点间直达运价形式公布。

普通货物运价根据货物重量不同,分为若干个重量等级分界点运价。通常运价表中重量越大,相对应的运价越低。"N"表示标准普通货物运价(Normal General Cargo Rate),指 45 kg 以下普通货物运价(如无 45 kg 以下运价,N 表示 100 kg 以下普通货物运价)。"Q"表示 45 kg(含)以上运价,根据重量分界点不同分别用 Q45、Q100 或 Q300 等表示。

■ **实训指导**

BEIJING Y.RENMINBI		CN CNY	BJS KGS
TOKYO	JP		
CA		M	230.00
CA		N	37.51
CA		45	28.13
CA	0008	300	18.80
CA	0300	500	20.61
CA	1093	100	18.43
CA	2195	500	18.80

例1:按照普通货物运价的 N 运价计收航空运费。

Routing: BEIJING, CHINA (BJS) to TOKYO, JAPAN(TYO) BY CA

Commodity:HANDICRAFTS

Gross Weight:18.0 kg

Dimensions:5box 20 cm×30 cm×40 cm each

计算该票货物的航空运费。

北京至东京运价如左图所示。

解：

Volume Weight：20 cm×30 cm×40 cm×5÷6000 cm³/kg＝20.0 kg

Gross Weight：18.0 kg

Chargeable Weight：20.0 kg

Applicable Rate：GCR N 37.51 CNY/kg

Weight Charge：20.0×37.51＝CNY 750.20

货运单运费计算栏填写如下：

No. of Pieces RCP	Gross Weight	kg lb	Rate Class	Commodity Item No.	Chargeable Weight	Rate / Charge	Total	Nature and Quantity of Goods (incl. Dimensions or Volume)
5	18.0	K		N	20.0	37.51	750.20	HANDICRAFTS DIMS：20 cm×30 cm×
5	18.0						750.20	40 cm×5 0.12 m³

例2：按照普通货物运价的Q运价计收航空运费。

Routing：SHANGHAI, CHINA(SHA) to TOKYO, JAPAN(TYO) BY CA

Commodity：TOOLS

Gross Weight：60.0 kg

Dimensions：1box 40 cm×60 cm×80 cm

计算该票货物的航空运费。

上海至东京运价如右图所示。

解：

Volume Weight：40 cm×60 cm×80 cm×1÷6000 cm³/kg＝32.0 kg

Gross Weight：60.0 kg

Chargeable Weight：60.0 kg

Applicable Rate：GCR Q 22.71 CNY/kg

Weight Charge：60.0×22.71＝CNY 1362.60

SHANGHAI Y.RENMINBI		CN CNY	SHA KGS
TOKYO		JP	
CA		M	230.00
CA		N	30.22
CA		45	22.71
CA	0008	300	18.80
CA	0300	500	20.61
CA	1093	100	14.72
CA	2195	500	18.80

货运单运费计算栏填写如下：

No. of Pieces RCP	Gross Weight	kg lb	Rate Class	Commodity Item No.	Chargeable Weight	Rate / Charge	Total	Nature and Quantity of Goods (incl. Dimensions or Volume)
1	60.0	K		Q	60.0	22.71	1362.60	TOOLS DIMS：40 cm×60 cm×
1	60.0						1362.60	80 cm×1 0.19 m³

例3：按照最低运费计收航空运费。

Routing：SHANGHAI, CHINA(BJS) to TOKYO, JAPAN(TYO) BY CA

Commodity：SAMPLES

Gross Weight：6.0 kg

Dimensions：1box 20 cm×30 cm×40 cm

SHANGHAI Y.RENMINBI		CN CNY	SHA KGS
TOKYO		JP	
CA		M	230.00
CA		N	30.22
CA		45	22.71
CA	0008	300	18.80
CA	0300	500	20.61
CA	1093	100	14.72
CA	2195	500	18.80

计算该票货物的航空运费。

上海至东京运价如左图所示。

解：

Volume Weight：20 cm×30 cm×40 cm×1÷6000 cm³/kg＝4.0 kg

Gross Weight：6.0 kg

Chargeable Weight：6.0 kg

Applicable Rate：GCR N 30.22 CNY/kg

Weight Charge：6.0×30.22＝CNY 181.32

CNY 181.32小于最低运费，因此航空运费为最低运费人民币230.00元。

货运单运费计算栏填写如下：

No. of Pieces RCP	Gross Weight	kg lb	Rate Class		Chargeable Weight	Rate / Charge	Total	Nature and Quantity of Goods (incl. Dimensions or Volume)
				Commodity Item No.				
1	6.0	K	M		6.0	230.00	230.00	SAMPLES DIMS：20 cm×30 cm×40 cm×1 0.02 m³
1	6.0						230.00	

例4：按照较高重量分界点运价计收航空运费。

Routing：GUANGZHOU, CHINA(CAN) to TOKYO, JAPAN(TYO) BY CA

Commodity：CLOTHS

Gross Weight：40.0 kg

Dimensions：1box 40 cm×40 cm×60 cm

计算该票货物的航空运费。

广州至东京运价如右图所示。

解：

Volume Weight：40 cm×40 cm×60 cm×1÷6000 cm³/kg＝16.0 kg

Gross Weight：40.0 kg

Chargeable Weight：40.0 kg

GUANGZHOU Y.RENMINBI		CN CNY	CAN KGS
TOKYO		JP	
CA		M	230.00
CA		N	38.67
CA		45	29.04
CA	0300	500	21.27

Applicable Rate：GCR N 38.67 CNY/kg

Weight Charge：40.0×38.67＝CNY 1546.80

计费重量接近下一个重量分界点,根据运费从低原则,选择较高重量分界点的较低运价计算运费进行比较。

Chargeable Weight：45.0 kg

Applicable Rate：GCR Q 29.04 CNY/kg

Weight Charge：45.0×29.04＝CNY 1306.08

货运单运费计算栏填写如下：

No. of Pieces RCP	Gross Weight	kg lb	Rate Class		Chargeable Weight	Rate / Charge	Total	Nature and Quantity of Goods (incl. Dimensions or Volume)
			Commodity Item No.					
1	40.0	K		Q	45.0	29.04	1306.08	CLOTHS DIMS：40 cm×40 cm× 60 cm×1 0.1 m³
1	40.0						1306.08	

(二) 指定商品运价 (Specific Commodity Rate, SCR)

1 指定商品运价的基本概念

指定商品运价是指适用于自规定的始发地至规定的目的地运输特定品名货物的运价,运价代号用"C"表示。该运价规则及其内容公布在 TACT RULES 3.6 和 TACT RATES BOOKS 2 及 4.3 中。

指定商品运价是一种优惠性质的运价,通常情况下指定商品运价低于相应的普通货物运价,因此,指定商品运价对货物的起讫条件、运价使用期限、货物运价的最低重量等均有特定要求。在计算货物航空运费时,应优先考虑指定商品运价。

2 指定商品运价的品名编号及分组

在 TACT RATES BOOKS 2 中,根据货物的性质、属性及特点等,IATA 对货物进行分类,按数字顺序将其分为十大组,每一大组又分为 10 个分组。用四位阿拉伯数字对指定商品进行编号,也就是我们通常所说的指定商品品名编号,具体编号可以在 TACT RATES 2.4 中查阅。

(1) 指定商品货物的分组及品名编号如下：

0001—0999　　　Edible animal and vegetable products
　　　　　　　　可食用的动植物产品
1000—1999　　　Live animal and inedible animal and vegetable products
　　　　　　　　活体动物及非食用的动植物产品
2000—2999　　　Textiles, fibers and manufactures
　　　　　　　　纺织品、纤维及其制品
3000—3999　　　Metals and manufactures, excluding machinery, vehicles and electrical equipment

金属及其制品,但不包括机器、车辆和电器设备

4000—4999　　Machinery, vehicles and electrical equipment

机器、车辆和电器设备

5000—5999　　Non-metallic minerals and manufactures

非金属矿物及其产品

6000—6999　　Chemicals and related products

化工产品及有关产品

7000—7999　　Paper, reed, rubber and wood manufactures

纸张、芦苇、橡胶和木材制品

8000—8999　　Scientific, professional and precision instruments, apparatus and supplies, musical instruments and accessories

科学、专业精密仪器、器械及配件、乐器及其配件

9000—9999　　Miscellaneous

其他

(2) 几种常用的指定商品货物品名编号。

0002 FRUIT(DRY,FRESH):干的或新鲜的水果。

0007 FRUIT,VEGETABLES:水果、蔬菜。

0008 FRUIT,VEGETABLES - FRESH:新鲜的水果、蔬菜。

0300 FISH(EDIBLE), SEAFOOD:鱼(可食用的)、海鲜、海产品。

0800 VEGETABLE:蔬菜。

1093 WORMS:沙蚕。

1100 FURS, HIDES, SKINS, EXCLUDING WERAING APPAREL:毛皮、兽皮,不包括服装。

1164 CATTLE HIDES, SHEEP SKINS, GOAT SKINS:牛皮、羊皮。

1190 REPTILE SKINS:爬行动物皮。

1200 LEATHER, LEATHER PRODUCTS,EXCLUDING WEARING APPAREL:皮革、皮革制品(不包括服装)。

1201 LEATHER, LEATHER PRODUCTS:皮革、皮革制品。

1401 FLORAL STOCK, NURSERY STOCK, BULBS, SEEDS, PLANTS, FLOWERS:花种、苗木、球茎、种子、植物、鲜花。

1420 FLOWERS:鲜花。

1429 ORCHIDS:兰花。

2195 A:YARN,THREAD,FIBRES,CLOTH - NOT FURTHER PROCESSED OR MANUFACTURED/EXCLUSIVELY IN BALES,BOLTS,PIECES,未进一步加工或制造的成包、成卷、成块的纱、线、纤维、布。

B: WEARING APPAREL, TEXTILE MANUFACTURES,服装、纺织品。

2199 A:YARN, THREAD, FIBRES, TEXTILES,纱、线、纤维、纺织原料。

B: TEXTILE MANUFACTURES,纺织品。

C: WEARING APPAREL,服装。

2211 YARN, THREAD, FIBRES - NOT FURTHER PROCESSED OR MANUFACTURED/EXCLUSIVELY IN BALES, BOLTS, PIECES, WEARING APPAREL, TEXTILE MANUFACTURES:未进一步加工或制造的成包、成卷、成块的

纱、线、纤维，服装、纺织品

2865 CARPETS,RUGS：地毯、挂毯。

4214 AUTOMOBILES：机动车辆。

6000 CHEMICALS,PHARMACEUTICALS：化学药品、医药品。

7109 NEWSPAPERS：报纸。

7481 RUBBER TYRES,RUBBER TUBES：橡胶轮胎、橡胶管。

9998 HOUSEHOLD GOODS,PERSONAL EFFECTS (OF AN INDIVIDUAL OR FAMILY/NOT FOR RESALE)：家居物品、个人物品。

(3) 9700—9799系列指定商品运价的品名编号。

为了减少常规的指定商品品名的分组编号，IATA还推出了特殊的指定商品编号，该编号在9700—9799内编排，主要特点是一个指定商品品名编号的内容包括了常规指定商品运价中分别属于不同指定商品编号的众多商品品名。如指定商品品名编号9735包括了属于20多个常规指定商品品名编号的内容。这种编号适用于某些城市之间存在多个指定商品运价，虽然品名不同，但运价和重量分界点相同，为了公布运价方便，将这些运价合并在同一指定商品编号内，如表6-6所示。

表6-6 品名编号9735包括的品名对照表

9735 Description	对应其他编号的品名
FOODSTUFFS, SPICES, BEVERAGES, TOBACCO, TOBACCO, PRODUCTS, HATCHING EGGS, FURS, HIDES, PELTS, SKINS, LEATHER, LEATHER MANUFACTURES, FLOWERS, PLANTS, SEEDS, BULBS, TUBERS, ESSENTIAL OILS, WOOD MANUFACTURES, TEXTILES, WEARING APPAREL, ORES, MINERALS, NON-FERROUS METALS, ARTICLES OF, NON-FERROUS METALS, AIRCRAFT PARTS, SURFACE, VEHICLES, OFFICE MACHINERY, ELECTRIC EQUIPMENT, ELECTRIC APPLIANCES, ELECTRONIC EQUIPMENT, RECORDS, TAPES, CASSETTES, MACHINERY, TOOLS, CUTLERY, MINING EQUIPMENT, BUILDING EQUIPMENT, CONSTRUCTION EQUIPMENT, CONSTRUCTION MATERIAL, ABRASIVES, ABRASIVE PRODUCTS, CHEMICALS, DRUGS, PHARMACEUTICALS, BIOLOGICALS, COSMETICS, TOILET, ARTICLES, RESINS, GUMS, PLASTIC PRODUCTS, RUBBER, GOODS, PAINTS, PIGMENT, VARNISHES, PAPER, PRINTED, MATTER (INCLUDING PERIODICALS), STATIONERY, PRECISION INSTRUMENTS, OPTICAL GOODS, GLASSWARE, EARTHENWARE, STONEWARE, PORCELAIN, CHINAWARE, TOYS,GAMES, SPORTING GOODS, HANDICRAFTS, SMOKERS REQUISITES	0006 FOODSTUFFS, SPICES, VERAGES 1550 TOBACCO, TOBACCO PRODUCTS 1082 HATCHING EGGS 1100 FURS, HIDES, SKINS, XCLUDING WEARING APPAREL 1201 LEATHER, LEATHER PRODUCTS 1499 FLOWERS, PLANTS 1401 SEEDS, BULBS 7620 WOOD MANUFACTURES 2195 TEXTILES, WEARING APPAREL 3895 ORES 4119 AIRCRAFT PARTS 4201 SURFACE VEHICLES 4300 OFFICE MACHINERY 4402 ELECTRIC EQUIPMENT, LECTRIC APPLIANCES 6001 CHEMICALS, DRUGS, PHARMACEUTICALS, MEDICINES 6100 BIOLOGICALS 6605 COSMETICS 7102 PAPER, PRINTED, MATTER (INCLUDING PERIODICALS), STATIONERY 8398 OPTICAL GOODS 5299 GLASSWARE, EARTHENWARE, STONEWARE, PORCELAIN, CHINAWARE 9205 TOYS, GAMES, SPORTING GOODS ……

3 指定商品运价使用查找顺序

第一步,查找始发地至目的地之间的指定商品运价。

第二步,查找 TACT RATES BOOKS 2.4,选择与运输货物品名相对应的指定商品代号。

第三步,在运价表选择适用的指定商品运价。

4 指定商品运价计算规则及示例

规则一:始发地至目的地之间既有指定商品运价,又有普通货物运价,优先使用指定商品运价计算运费。如果按普通货物运价计算的运费低于按指定商品运价计算的运费,可以使用按普通货物运价计算的运费(即遵循运费从低原则,计算结果两者比较取低者)。

■ **实训指导**

例5:按照指定商品运价计收航空运费。

Routing:GUANGZHOU, CHINA(CAN) to TOKYO, JAPAN(TYO) BY CA

Commodity:FISH

Gross Weight:600.0 kg

Dimensions:80box 30 cm×40 cm×50 cm each

计算该票货物的航空运费。

GUANGZHOU Y.RENMINBI		CN CNY	CAN KGS
TOKYO		JP	
	CA	M	230.00
	CA	N	38.67
	CA	45	29.04
	CA	0300	500 21.27

广州至东京运价如左图所示。

解:运价表中有0300指定商品运价,计费重量达到500 kg可以使用,查阅指定商品品名表,运输的货物"FISH"符合指定商品0300,因此,优先使用指定商品运价计算运费。

Volume Weight:30 cm×40 cm×50 cm×80÷6000 cm³/kg = 800.0 kg

Gross Weight:600.0 kg

Chargeable Weight:800.0 kg

Applicable Rate:SCR C0300/500 21.27 CNY/kg

Weight Charge:800.0×21.27 = CNY 17016.00

货运单运费计算栏填写如下:

No. of Pieces RCP	Gross Weight	kg lb	Rate Class		Chargeable Weight	Rate / Charge	Total	Nature and Quantity of Goods (incl. Dimensions or Volume)
				Commodity Item No.				
80	600.0	K	C	0300	800.0	21.27	17016.00	FISH DIMS:30 cm×40 cm× 50 cm×80 4.8 m³
80	600.0						17016.00	

例6：按照普通货物运价计收航空运费。

Routing: TOKYO, JAPAN(TYO) to LONDON, UK(LON) BY AF

Commodity: CABBAGE

Gross Weight: 50.0 kg

Dimensions: 10box 20 cm×30 cm×40 cm each 计算该票货物的航空运费。

东京至伦敦运价如右图所示。

TOKYO Yen		JP JPY	TYO KGS
LONDON	GB		
AF		M	15000
AF		N	2630
AF		45	2100
AF		100	1840
AF		300	1580
AF		500	1310
AF	0006	100	1310
AF	1024	100	1520
AF	2199	100	1310
AF	4200	100	1310
AF	4228	100	1310
AF	4401	100	1310
AF	6601	100	1310
AF	8392	100	1310

解：运价表中有0006指定商品运价，计费重量达到100 kg可以使用，查阅指定商品品名表，运输的货物"CABBAGE"符合指定商品0006，因此，使用指定商品运价和普通货物运价分别计算运费并进行比较取低者。

Volume Weight: 20 cm×30 cm×40 cm×10÷6000 cm³/kg = 40.0 kg

Gross Weight: 50.0 kg

Chargeable Weight: 50.0 kg

Applicable Rate：

GCR Q45 2100 JPY/kg

SCR C0006/100 1310 JPY/kg

Weight Charge: 50.0×2100 = JPY 105000

　　　　　　　100.0×1310 = JPY 131000

按照运费从低原则，航空运费为JPY 105000。

货运单运费计算栏填写如下：

No. of Pieces RCP	Gross Weight	kg lb	Rate Class		Chargeable Weight	Rate / Charge	Total	Nature and Quantity of Goods (incl. Dimensions or Volume)
			Commodity Item No.					
10	50.0	K	Q		50.0	2100	105000	CABBAGES DIMS: 20 cm×30 cm×40 cm×10 0.24 m³
10	50.0						105000	

规则二：在指定商品运价中，如果一种货物可同时按照确指品名(MORE SPECIFIC DESCRIPTION)运价和泛指品名(LESS SPECIFIC DESCRIPTION)运价计算运费，如果货物的重量满足确指品名运价的最低重量要求，则优先使用确指品名运价。在用确指品名运价计算的运费较高时，也不能使用泛指品名运价计算货物运费。如果货物的重量没有满足确指品名运价最低重量要求，泛指品名存在较低重量分界点较高运价，则可以考虑使用泛指品名的指定商品运价。

■ 实训指导

例7：按照确指品名运价计收航空运费。

Routing：DUBAI，UAE(DXB) to LONDON，UK(LON)

Commodity：CARPETS

Gross Weight：600.0 kg

Dimensions：10box 50 cm×60 cm×80 cm each

DUBAI		AE	DXB
UAE Dirham	AED		KGS
LONDON	GB		
		M	190.00
		N	30.70
		45	23.00
		100	13.65
		500	9.70
	0300	500	8.40
	2199	250	9.80
	2199	500	8.30
	2865	500	9.25
	3015	1000	11.65
	4214	500	8.65
	9998	100	6.10

计算该票货物的航空运费。

迪拜至伦敦运价如左图所示。

解：运输的货物CARPETS，查阅品名表，指定商品编号"2865"对应的货物名称之一为"CARPETS"，故"2865"为确指品名编号。指定商品编号"2199"对应的货物名称为纱、线等纺织品，故"2199"为泛指品名编号。货物的计费重量符合"2865"的最低重量要求，因此，使用确指品名运价计算运费。

Volume Weight：50 cm×60 cm×80 cm×10÷6000 cm³/kg = 400.0 kg

Gross Weight：600.0 kg

Chargeable Weight：600.0 kg

Applicable Rate：SCR C2865/500 9.25 AED/kg

Weight Charge：600.0×9.25＝AED 5550.00

货运单运费计算栏填写如下：

No. of Pieces RCP	Gross Weight	kg lb	Rate Class		Charge-able Weight	Rate / Charge	Total	Nature and Quantity of Goods (incl. Dimensions or Volume)
				Commodity Item No.				
10	600.0	K	C	2865	600.0	9.25	5550.00	CARPETS DIMS：50 cm×60 cm ×80 cm×10 2.4 m³
10	600.0						5550.00	

例8：按照泛指品名运价计收航空运费。

Routing：DUBAI，UAE(DXB) to LONDON，UK(LON)

Commodity：CARPETS

Gross Weight：400.0 kg

Dimensions：8box 50 cm×60 cm×80 cm each

计算该票货物的航空运费。

迪拜至伦敦运价如右图所示。

解：运输的货物 CARPETS，查阅品名表，指定商品编号"2865"对应的货物名称之一为"CARPETS"，故"2865"为确指品名编号。指定商品编号"2199"对应的货物名称为纱、线等纺织品，故"2199"为泛指品名编号。货物的计费重量不符合"2865"最低重量要求，因此，使用泛指品名运价计算运费。

Volume Weight：50 cm×60 cm×80 cm×8÷6000 cm³/kg＝320.0 kg

Gross Weight：400.0 kg

Chargeable Weight：400.0 kg

Applicable Rate：SCR C2199/250 9.80 AED/kg

Weight Charge：400.0×9.80＝AED 3920.00

DUBAI		AE	DXB
UAE Dirham	AED		KGS
LONDON	GB		
		M	190.00
		N	30.70
		45	23.00
		100	13.65
		500	9.70
	0300	500	8.40
	2199	250	9.80
	2199	500	8.30
	2865	500	9.25
	3015	1000	11.65
	4214	500	8.65
	9998	100	6.10

货运单运费计算栏填写如下：

No. of Pieces RCP	Gross Weight	kg lb	Rate Class		Chargeable Weight	Rate / Charge	Total	Nature and Quantity of Goods (incl. Dimensions or Volume)
				Commodity Item No.				
8	400.0	K	C	2199	400.0	9.80	3920.00	CARPETS DIMS：50 cm×60 cm×80 cm×8 1.92 m³

规则三：无法判断是否可用相应的指定商品编号相对应的运价时，可以查询 TACT RATES 2.2 品名说明指南进行判断，中英文对照表如表 6-7 所示。

表 6-7 指定商品编号名称说明

在表格中标注√，表示在此 IATA 区域内或之间适用此说明	Within IATA 1	Within IATA 2	Within IATA 3	Between all other areas
APPLIANCES as used in Item 8550 includes chairs, stools and/or operating tables used in Dentistry and/or Surgery. 品名编号 8550 中的物品包括牙科或外科使用的椅子、用具和/或手术台。		√	√	√
CASSETTES AND/OR CARTRIDGES may be considered as recording tape. 盒式磁带和/或磁带盒可以作为录音带或磁带。		√		

续表

在表格中标注√,表示在此IATA区域内或之间适用此说明	Within IATA 1	Within IATA 2	Within IATA 3	Between all other areas
CRABS, CRAYFISH, EELS, LOBSTERS, SOFT SHELL TURTLES, SNAILS, TROUT, when shipped live, need not be considered as subject to the live animal rate and may be classified under the appropriate foodstuffs or seafood item. 运输活的螃蟹、小龙虾、鳗鱼、龙虾、软壳海龟、蜗牛、鲑鱼,不考虑活体动物运价,可以使用食品或海产品对应的指定商品运价。		√	√	√
All DIAMONDS are considered as precious stones. 所有的钻石都看成宝石。			√	√
ELECTRIC shall also mean electronic. "电的"等同于"电子的"。		√	√	√
ELECTRICALLY OPERATED DISPLAY BOARDS for automatic indication of data and time may qualify under Item 4416. 电驱动的自动显示数据和时间的显示屏,可以使用4416对应的指定商品运价。		√		√
FROGS when shipped live, need not be considered as subject to the live animal rate and may be classified under the appropriate foodstuff item. 运输活的青蛙,不考虑活体动物运价,可以使用食品对应的指定商品运价。		√	√	
FUR PLATES made from sewn scraps can be carried under a description allowing for furs, hides, pelts and skins. 用边角料缝制的皮垫,可以使用毛皮、皮革、毛皮和兽皮对应的指定商品运价。		√	√	√
GIFT PARCELS may include coffee, tea and betel leaves. 礼品包可能包括咖啡、茶叶和槟榔叶。			√	√
HATCHING EGGS are not to be considered as foodstuffs. 种蛋不能使用食品对应的指定商品运价。	√		√	√
LIGHTING FIXTURES as used in Item 4416 may include electrical, gas or oil lighting fixtures. 品名编号为4416的照明器材可以包括用电、气和油作为燃料的照明器材。		√	√	√

在表格中标注√,表示在此IATA区域内或之间适用此说明	Within IATA 1	Within IATA 2	Within IATA 3	Between all other areas
MARINE AUTOMATIC PILOTS AND/OR RADAR may be carried under Items 4499 and 4999. 船舶自动驾驶仪和/或雷达可以使用4499和4999指定商品运价。		√	√	
PHOTOGRAPHIC AND PROJECTION EQUIPMENT, ACCESSORIES OR SUPPLIES cannot be classified as electrical equipment and/or appliances. 摄影及投影设备、附件或供应品不能使用电子设备和器材相对应的指定商品运价。			√	√
PHOTOGRAPHIC PAPER may include sensitized paper used in duplication by electrostatic machines. 照相纸可以包括静电机器使用的用于复制的感光纸。		√	√	√
POCKET OR PALM-SIZE CALCULATORS shall be classified as office machines. 袖珍或掌上计算器可以列入办公设备。			√	√
RADIOACTIVE MATERIALS are excluded from all commodity descriptions, unless specifically included. 放射性物质不包括在所有的指定商品编号说明中,除非特别指明。	√	√	√	√
SAUSAGE CASINGS do not qualify for specific commodity rates under foodstuffs. 肠衣不能使用食品对应的指定商品运价。		√		
SELF PROPELLED AGRICULTURAL MACHINERY, as used in the description of Item 4235 shall include devices used in agricultural activities whether or not pushed/pulled by self propelled agricultural machines. 自动农用机械,使用品名编号4235时,应包括农业设备,无论其是否自动的。	√	√	√	√
SLIDES whether or not processed, as pertaining to photographic products shall be considered as film and not as photographs. 幻灯片无论是否经过加工处理,只要是与摄影制品有关的都可以看成胶片,而非照片。		√	√	√
SPECTOMETERS shall not be classified as being electrical appliances wherever a measuring calibrating or testing instruments rate exists. 做手术的机器,当存在测量、校准和测试仪器的运价时,都不能使用电动工具的指定商品运价。		√	√	√

续表

在表格中标注√,表示在此IATA区域内或之间适用此说明	Within IATA 1	Within IATA 2	Within IATA 3	Between all other areas
SUNGLASSES may be classified as spectacles. 太阳镜可以使用眼镜对应的指定商品运价。		√	√	√
SURFACE VEHICLE BATTERIES shall be considered as parts of surface vehicles and not as accessories thereof. 地面车辆用蓄电池可作为车辆的零件而不能作为车辆的附件。		√	√	√
TOUPEES, WIGS AND SWITCHES, finished or semi-finished made of natural or synthetic material shall not be classified as being yarn, thread and/or fibres, textile manufactures or clothing/wearing apparel. 用天然或人造材料制作的男女假发的成品或半成品,不能使用纱、线和/或纤维、纺织品或衣服/服装相对应的指定商品运价。			√	√
WEARING APPAREL as used in Items 2198/2199/2200 includes footwear. 品名编号为2198/2199/2200中的服装可以包括鞋类。		√	√	√

■ 实训指导

例9:

Routing:DUBAI,UAE(DXB) to LONDON,UK(LON)

Commodity:FOOTWARE

Gross Weight:300.0 kg

Dimensions:6box 50 cm×60 cm×80 cm each

DUBAI UAE Dirham	AED	AE	DXB KGS
LONDON	GB		
		M	190.00
		N	30.70
		45	23.00
		100	13.65
		500	9.70
	0300	500	8.40
	2199	250	9.80
	2199	500	8.30
	9998	100	6.10

计算该票货物的航空运费。

迪拜至伦敦运价如左图所示。

解:运输的货物FOOTWARE,是否可用指定商品编号2199对应的运价,查阅表6-7,始发站与到达站之间可以使用。

Volume Weight: 50 cm×60 cm×80 cm× 6÷6000 cm^3/kg = 240.0 kg

Gross Weight:300.0 kg

Chargeable Weight:300.0 kg

Applicable Rate: SCR C2199/250 9.80 AED/kg

Weight Charge:300.0×9.8=AED 2940.00

货运单运费计算栏填写如下:

No. of Pieces RCP	Gross Weight	kg lb	Rate Class		Chargeable Weight	Rate / Charge	Total	Nature and Quantity of Goods (incl. Dimensions or Volume)
			Commodity Item No.					
6	300.0	K	C	2199	300.0	9.80	2940.00	FOOTWARE DIMS:50 cm×60 cm× 80 cm×6 1.44 m³

(三) 等级货物运价(Class Rate)

1 等级货物运价的基本概念

等级货物运价是指适用于规定地区内特定货物的,在普通货物运价基础上附加或附减一定比例的货物运价。

根据 TACT 规则,等级货物包括活体动物、贵重物品、灵柩骨灰、书报杂志类货物、作为货物运输的行李等。

2 等级货物运价代号及规则

等级货物运价是在普通货物运价基础上附加或附减一定的百分比构成,具体规则公布在 TACT RULES 3.7 中,结合 TACT RATES BOOKS 一同使用,通常附加或既不附加也不附减的等级货物用代号 S 表示(S-Surcharged Class Rate),附减的等级货物用代号 R 表示(R-Reduced Class Rate)。

IATA 规定,多个承运人承运的国际联运等级货物,若各承运人无特殊规定,可使用自始发地至目的地的直达运价;若某个航段承运人有特殊的等级货物百分比,即使运输起讫点间有公布的直达运价,只能按照分段相加的办法计算航空运费。

3 等级货物运价运费计算步骤

(1) 根据货物品名判断是否适合使用等级货物运价。

(2) 查询相应的运价规则,确定对应的等级货物运价。

(3) 根据适用的等级货物运价计算运费。

4 活体动物(Live Animals)运价与运费计算

活体动物运价规则(TACT RULES 3.7.2),如表 6-8 所示。

表 6-8 TACT 活体动物运价规则表

动物类型	IATA AREA					
	Within 1	Within 2	Within 3	Between 1&2	Between 2&3	Between 3&1
ALL LIVE ANIMALS Except： Baby Poultry less than 72 hours old 活体动物（出生不足 72 小时的幼禽除外）	175% of Normal GCR	175% of Normal GCR	150% of Normal GCR *Except*： *1 below*	175% of Normal GCR	150% of Normal GCR *Except*： *1 below*	150% of Normal GCR *Except*： *1 below*
BABY POULTRY less than 72 hours old 出生不足 72 小时的幼禽	Normal GCR	Normal GCR	Normal GCR *Except*： *1 below*	Normal GCR	Normal GCR *Except*： *1 below*	Normal GCR *Except*： *1 below*
Exception：Within and from the South West Pacific sub-area：200% of the applicable GCR						

（1）表中"Exception"表示规则例外情况，使用时应严格按照 TACT RULES 的要求，计算正确的航空运费。

（2）"Normal GCR"表示标准普通货物运价，即 45 kg 以下运价，如果没有 45 kg 以下的普通货物运价，可使用 100 kg 以下普通货物运价，不需要考虑较高重量点的较低运价。"175%（150%）of Normal GCR"表示适用运价为普通货物运价 N 运价的 175%（150%）。"Appl. GCR"表示适用的普通货物运价。

活体动物运价规则如何应用

（3）最低运费：按照公布最低运费的 200% 计收，在 ECAA（European Common Aviation Area and related States/Territories）国家之间运输除外。

（4）活体动物的容器、食物等包括在货物计费重量之内。

活体动物运价规则如何应用？请扫码学习。

■ 实训指导

例 10：

Routing: SINGAPORE(SIN) to BEIJING, CHINA(BJS)

Commodity：1 live dog

SINGAPORE Singapore Dollar	SG SGD	SIN KGS
BEIJING	CN	
	M	75.00
	N	9.45
	45	7.10
SQ	M	87.00
SQ	N	10.91
SQ	45	8.21

Gross Weight：30.0 kg

Dimensions：1cage 50 cm×60 cm×80 cm

计算该票货物的航空运费。

新加坡至北京运价如左图所示。

解：根据货物品名判断使用活体动物运价规则计算运费，查阅活体动物运价规则表，航程始发站及到达站均在 3 区内，活体动物出生超过 72 小时，因此，适用规则 150% of Normal GCR。

Volume Weight：50 cm×60 cm×80 cm÷6000 cm³/kg = 40.0 kg

Gross Weight:30.0 kg

Chargeable Weight:40.0 kg

Applicable Rate:150% of Normal GCR

查询运价表,N运价为 9.45 SGD/kg,150%N=150%×9.45 SGD/kg=14.18 SGD/kg

Weight Charge:40.0×14.18＝SGD 567.20

货运单运费计算栏填写如下:

No. of Pieces RCP	Gross Weight	kg lb	Rate Class		Chargeable Weight	Rate / Charge	Total	Nature and Quantity of Goods (incl. Dimensions or Volume)
			Commodity Item No.					
1	30.0	K	S	N150	40.0	14.18	567.20	LIVE DOG DIMS:50 cm×60 cm× 80 cm×1 0.24 m³ AVI

例 11:

Routing:FRANKFURT, GENMANY(FRA) to LONDON, UK(LON) BY AY

Commodity:2 live monkey

Gross Weight:50.0 kg

Dimensions:2cage 40 cm×60 cm×80 cm each

计算该票货物的航空运费。

法兰克福至伦敦运价如右图所示。

解:根据货物品名判断使用活体动物运价规则计算运费,查阅活体动物运价规则表,航程始发站及到达站均在2区内,活体动物出生超过72小时,因此,适用规则175% of Normal GCR。

Volume Weight:40 cm×60 cm×80 cm×2÷6000 cm³/kg＝64.0 kg

Gross Weight:50.0 kg

Chargeable Weight:64.0 kg

Applicable Rate:175% of Normal GCR

查询运价表,AY 承运 N 运价为 8.00 EUR/kg,175%N=175%×8.00 EUR/kg=14.00 EUR/kg

Weight Charge:64.0×14.00＝ EUR 896.00

货运单运费计算栏填写如下:

FRANKFURT		DE	FRA
Euro	EUR		KGS
LONDON	GB		
	AF	M	56.80
	AF	N	1.40
	AY	M	100.00
	AY	N	8.00
	AY	45	6.00
	AY	100	4.00

No. of Pieces RCP	Gross Weight	kg lb	Rate Class		Chargeable Weight	Rate / Charge	Total	Nature and Quantity of Goods (incl. Dimensions or Volume)
			Commodity Item No.					
2	50.0	K	S	N175	64.0	14.00	896.00	LIVE MONKEY DIMS:40 cm×60 cm×80 cm×2 0.38 m³ AVI
2	50.0						896.00	

例 12：

Routing：SYDNEY,AUSTRALIAE(SYD) to TOKYO,JAPAN(TYO)

Commodity：5 live cattle

SYDNEY Australian Dollar		AU AUD	SYD KGS
TOKYO		JP	
	MU	M	120.00
	MU	N	9.00
	MU	45	7.25
	MU	100	6.00
	MU	250	5.50
	MU	500	4.90
	MU	1000	4.40

Gross Weight：600.0 kg

Dimensions：5cage 120 cm×80 cm×100 cm each

计算该票货物的航空运费。

悉尼至东京运价如左图所示。

解：根据货物品名判断使用活体动物运价规则计算运费，查阅活体动物运价规则表，活体动物出生超过72小时，航程始发站及到达站均在3区内，始发站为西南太平洋次区，符合例外情况，因此，使用规则200% of the applicable GCR。

Volume Weight：120 cm×80 cm×100 cm×5÷6000 cm³/kg＝800.0 kg

Gross Weight：600.0 kg

Chargeable Weight：800.0 kg

Applicable Rate：200% of the applicable GCR

查询运价表，Q500运价为4.90 AUD/kg，200%×4.90 AUD/kg＝9.80 AUD/kg

Weight Charge：800.0×9.80＝AUD 7840.00

货运单运费计算栏填写如下：

No. of Pieces RCP	Gross Weight	kg lb	Rate Class		Chargeable Weight	Rate / Charge	Total	Nature and Quantity of Goods (incl. Dimensions or Volume)
			Commodity Item No.					
5	600.0	K	S	Q200	800.0	9.80	7840.00	LIVE CATTLE DIMS:120 cm×80 cm× 100 cm×5 4.8 m³ AVI

例13：

Routing：SINGAPORE(SIN)

to BEIJING，CHINA(BJS)

Commodity：DAY OLD CHICKS

Gross Weight：10.0 kg

Dimensions：1box 30 cm×40 cm×60 cm

计算该票货物的航空运费。

新加坡至北京运价如右图所示。

SINGAPORE Singapore Dollar	SG SGD	SIN KGS
BEIJING	CN	
	M	75.00
	N	9.45
	45	7.10
SQ	M	87.00
SQ	N	10.91
SQ	45	8.21

解：根据货物品名判断使用活体动物运价规则计算运费，查阅活体动物运价规则表，活体动物出生未超过72小时，航程始发站及到达站均在3区内，因此，适用规则 Normal GCR。

Volume Weight：30 cm×40 cm×60 cm÷6000 cm³/kg＝12.0 kg

Gross Weight：10.0 kg

Chargeable Weight：12.0 kg

Applicable Rate：Normal GCR

查询运价表，N运价为9.45 SGD/kg

Weight Charge：12.0×9.45＝SGD 113.40

Minimum Charge：200％M＝200％×SGD 75.00 ＝ SGD150.00

因此航空运费为最低运费SGD 150.00。

货运单运费计算栏填写如下：

No. of Pieces RCP	Gross Weight	kg lb	Rate Class		Chargeable Weight	Rate / Charge	Total	Nature and Quantity of Goods (incl. Dimensions or Volume)
			Commodity Item No.					
1	10.0	K	S	M	12.0	150.00	150.00	DAY OLD CHICKS DIMS：30 cm×40 cm× 60 cm×1 0.07 m³ AVI

5 贵重物品(Valuable Cargo)运价与运费计算

(1) 贵重物品定义。

在交运的整票货物中，含有下列一种或多种物品，视为贵重物品。

① 货物毛重每千克声明价值超过(或等于)1000美元或其等值货币的任何物品；

② 金块、金币、各种形状的黄金制品、混合金以及各种形状的合金制品；

③ 现钞、旅行支票、证券、股票、邮票及各种银行卡、信用卡；

④ 钻石(含工业用)、红宝石、蓝宝石、绿宝石、蛋白石、珍珠(含人工养殖)；

⑤ 由以上各种质地的金银、宝石、珍珠制成的珠宝饰品和手表；

⑥ 黄金、白金及其制品(不含镀金饰品)。

(2)贵重物品运价规则(TACT RULES 3.7.6),如表6-9所示。

表6-9 TACT贵重物品运价规则表

Areas:	Rate:
All IATA areas excluding between countries in the ECAA	200% of the Normal GCR

Exception:
1. From France:250% of the Normal GCR
2. Russia to all areas (except Canada, USA):300% of the Normal GCR
3. Russia to Canada, USA
   a. consignments weighing up to 1000 kg:300% of the Normal GCR
   b. consignments weighing 1000 kg or over:200% of the Normal GCR

贵重物品按照45 kg以下普通货物运价的200%收取(在ECAA国家之间运输除外)。

例外:从法国始发,按照45 kg以下普通货物运价的250%收取;从俄罗斯始发(至美国、加拿大除外),按照45 kg以下普通货物运价的300%收取;从俄罗斯始发至美国、加拿大,如果货物重量小于1000 kg,按照45 kg以下普通货物运价的300%收取,如果货物重量大于或等于1000 kg,则按照200%收取。

(3)最低运费:按适用最低运费的200%收取,但不得低于50美元或其等值货币。

例外:从法国始发,按适用最低运费的400%收取,但不得低于50美元或其等值货币。

在沙特阿拉伯,按适用最低运费的200%收取,但不能低于SAR 190。

■ 实训指导

例14:

Routing:BEIJING, CHINA(BJS) to TOKYO, JAPAN(TYO) BY CA

Commodity:PEARL

Gross Weight:15.0 kg

Dimensions:5box 20 cm×30 cm×40 cm each

计算该票货物的航空运费。

BEIJING Y.RENMINBI	CNY	CN	BJS KGS
TOKYO		JP	
CA		M	230.00
CA		N	37.51
CA		45	28.13
CA	0008	300	18.80
CA	0300	500	20.61
CA	1093	100	18.43
CA	2195	500	18.80

北京至东京运价如左图所示。

解:根据货物品名判断使用贵重物品运价规则计算运费,查阅贵重物品运价规则表,适用的运价规则为200% of the Normal GCR。

Volume Weight: 20 cm×30 cm×40 cm×5÷6000 cm³/kg = 20.0 kg

Gross Weight:15.0 kg

Chargeable Weight:20.0 kg

Applicable Rate:GCR N 37.51 CNY/kg

                200%N=75.02 CNY/kg

Weight Charge:20.0×75.02=CNY 1500.40

货运单运费计算栏填写如下：

No. of Pieces RCP	Gross Weight	kg lb	Rate Class		Chargeable Weight	Rate / Charge	Total	Nature and Quantity of Goods (incl. Dimensions or Volume)
				Commodity Item No.				
5	15.0	K	S	N200	20.0	75.02	1500.40	PEARL DIMS：20 cm×30 cm×
5	15.0						1500.40	40 cm×5 0.12 m³ VAL

例15：

Routing：PARIS,FRANCE(PAR) to MUNICH,GERMANY(MUC)

Commodity：BANKNOTES

Gross Weight：1.5 kg

Dimensions：1box 20 cm×30 cm×40 cm

计算该票货物的航空运费。

巴黎至慕尼黑运价如右图所示。

解：根据货物品名判断使用贵重物品运价规则计算运费，查阅贵重物品运价规则表，适用的运价规则为250% of the Normal GCR。

Volume Weight：20 cm×30 cm×40 cm÷6000 cm³/kg＝4.0 kg

Gross Weight：1.5 kg

Chargeable Weight：4.0 kg

Applicable Rate：GCR N 2.21 EUR/kg
　　　　　　　　250%N＝5.53 EUR/kg

Weight Charge：4.0×5.53＝EUR 22.12

该票货物最低运费为 400%M＝EUR 240.00，因此，航空运费为 EUR 240.00。

PARIS EURO	FR EUR	PAR KGS
MUNICH	GE	
	M	60.00
	N	2.21
	45	1.82
	100	1.44
LH	M	55.00
LH	N	4.30
LH	100	3.95

货运单运费计算栏填写如下：

No. of Pieces RCP	Gross Weight	kg lb	Rate Class		Chargeable Weight	Rate / Charge	Total	Nature and Quantity of Goods (incl. Dimensions or Volume)
				Commodity Item No.				
1	1.5	K	S	M400	4.0	240.00	240.00	BANKNOTES DIMS：20 cm×30 cm×
1	1.5						240.00	40 cm×1 0.02 m³ VAL

6 报纸、杂志类(Printed Matter)运价与运费计算

(1) 货物的范围。此类货物包括报纸、杂志、书籍、目录、盲人打字机和盲人读物。

(2) 运价规则(TACT RULES 3.7.7),如表 6-10 所示。以上报纸、杂志类货物的重量大于或等于 5 kg 时,按照表 6-10 的运价计算运费(在 ECAA 国家之间运输不适用)。

表 6-10 TACT 报纸、杂志运价规则表

Areas:	Rate:
Within IATA area 1 Within Europe Between IATA areas 1 and 2	67% of the Normal GCR
All other areas:	50% of the Normal GCR
Exception: From and within Germany on LH cargo Services	Applicable GCR

航程在 1 区内、欧洲或 1 区与 2 区间运输,运价按照 45 kg 以下普通货物运价的 67% 收取;在除了上述区域以外运输,运价按照 45 kg 以下普通货物运价的 50% 收取。

(3) 如果按照普通货物 45 kg 以上运价(Q 运价)计得的运费,低于按上述规则计得的运费,可以使用此种较低的运价。

(4) 最低运费:按照公布的最低运费(M)收取。

■ 实训指导

例 16:

Routing: SINGAPORE(SIN) to BEIJING, CHINA(BJS)

Commodity: BOOKS

Gross Weight: 120.0 kg

Dimensions: 10box 30 cm×40 cm×60 cm each

计算该票货物的航空运费。

新加坡至北京运价如下图所示。

SINGAPORE Singapore Dollar		SG SGD	SIN KGS
BEIJING		CN	
		M	75.00
		N	9.45
		45	7.10
	SQ	M	87.00
	SQ	N	10.91
	SQ	45	8.21

解:根据货物品名及重量判断使用报纸、杂志运价规则计算运费,查阅报纸、杂志运价规则表,适用运价规则为 50% of the Normal GCR。

Volume Weight: 30 cm×40 cm×60 cm×10÷6000 cm^3/kg=120.0 kg

Gross Weight: 120.0 kg

Chargeable Weight: 120.0 kg

Applicable Rate: 50% of the Normal GCR

查询运价表,N 运价为 9.45 SGD/kg,50%×9.45 SGD/kg=4.73 SGD/kg

Weight Charge: 120.0×4.73=SGD 567.60

货运单运费计算栏填写如下:

No. of Pieces RCP	Gross Weight	kg lb	Rate Class	Commodity Item No.	Chargeable Weight	Rate / Charge	Total	Nature and Quantity of Goods (incl. Dimensions or Volume)
10	120.0	K	R	N50	120.0	4.73	567.60	BOOKS DIMS：30 cm×40 cm ×60 cm×10 0.72 m³
10	120.0						567.60	

例 17：

Routing：FRANKFURT,GENMANY(FRA) to LONDON,UK(LON) BY AY

Commodity：NEWSPAPERS

Gross Weight：110.0 kg

Dimensions：5box 30 cm×40 cm×60 cm each

计算该票货物的航空运费。

法兰克福至伦敦运价如右图所示。

解：根据货物品名及重量判断使用报纸、杂志运价规则计算运费，查阅报纸、杂志运价规则表，适用运价规则为 67％ of the Normal GCR。

FRANKFURT EURO	DE EUR	FRA KGS
LONDON	GB	
AF	M	56.80
AF	N	1.40
AY	M	100.00
AY	N	8.00
AY	45	6.00
AY	100	4.00

Volume Weight：30 cm×40 cm×60 cm× 5÷6000 cm³/kg＝60.0 kg

Gross Weight：110.0 kg

Chargeable Weight：110.0 kg

Applicable Rate：67％ of the Normal GCR

查询运价表，N 运价为 8.00 EUR/kg，67％×8.00 EUR/kg＝5.36 EUR/kg

Weight Charge：110.0 kg×5.36 EUR/kg＝EUR 589.60

按照普通货物运价计算运费，运费如下：

Applicable Rate：GCR Q100 4.00 EUR/kg

Weight Charge：110.0×4.00＝EUR 440.00

遵循运费从低原则，航空运费为 EUR 440.00。

货运单运费计算栏填写如下：

No. of Pieces RCP	Gross Weight	kg lb	Rate Class	Commodity Item No.	Chargeable Weight	Rate / Charge	Total	Nature and Quantity of Goods (incl. Dimensions or Volume)
5	110.0	K	Q		110.0	4.00	440.00	NEWSPAPER DIMS：30 cm×40 cm× 60 cm×5 0.36 m³
5	110.0						440.00	

7 作为货物运输的行李(Baggage Shipped As Cargo)运价与运费计算

(1) 作为货物运输的行李定义。

作为货物运输的行李指个人衣物和个人物品,包括小型乐器、手提打字机、手提体育用品,但不包括机器或零配件、货币、证券、珠宝、表、餐具、毛皮、影片或胶片、照相机、票证、文件、酒类、香水、家具、商品的销售样品。备注:此运价可能还适用于高尔夫、滑雪仪器、冲浪板、帆船,具体参阅相关承运人特殊规定。

(2) 运价使用条件。

① 旅客必须持有定期客票或电子客票,作为货物运输的行李只能在旅客客票中所列明的机场之间运输,旅客交运行李的时间不得晚于旅客出行的日期。

② 旅客的客票号、航班号、日期等旅行信息必须填写在航空货运单上,使用杂费证(MCO)结账的,在 Accounting Information 栏注明 MCO 的号码。

③ 旅客必须声明行李包含的物品,完成行李发运,提供所有与运输和海关要求的文件,支付与运输有关的费用,旅客本人或其代理人可办理清关手续。

④ 运输行李的航班由承运人自行确定。

⑤ 作为货物运输的行李运价不能与 45 kg 以下普通货物运价和指定商品运价相加构成全程运价。

(3) 运价规则(TACT RULES 3.7.8),如表 6-11 所示。

表 6-11 TACT 作为货物运输的行李运价规则表

Areas:	Rate:
From all IATA areas	Applicable GCR
Exception: 1. From Malaysia:50% of the Normal GCR 2. From Papua New Guinea:75% of the Normal GCR 3. From New Zealand to Niue, Samoa and Tonga:Applicable GCR 4. From New Zealand to all other countries:50% of the Normal GCR 5. Form the rest of South West Pacific:50% of the Normal GCR 6. From Croatia:75% of the Normal GCR	

① Applicable GCR 表示适用的普通货物运价。

② 如果按照普通货物运价计算的运费低于按作为货物运输的行李运价计算的运费,则可以使用普通货物运价。

(4) 最低运费:按照公布的最低运费(M)收取。

■ 实训指导

例 18:
Routing:KUALA LUMPUR,MALAYSIA (KUL) to LONDON, UK(LON)
Commodity:PERSONAL EFFECTS
Gross Weight:50.0 kg
Dimensions:1box 40 cm×50 cm×60 cm

计算该票货物的航空运费。

吉隆坡至伦敦运价如右图所示。

解：根据货物品名判断使用作为货物运输的行李运价规则计算运费，查阅运价规则表，适用运价规则为50% of the Normal GCR。

Volume Weight：40 cm×50 cm×60 cm÷6000 cm³/kg＝20.0 kg

Gross Weight：50.0 kg

Chargeable Weight：50.0 kg

Applicable Rate：50% of the Normal GCR

查询运价表，N 运价为 31.03 MYR/kg，50%×31.03 MYR/kg＝15.52 MYR/kg

Weight Charge：50.0×15.52 ＝ MYR 776.00

货运单运费计算栏填写如下：

KUALA LUMPUR Malaysian Ri	MYR	MY	KUL KGS
LONDON	GB		
		M	150.00
		N	31.03
		45	23.27
		250	11.08
	1420	45	13.08
	1420	100	11.91

No. of Pieces RCP	Gross Weight	kg lb	Rate Class		Chargeable Weight	Rate / Charge	Total	Nature and Quantity of Goods (incl. Dimensions or Volume)
				Commodity Item No.				
1	50.0	K	R	N50	50.0	15.52	776.00	PERSONAL EFFECTS DIMS：40 cm×50 cm× 60 cm×1 0.12 m³
1	50.0						776.00	

例19：

Routing：SINGAPORE(SIN) to BEIJING,CHINA(BJS)

Commodity：BAGGAGE SHIPPED AS CARGO

Gross Weight：60.0 kg

Dimensions：4box 30 cm×40 cm×60 cm each

计算该票货物的航空运费。

SINGAPORE Singapore Dollar	SGD	SG	SIN KGS
BEIJING	CN		
		M	75.00
		N	9.45
		45	7.10
	SQ	M	87.00
	SQ	N	10.91
	SQ	45	8.21

新加坡至北京运价如左图所示。

解：根据货物品名判断使用作为货物运输的行李运价规则计算运费，查阅运价规则表，适用运价规则为Applicable GCR。

Volume Weight：30 cm×40 cm×60 cm×4÷6000 cm³/kg ＝ 48.0 kg

Gross Weight：60.0 kg

Chargeable Weight：60.0 kg

Applicable Rate：Applicable GCR

根据计费重量查询运价表，Q45运价为

7.10 SGD/kg

  Weight Charge:60.0×7.10= SGD 426.00

货运单运费计算栏填写如下:

No. of Pieces RCP	Gross Weight	kg lb	Rate Class	Chargeable Weight	Rate / Charge	Total	Nature and Quantity of Goods (incl. Dimensions or Volume)
			Commodity Item No.				
4	60.0	K	R	60.0	7.10	426.00	BAGGAGE SHIPPED AS CARGO DIMS:30 cm×40 cm ×60 cm×4 0.29 m³
4	60.0		Q			426.00	

⑧ 灵柩骨灰(Hunman Remains)运价与运费计算

(1)运价规则(TACT RULES 3.7.9),如表6-12所示。

表6-12　TACT灵柩骨灰运价规则表

Areas	Ashes	Coffin
All IATA areas (except within area 2)	Applicable GCR	Normal GCR
Within IATA area 2	300% of the Normal GCR	200% of the Normal GCR

(2)最低运费:按照公布的最低运费(M)收取,但在2区内按照公布最低运费的200%收取,同时不得低于65.00美元或其等值货币。

■ **实训指导**

例20:

  Routing:KUALA LUMPUR,MALAYSIA (KUL) to LONDON,UK(LON)

  Commodity:HUMAN REMAINS IN COFFIN

  Gross Weight:150.0 kg

KUALA LUMPUR Malaysian Ri	MYR	MY	KUL KGS
LONDON	GB		
		M	150.00
		N	31.03
		45	23.27
		250	11.08
		1420 45	13.08
		1420 100	11.91

计算该票货物的航空运费。

吉隆坡至伦敦运价如左图所示。

解:

Gross Weight:150.0 kg

Chargeable Weight:150.0 kg

Applicable Rate:Normal GCR

查询运价表,N运价为31.03 MYR/kg

Weight Charge:

150.0×31.03=MYR 4654.50

货运单运费计算栏填写如下：

No. of Pieces RCP	Gross Weight	kg lb	Rate Class		Chargeable Weight	Rate / Charge	Total	Nature and Quantity of Goods (incl. Dimensions or Volume)
			Commodity Item No.					
1	150.0	K	S	N100	150.0	31.03	4654.50	HUMAN REMAINS IN COFFIN
1	150.0						4654.50	

例21：

Routing：PARIS，FRANCE(PAR) to MUNICH，GERMANY(MUC)

Commodity：HUMAN ASHES IN URN

Gross Weight：2.5 kg

Dimensions：1box 20 cm×30 cm×20 cm

1 USD＝0.927 EUR

计算该票货物的航空运费。

巴黎至慕尼黑运价如右图所示。

PARIS EURO	EUR	FR	PAR KGS
MUNICH	GE		
		M	60.00
		N	2.21
		45	1.82
		100	1.44
LH		M	55.00
LH		N	4.30
LH		100	3.95

解：

Volume Weight：20 cm×30 cm×20 cm÷6000 cm³/kg＝2.0 kg

Gross Weight：2.5 kg

Chargeable Weight：2.5 kg

Applicable Rate：300％ of the Normal GCR

查询运价表，N 运价为 2.21 EUR/kg，300％N＝6.63 EUR/kg

Weight Charge：2.5×6.63＝EUR 16.58

该票货物最低运费为200％M＝EUR 120.00，因此，航空运费为 EUR 120.00。

货运单运费计算栏填写如下：

No. of Pieces RCP	Gross Weight	kg lb	Rate Class		Chargeable Weight	Rate / Charge	Total	Nature and Quantity of Goods (incl. Dimensions or Volume)
			Commodity Item No.					
1	2.3	K	S	M200	2.5	120.00	120.00	HUMAN REMAINS IN URN DIMS：20 cm×30 cm ×20 cm×1 0.01 m³
1	2.3						120.00	

(四)混运货物运价(Mixed Consignment)

1 混运货物的基本概念

混运货物是指使用同一份货运单运输的货物中,包含不同运价、不同运输条件的货物。

2 不得作为混运货物运输的物品

贵重物品、活体动物、灵柩骨灰、外交信袋、作为货物运输的行李和机动车辆(电动自行车除外)。

3 声明价值

混运货物只能按照整票货物办理声明价值,不得办理部分货物的声明价值。因此,混运货物声明价值附加费应按照整票货物的总毛重计算。

4 最低运费

混运货物的最低运费,按整票货物计收,即无论是分别申报还是整批申报的混运货物,按其申报方式计得的运费与运输起讫点间的最低收费比较,取高者。

5 运费计算

(1)整批货物申报。将混运货物视为一种货物整批申报,根据货物总重量或总体积确定计费重量,采用适用的普通货物运价计算运费。

(2)分别申报每一种类的货物。按照不同种类货物适用的运价分别计算运费。每种货物运费相加之和与整批申报运费比较,取低者作为最终运费。

(3)如果混运货物使用同一个外包装将所有货物合并运输,则使用该包装中最高的货物运价计算整票货物运费。

■ **实训指导**

例22:
Routing:BEIJING,CHINA(BJS) to TOKYO,JAPAN(TYO) BY CA
Commodity:BOOKS,SEAFOOD and HANDICRAFTS

BEIJING Y.RENMINBI		CN CNY	BJS KGS
TOKYO		JP	
CA		M	230.00
CA		N	37.51
CA		45	28.13
CA	0008	300	18.80
CA	0300	100	20.61
CA	1093	100	18.43
CA	2195	500	18.80

Gross Weight:60.0 kg,80 kg,120 kg
Dimensions:
5box 20 cm×30 cm×40 cm each,
5box 30 cm×50 cm×60 cm each,
20box 30 cm×30 cm×40 cm each
计算该票货物的航空运费。
北京至东京运价如左图所示。
解:(1)按照整批申报计算运费
Total Volume Weight:$(20×30×40×5+30×50×60×5+30×30×40×20)$ cm^3 ÷ 6000 cm^3/kg=215.0 kg

Total Gross Weight：260.0 kg

Chargeable Weight：260.0 kg

Applicable Rate：GCR Q45 28.13 CNY/kg

Weight Charge：260.0×28.13＝CNY 7313.80

(2)按照分别申报计算运费

① BOOKS

Volume Weight：20 cm×30 cm×40 cm×5÷6000 cm³/kg＝20.0 kg

Gross Weight：60.0 kg

Chargeable Weight：60.0 kg

Applicable Rate：50％ of the Normal GCR

50％×37.51 CNY/kg＝18.76 CNY/kg

Weight Charge：60.0×18.76＝CNY 1125.60

② SEAFOOD

Volume Weight：30 cm×50 cm×60 cm×5÷6000 cm³/kg＝75.0 kg

Gross Weight：80.0 kg

Chargeable Weight：80.0 kg

Applicable Rate：GCR Q45 28.13 CNY/kg

Weight Charge：80.0×28.13＝CNY 2250.40

Applicable Rate：SCR C0300 20.61 CNY/kg

Weight Charge：100.0×20.61＝ CNY 2061.00

③ HANDICRAFTS

Volume Weight：30 cm×30 cm×40 cm×20÷6000 cm³/kg＝120.0 kg

Gross Weight：120.0 kg

Chargeable Weight：120.0 kg

Applicable Rate：GCR Q45 28.13 CNY/kg

Weight Charge：120.0×28.13＝CNY 3375.60

分别申报航空运费为 CNY 1125.60＋CNY 2061.00＋CNY 3375.60＝CNY 6562.20

整体申报和分别申报比较取低者，航空运费为 CNY 6562.20。

货运单运费计算栏填写如下：

No. of Pieces RCP	Gross Weight	kg lb	Rate Class		Chargeable Weight	Rate / Charge	Total	Nature and Quantity of Goods (incl. Dimensions or Volume)
				Commodity Item No.				
5 5 20	60.0 80.0 120.0	K	R C Q	N50 0300	60.0 80.0 120.0	18.76 20.61 28.13	6562.20	BOOKS SEAFOOD HANDICRAFTS
30	260.0						6562.20	1.29 m³

(五) 集装货物运价(Unit Load Device Rate)

① 集装货物运价定义

集装货物运价是指适用于货物装入集装设备交运而不另外加包装的特别运价。

② 集装货物运价类型

集装货物运价包括指定商品集装运输运价和非指定商品集装运输运价,具体如表6-13所示。运价表的Item栏目下如果公布了指定商品品名编号,则该集装货物运价仅适用于该项指定商品的集装运输,而不适用于其他货物运输的运费计算。

表6-13 运价规则表

Date/Type	Note	Item	Min. Weight	Local Curr.
SYDNEY Australian Dollar		AUD	AU	SYD KGS
BEIJING			CN	
		JL	M	120.00
		JL	N	9.75
		JL	45	7.30
		JL	100	5.35
		JL	250	3.40
05			H	0	7.32
06A			H	0	3.57
08			H	0	2.86
05	JL	0315 H	0	8.46
06A	JL	0315 H	0	4.72
08	JL	0315 H	0	3.31

③ 集装货物运价种类及运费代号

(1) 在运价表中Date/Type栏目下如果是"数字"或"数字字母",如05或06A,则表示该运价为集装货物运价。这些数字或字母表示集装货物运价种类,具体含义可查阅TACT RULES 3.10.8。常用的字母含义如下:

A:PIVOT RATE OR CHARGE PER KG,表示该类集装器最低收费时的运价,即该类集装器的最低运费由"该运价乘以最低计费重量"获得。各类集装器的"最低计费重量(PIVOT WT.)"公布在TACT RATES 4.2。

B:FIRST MINIMUM CHARGE(MINIMUM WEIGHT),该类集装器的第一个最低运费。

C:FIRST OVER PIVOT RATE PER KG,如果货物重量大于PIVOT WT.,除了最低运费以外,超出的费用应由"超出PIVOT WT."部分的重量乘以该FIRST OVER PIVOT RATE PER KG得到。

D:SECOND MINIMUM CHARGE(MINIMUM WEIGHT),该类集装器的第二个最低运费。

E:SECOND OVER PIVOT RATE PER KG,除了第二个最低运费以外,超出的费用应由"超出PIVOT WT."部分的重量乘以该FIRST OVER PIVOT RATE PER KG得到。

F:THIRD MINIMUM CHARGE‐MINIMUM WEIGHT,该类集装器的第三个最低运费。

G:THIRD OVER PIVOT RATE PER KG,超出第三个最低运费的PIVOT WT.部分运价。

H:FLAT CHARGE(MINIMUM WEIGHT OR NO WEIGHT),表示该类集装器规定最低重量或没有规定最低重量时的固定收费。

I:FLAT CHARGE(MAXIMUM WEIGHT),表示该类集装器规定最高重量时的固定收费。

(2)使用集装货物运价计算航空运费的货物,在航空货运单运费代号栏用集装货物运价种类代号U、E、X表示。U表示集装货物最低运费或运价,E表示集装货物附加运价,X表示集装货物附加信息。

4 集装货物运费计算

计算运费时,货物计费重量不包括集装器自重。

(1)根据集装设备的代号或尺寸,确定集装设备运价适用种类代号。

(2)查看运价表,确定集装设备最低计费重量或最低运费。

(3)计算超出PIVOT WT.或PIVOT CHARGE的货物运费。

三、非公布直达运价

如果货物运输的始发地至目的地没有公布直达运价,则可以采用比例运价和分段相加运价的方法构成全程直达运价,计算全程运费。

(一)比例运价(Construction Rate)

1 比例运价的背景和定义

由于TACT规则篇幅有限,无法将所有城市对,特别是小城市的运价都公布出来,为了弥补这一缺陷,根据运价制定的原则,考虑航空运输成本和运输距离制定比例运价。当运输距离在同一距离范围或接近这一范围时,就可以采用以某一地点为运价组合点,用始发站到组合点或组合点到目的站的公布直达运价与始发站到目的站的比例运价相加构成全程运价。

当货物运输的始发地至目的地无公布直达运价时,采用货物运价手册(TACT

RATES 5.2)中公布的一种不能单独使用的运价附加数(Add-on Amount),与已知的公布直达运价相加构成非公布直达运价,这种运价称为比例运价。

2 比例运价表的使用说明

以厦门为例,比例运价规则见表6-14。

表6-14 比例运价规则表(以厦门为例)

XIAMEN Y.RENMINBI	CNY	CN	XMN KGS
CONST. OVER Guangzhou (CAN)			
Rate Type	Kg.Min.Weight	Proportional rate in CNY	Proportional rate in USD
Applicable to Area 1			
GCR	N	5.80	0.92
GCR	45	4.35	0.69
Applicable to Area 2			
GCR	N	5.80	0.92
GCR	45	4.35	0.69
Applicable to Area 3			
GCR	N	5.80	0.92
GCR	45	4.35	0.69

(1)运价组合点:在运价表中标有"CONST. OVER"字样,其后所列城市为运价组合点,通过运价组合点构成直达运价。

(2)用比例运价构成直达运价的地点可以是始发地,也可以是目的地。在指定区域中,如果在比例运价前列有"From"字样,说明该运价只适用于自该特定区域始发,在比例运价前列有"To"字样,说明该运价只适用于至该特定区域。

(3)运价表分别有以当地货币和美元为单位的运价,在构成全程运价时根据需要使用。使用美元所列运价,必须采用TACT RATES 5.3.1中公布的换算比价折算成所需货币的运价。使用当地货币(美元以外货币)换算成另一种当地货币(始发地货币)时,必须按上述换算表中的换算比价,将要换算的以当地货币表示的运价乘以始发地货币与美元的比率,再除以当地货币与美元的比率,即求得所需货币的运价。

始发地货币=当地货币×始发地货币与美元的比率/当地货币与美元的比率

(4)比例运价表不能单独使用,只能用于国际货物运输,不能用于国内货物运输。采用比例运价构成全程运价时,比例运价可以加在公布运价的两端,始发站或目的站均可,但不能连续使用两个或两个以上比例运价。

3 比例运价的分类及组成原则

(1)比例运价的分类。TACT RATES BOOKS中所列的比例运价分为三类:普通货物的比例运价,用"GCR"表示;指定商品的比例运价,用"SCR"表示;集装箱的比例运价,用"ULD"表示。

(2)比例运价组成原则。只有相同种类的货物运价才能组成始发地至目的地的货物运价。普通货物比例运价只能与普通货物运价相加,即GCR+GCR;指定商品比例运价只能与指定商品运价相加,即SCR+SCR;集装箱比例运价只能与集装箱运价相加,即ULD+ULD。

用公布直达运价和比例运价组合构成的普通货物运价可以用于等级货物。

(3)当始发地或目的地可以经不同运价组合点与比例运价组成不同的直达运价,应采用组合的最低直达运价,运价的构成不影响货物的运输路线。

4 最低运费

用比例运价组成运价计算运费时,该货物的最低运费应采用始发地至目的地的最低运费,即TACT RULES 3.4 Minimum charge per country中公布的各国至某一区域或国家的最低运费。

■ 实训指导

例23:

Routing: XIAMEN, CHINA(XMN) to LUSAKA, ZAMBIA(LUN)

Commodity: SHOES

Gross Weight: 350 kg

Dimensions: 20box 40 cm×50 cm×60 cm each

计算该票货物的航空运费。

相关运价如右图所示。

解:查阅运价表,从XMN到LUN无公布直达运价,因此需要组成XMN到LUN的非公布直达运价,查阅TACT RATES 5.2,找到XMN的比例运价,比例运价组合点为CAN,用XMN到CAN的比例运价与CAN到LUN公布直达运价相加构成全程运价。

XMN－LUN运价构成:XMN-CAN-LUN

XMN－CAN比例运价:GCR Q45 4.35 CNY/kg

CAN－LUN公布直达运价:GCR Q100 72.30 CNY/kg

因此XMN－LUN全程运价:GCR Q100 76.65 CNY/kg

Volume Weight: 40 cm×50 cm×60 cm×20÷6000 cm³/kg=400.0 kg

XIAMEN Y.RENMINBI		CN CNY	XMN KGS
CONST.OVER Guangzhou (CAN)			
Rate Type	Kg.Min. Weight	Proportional rate in CNY	Proportional rate in USD
Applicable to Area 1			
GCR	N	5.80	0.92
GCR	45	4.35	0.69
Applicable to Area 2			
GCR	N	5.80	0.92
GCR	45	4.35	0.69
Applicable to Area 3			
GCR	N	5.80	0.92
GCR	45	4.35	0.69

GUANGZHOU Y.RENMINBI		CN CNY	CAN KGS
LUN	ZM		
		M	451.00
		N	106.32
		45	90.37
		100	72.30

Gross Weight:350.0 kg

Chargeable Weight:400.0 kg

Applicable Rate:GCR Q100 76.65 CNY/kg

Weight Charge:400.0×76.65＝CNY 30660.00

货运单费计算栏填写如下：

No. of Pieces RCP	Gross Weight	kg lb	Rate Class	Commodity Item No.	Chargeable Weight	Rate / Charge	Total	Nature and Quantity of Goods (Incl. Dimensions or Volume)
20 CAN	350.0	K		Q	400.0	76.65	30660.00	SHOES DIMS:40 cm×50 cm ×60 cm×20 2.4 m³
20	350.0						30660.00	

例 24：

Routing:MONTPELLIER,FRANCE(MPL) to BEIJING,CHINA(BJS)

Commodity:FOODSTUFF

Gross Weight:500 kg

Dimensions:100box 20 cm×30 cm×40 cm each

计算该票货物的航空运费。

相关运价如下：

MONTPELLIER		FR		MPL
EURO		EUR		KGS
CONST.OVER Limoges (LIG)				
Rate Type	Kg.Min.Weight	Proportional rate in EUR		Proportional rate in USD
Applicable to Area 1				
GCR	N	0.00		0.00
Applicable to Area 2				
GCR	N	0.00		0.00
Applicable to Area 3				
GCR	N	0.00		0.00
CONST.OVER Paris (PAR)				
Applicable to Area 1				
SCR	N	0.14		0.17
Applicable to Area 2				
SCR	N	0.14		0.17
Applicable to Area 3				
SCR	N	0.14		0.17

LIMOGES		FR	LIG
EURO	EUR		KGS
BJS	CN		
		M	85.00
		N	14.33
		100	5.33
		300	4.40

PARIS		FR	PAR
EURO	EUR		KGS
BJS	CN		
		M	85.00
		N	14.19
		100	5.19
		300	4.26

解：查阅运价表，从MPL到BJS无公布直达运价，因此需要组成MPL到BJS的非公布直达运价，查阅TACT RATES 5.2，找到MPL的比例运价，比例运价组合点有LIG和PAR，综合题意分析选择LIG作为运价组合点，用MPL到LIG的比例运价与LIG到BJS公布直达运价相加构成全程运价。

MPL－BJS运价构成：MPL-LIG-BJS

MPL－LIG比例运价：GCR N 0.00 EUR/kg

LIG－BJS公布直达运价：GCR Q300 4.40 EUR/kg

因此MPL－BJS全程运价：GCR Q300 4.40 EUR/kg

Volume Weight：20 cm×30 cm×40 cm×100÷6000 cm³/kg＝400.0 kg

Gross Weight：500.0 kg

Chargeable Weight：500.0 kg

Applicable Rate：GCR Q300 4.40 EUR/kg

Weight Charge：500.0×4.40＝EUR 2200.00

货运单运费计算栏填写如下：

No. of Pieces RCP	Gross Weight Weight	kg lb	Rate Class		Chargeable Weight	Rate / Charge	Total	Nature and Quantity of Goods (incl. Dimensions or Volume)
				Commodity Item No.				
100 LIG	500.0	K	Q		500.0	4.40	2200.00	FOODSTUFF DIMS：20 cm×30 cm ×40 cm×100 2.4 m³
100	500.0						2200.00	

例25：

Routing：XIAMEN, CHINA(XMN)
to LUSAKA, ZAMBIA(LUN)

Commodity：BOOKS

Gross Weight：150 kg

Dimensions：

20box 20 cm×30 cm×40 cm each

计算该票货物的航空运费。

相关运价如下图所示。

XIAMEN Y.RENMINBI		CNY	CN	XMN KGS
CONST.OVER Guangzhou (CAN)				
Rate Type	Kg.Min. Weight		Proportional rate in CNY	Proportional rate in USD
Applicable to Area 1				
GCR	N		5.80	0.92
GCR	45		4.35	0.69
Applicable to Area 2				
GCR	N		5.80	0.92
GCR	45		4.35	0.69
Applicable to Area 3				

GUANGZHOU Y.RENMINBI		CNY	CN	CAN KGS
LUN			ZM	
			M	451.00
			N	106.32
			45	90.37
			100	72.30

解：查阅运价表，从 XMN 到 LUN 无公布直达运价，因此需要组成 XMN 到 LUN 的非公布直达运价，查阅 TACT RATES 5.2，找到 XMN 的比例运价，比例运价组合点为 CAN，用 XMN 到 CAN 的比例运价与 CAN 到 LUN 公布直达运价相加构成全程运价。

XMN‐LUN 运价构成：XMN‐CAN‐LUN

XMN‐CAN 比例运价：GCR N 5.80 CNY/kg

CAN‐LUN 公布直达运价：GCR N 106.32 CNY/kg

因此 XMN‐LUN 全程运价：GCR N 112.12 CNY/kg

运输货物类型为附减的等级货物，适用规则为 50% of the Normal GCR

Volume Weight：$20\ cm \times 30\ cm \times 40\ cm \times 20 \div 6000\ cm^3/kg = 80.0\ kg$

Gross Weight：150.0 kg

Chargeable Weight：150.0 kg

Applicable Rate：50% of the Normal GCR

$50\% \times 112.12\ CNY/kg = 56.06\ CNY/kg$

Weight Charge：$150.0 \times 56.06 = CNY\ 8409.00$

货运单运费计算栏填写如下：

No. of Pieces RCP	Gross Weight	kg lb	Rate Class		Chargeable Weight	Rate / Charge	Total	Nature and Quantity of Goods (incl. Dimensions or Volume)
			Commodity Item No.					
20 CAN	150.0	K	R	N50	150.0	56.06	8409.00	BOOKS DIMS：20 cm×30 cm ×40 cm×20 0.5 m³
20	150.0						8409.00	

（二）分段相加运价(Combination Rate or Sector Rate)

（1）分段相加运价的定义。

分段相加运价是指货物的始发站至目的站之间没有公布直达运价，同时也不能使用比例运价时，选择适当的运价组成点，按分段相加的方法组成全程最低货物运价。

（2）一般规定。

① 采用分段相加的方式组成全程运价时，要选择几个不同的运价构成点，将组成的全程运价相比较，取其低者作为货物的非公布直达运价。

② 当按照上述运价计算的航空运费，低于从始发站国家至目的站国家最低运费时（根据 TACT RULES 4.3 确定），按照最低运费计收货物运费。

③ 国内货物运价和国际货物运价相加时，国际货物运价的规定同样适用于分段相加后组成的全程货物运价。

④ 如果各段运价适用的计费重量不同，计算运费时应在货运单运价栏内分别填写。

⑤ 采用分段相加的方式组成的非公布直达运价可作为等级货物运价的基础。

⑥ 运价的构成不影响货物的实际运输路线。

（3）过境运价。

适用于美国和加拿大之间的运输，除自加勒比亚地区和自/至IATA3区各点外，该运价不能与自/至加拿大的运价相加使用。

（4）国际货物运输分段相加运价的相加规则（见表6-15），国际普通货物运价、国际指定商品运价和国际等级运价与分别可相加的运价可组成全程运价。

表6-15 国际货运分段相加运价规则表

运价类别	可相加运价
国际普通货物运价 (International GCR)	普通货物比例运价(Construction Rates for GCR) 国际普通货物运价(International GCR) 国内运价(Domestic Rates) 过境运价(Transborder Rates)
国际指定商品运价 (International SCR)	指定商品比例运价(Construction Rates for SCR) 国内运价(Domestic Rates) 过境运价(Transborder Rates)
国际等级运价 (International Class Rates)	国内运价(Domestic Rates) 过境运价(Transborder Rates)

① 在使用分段相加最低组合运价时,同样需遵守运价的使用顺序。如果运输起讫点间没有公布直达运价,运输的货物是指定商品,可以组成国际普通货物比例运价、国际指定商品运价,按照运价使用原则,优先使用指定商品运价计算运费。

② 如果国际联运等级货物,并且联运的某一承运人在其承运航段上有特定的等级百分比时,即使有公布的IATA直达运价,也不可以采用,必须采用分段相加运价。

③ 采用分段相加运价构成全程运价,如果相加的航段采用的运价种类、计费重量等相同,则可以直接将运价相加后计算全程运费;如果不同,则需分别计算各个航段的运费再相加得出全程运费。

④ 公布直达运价是以始发站国家的货币公布的,货物的航空运费也是以始发站国家货币计算的,因此分段相加运价中,各航段的货币必须统一换算成始发地国家货币。

■ **实训指导**

例26:

Routing:URUMQI,CHINA(URC) to SYDNEY,AUSTRALIA(SYD) BY CA

Commodity:FRUITS

Gross Weight:300 kg

Dimensions:

100box 20 cm×30 cm×40 cm each

计算该票货物的航空运费。

URUMQI Y.RENMINBI		CN CNY	URC KGS
BJS		CN	
		N	20.40
		45	15.30
	CA	M	100.00
	CA	N	20.40
	CA	45	15.30

BEIJING Y.RENMINBI		CN CNY	BJS KGS
FRA		DE	
	CA	M	420.00
	CA	N	54.72
	CA	45	41.04
	CA	100	35.57
	CA	300	32.83

相关运价如左图所示。

解:查阅运价表,从URC到SYD无公布直达运价,因此需要组成URC到SYD的非公布直达运价,查阅TACT RATES 5.2,URC存在比例运价,但此比例运价不适合从乌鲁木齐到澳大利亚,因此,选择分段相加运价计算航空运费,乌鲁木齐到北京和天津有公布直达运价,通过比较,选择北京作为运价组合点,使用乌鲁木齐至北京、北京至悉尼的公布直达运价相加构成全程运价。

Volume Weight:20 cm×30 cm×40 cm×10÷6000 cm³/kg = 400.0 kg

Gross Weight:300.0 kg

Chargeable Weight:400.0 kg

Applicable Rate:

URC－BJS GCR Q45＋BJS－SYD GCR Q300

15.30 CNY/kg＋32.83 CNY/kg ＝ 48.13 CNY/kg

Weight Charge:400.0×48.13 ＝ CNY 19252.00

货运单运费计算栏填写如下:

No. of Pieces RCP	Gross Weight Weight	Kg lb	Rate Class / Commodity Item No.	Charge-able Weight	Rate / Charge	Total	Nature and Quantity of Goods (incl. Dimensions or Volume)
100 BJS	400.0	K	Q	400.0	48.13	19252.00	FRUITS DIMS:20 cm×30 cm ×40 cm×100
100	400.0					19252.00	2.4 m³

如果始发站至目的站之间既无公布直达运价,又无法使用比例运价和分段相加最低组合运价组成全程运价,可以采用以下方法解决处理。

(1) 向相关承运人咨询。

(2) 在货运单上填写离目的站最近且有公布运价的机场,并按到该点的运价计收货物运费。

(3) 在货运单上填写无公布运价的实际目的站,运价则采用离目的地站最近的航空港的运价,同时在货运单的储运事项栏内注明"托运人保证支付该地点至实际目的站的运费"字样。

任务演练

一、选择题(请扫码答题)

在线答题

二、运费计算题

1.Routing:SHA-TYO BY CA

Commodity:SAMPLES

Gross Weight:5.0 kg

Dimensions: 1box 20 cm×30 cm×40 cm

SHANGHAI Y.RENMINBI		CN CNY	SHA KGS
TOKYO		JP	
CA		M	230.00
CA		N	30.22
CA		45	22.71
CA	0008	300	18.80
CA	0300	500	20.61
CA	1093	100	14.72
CA	2195	500	18.80

No. of Pieces RCP	Gross Weight	kg lb	Rate Class	Chargeable Weight	Rate / Charge	Total	Nature and Quantity of Goods (incl. Dimensions or Volume)
			Commodity Item No.				

BEIJING Y.RENMINBI		CN CNY	BJS KGS
TOKYO		JP	
CA		M	230.00
CA		N	37.51
CA		45	28.13
CA	0008	300	18.80
CA	0300	500	20.61
CA	1093	100	18.43
CA	2195	500	18.80

2.Routing：BJS-TYO BY CA

Commodity：TOOLS

Gross Weight：35.0 kg

Dimensions：1box 30 cm×40 cm×50 cm

No. of Pieces RCP	Gross Weight	kg lb	Rate Class	Chargeable Weight	Rate / Charge	Total	Nature and Quantity of Goods (incl. Dimensions or Volume)
			Commodity Item No.				

3.Routing：BJS-TYO BY CA

Commodity：SEAFOOD

Gross Weight：350.0 kg

Dimensions：30box 30 cm×40 cm×60 cm each

BEIJING Y.RENMINBI		CN CNY	BJS KGS
TOKYO		JP	
CA		M	230.00
CA		N	37.51
CA		45	28.13
CA	0008	300	18.80
CA	0300	500	20.61
CA	1093	100	18.43
CA	2195	500	18.80

No. of Pieces RCP	Gross Weight Weight	kg lb	Rate Class / Commodity Item No.	Charge-able Weight	Rate / Charge	Total	Nature and Quantity of Goods (incl. Dimensions or Volume)

4.Routing：BJS-TYO BY CA

Commodity：SEAFOOD

Gross Weight：150.0 kg

Dimensions：10box 30 cm×40 cm×60 cm each

BEIJING Y.RENMINBI		CN CNY	BJS KGS
TOKYO		JP	
CA		M	230.00
CA		N	37.51
CA		45	28.13
CA	0008	300	18.80
CA	0300	500	20.61
CA	1093	100	18.43
CA	2195	500	18.80

No. of Pieces RCP	Gross Weight	kg lb	Rate Class / Commodity Item No.	Charge-able Weight	Rate / Charge	Total	Nature and Quantity of Goods (incl. Dimensions or Volume)

TOKYO Yen		JP JPY	TYO KGS
MUNICH		DE	
		M	15000
		N	2630
		45	2100
		100	1840
		300	1580
		500	1310

5.Routing：TYO-MUC

Commodity：DAY OLD CHICKS

Gross Weight：120.0 kg

Dimensions：10box 30 cm×40 cm×40 cm each

No of Pieces RCP	Gross Weight	kg lb	Rate Class / Commodity Item No.	Chargeable Weight	Rate / Charge	Total	Nature and Quantity of Goods (incl. Dimensions or Volume)

GUANGZHOU		CN	CAN
Y.RENMINBI	CNY		KGS
MUNICH	DE		
		M	420.00
		N	51.80
		45	38.85
		100	33.67
		300	31.08

6.Routing: CAN－MUC
Commodity：LIVE TURTLE
Gross Weight：46.0 kg
Dimensions：10box 20 cm×30 cm×40 cm each

No. of Pieces RCP	Gross Weight	kg lb	Rate Class / Commodity Item No.	Chargeable Weight	Rate / Charge	Total	Nature and Quantity of Goods (incl. Dimensions or Volume)

7.Routing：SHA-TYO BY CA
Commodity：GOLD WATCH
Gross Weight：35.0 kg
Dimensions：1box 40 cm×50 cm×60 cm

SHANGHAI		CN	SHA
Y.RENMINBI	CNY		KGS
TOKYO		JP	
CA		M	230.00
CA		N	30.22
CA		45	22.71
CA	0008	300	18.80
CA	0300	500	20.61
CA	1093	100	14.72
CA	2195	500	18.80

No. of Pieces RCP	Gross Weight	kg lb	Rate Class / Commodity Item No.	Chargeable Weight	Rate / Charge	Total	Nature and Quantity of Goods (incl. Dimensions or Volume)

8.Routing: SYD－TYO

Commodity: CATTLE

Gross Weight:1200.0 kg

Dimensions:6box

150 cm×80 cm×120 cm each

SYDNEY Australian Dollar	AU AUD	SYD KGS
TYKYO	JP	
	M	120.00
	N	9.00
	45	6.75
	100	5.50
	250	5.00
	500	4.40
	1000	3.90

No. of Pieces RCP	Gross Weight Weight	kg lb	Rate Class		Chargeable Weight	Rate / Charge	Total	Nature and Quantity of Goods (incl. Dimensions or Volume)
			Commodity Item No.					

9.Routing：CAN-MUC

Commodity：HANDICRAFT

Gross Weight：6.0 kg

Dimensions：1box 20 cm×30 cm×40 cm

Declared Value for Carriage：CNY 40000.00

1 USD＝7.1859 CNY

GUANGZHOU Y.RENMINBI	CN CNY	CAN KGS
MUNICH	DE	
	M	420.00
	N	51.80
	45	38.85
	100	33.67
	300	31.08

No. of Pieces RCP	Gross Weight Weight	kg lb	Rate Class		Chargeable Weight	Rate / Charge	Total	Nature and Quantity of Goods (incl. Dimensions or Volume)
			Commodity Item No.					

10.Routing：SHA-FRA

Commodity：NEWSPAPER

SHANGHAI		CN	SHA
Y.RENMINBI	CNY		KGS
FRANKFURT	DE		
		M	320.00
		N	52.22
		45	42.69
		300	38.97

Gross Weight:39.3 kg

Dimensions：1box 40 cm×50 cm×60 cm

No. of Pieces RCP	Gross Weight	kg lb	Rate Class	Chargeable Weight	Rate / Charge	Total	Nature and Quantity of Goods (incl. Dimensions or Volume)
			Commodity Item No.				

11.Routing:SYD-PAR

Commodity:CATOLOGUES

Gross Weight:210 kg

Dimensions：10box 30 cm×40 cm×50 cm each

SYDNEY		AU	SYD
Australian Dollar	AUD		KGS
PARIS	FR		
		M	120.00
		N	14.55
		45	11.25
		100	8.25
		250	5.50
		500	4.35
		1000	4.00

No. of Pieces RCP	Gross Weight	kg lb	Rate Class	Chargeable Weight	Rate / Charge	Total	Nature and Quantity of Goods (incl. Dimensions or Volume)
			Commodity Item No.				

12.Routing:BJS-TYO BY CA

Commodity:PERSONAL EFFECTS

Gross Weight:42.4 kg

Dimensions:1box 40 cm×60 cm×70 cm

BEIJING		CN	BJS
Y.RENMINBI	CNY		KGS
TOKYO		JP	
CA		M	230.00
CA		N	37.51
CA		45	28.13
CA	0008	300	18.80
CA	0300	500	20.61
CA	1093	100	18.43
CA	2195	500	18.80

No. of Pieces RCP	Gross Weight Weight	kg lb	Rate Class / Commodity Item No.	Chargeable Weight	Rate / Charge	Total	Nature and Quantity of Goods (incl. Dimensions or Volume)

SYDNEY	AU	SYD
Australian Dollar	AUD	KGS
PARIS	FR	
M		120.00
N		14.55
45		11.25
100		8.25
250		5.50
500		4.35
1000		4.00

13.Routing:SYD-PAR

Commodity：UNACCOMPANIED BAGGAGE

Gross Weight:42.0 kg

Dimensions：2box 30 cm×40 cm× 50 cm each

No. of Pieces RCP	Gross Weight Weight	kg lb	Rate Class / Commodity Item No.	Chargeable Weight	Rate / Charge	Total	Nature and Quantity of Goods (incl. Dimensions or Volume)

KUALALUMPUR		MY	KUL
Y.RENMINBI	MYR		KGS
TOKYO	JP		
		M	113.00
		N	16.71
		45	12.53
	0300	300	6.71
	1420	100	6.06

14.Routing:KUL-TYO

Commodity:ASHES

Gross Weight:2.3 kg

Dimensions:1URN 20 cm×20 cm×30 cm

No. of Pieces RCP	Gross Weight	kg lb	Rate Class / Commodity Item No.	Charge-able Weight	Rate / Charge	Total	Nature and Quantity of Goods (incl. Dimensions or Volume)

15.Routing:BJS-OSA BY CA

Commodity：BOOKS，HANDICRAFT and APPLE(FRESH)

Gross Weight:100.0 kg/42.0 kg/80.0 kg

Dimensions:4box 70 cm×47 cm×35 cm

　　　　　　1box 100 cm×60 cm×42 cm

　　　　　　2box 90 cm×70 cm×32 cm

BEIJING		CN	BJS
Y.RENMINBI	CNY		KGS
OSAKA	JP		
CA		M	230.00
CA		N	37.51
CA		45	28.13
CA	0008	300	18.80
CA	0300	500	20.61
CA	1093	100	18.43
CA	2195	500	18.80

No. of Pieces RCP	Gross Weight	kg lb	Rate Class / Commodity Item No.	Charge-able Weight	Rate / Charge	Total	Nature and Quantity of Goods (incl. Dimensions or Volume)

16.Routing:URC-NYC

Commodity:NUT

Gross Weight:420 kg

Dimensions:100box 20 cm×30 cm×40 cm each

URUMQI		CN	URC	
Y.RENMINBI	CNY		KGS	
CONST.OVER Beijing (BJS)				
Rate Type	Kg.Min. Weight	Proportional rate in CNY	Proportional rate in USD	
Applicable to Area 1				
GCR		N	20.40	3.22
GCR		45	15.30	2.42
Applicable to Area 2				
GCR		N	20.40	3.22
GCR		45	15.30	2.42
Applicable to Area 3 excluding Auatralia, Japan				
GCR		N	20.40	3.22
GCR		45	15.30	2.42

BEIJING		CN	BJS
Y.RENMINBI	CNY		KGS
NEW YORK		US	
		M	420.00
		N	64.46
		45	48.34
		100	45.19
		300	41.86
		500	38.70
	2211	500	36.13

No. of Pieces RCP	Gross Weight Weight	kg lb	Rate Class / Commodity Item No.	Chargeable Weight	Rate / Charge	Total	Nature and Quantity of Goods (incl. Dimensions or Volume)

17.Routing:NKG-OSA BY CA

Commodity: HANDICRAFT

Gross Weight:80.0 kg

Dimensions:4box 40 cm×50 cm×30 cm each

SHANGHAI		CN		SHA
Y.RENMINBI		CNY		KGS
OSAKA		JP		
CA			M	230.00
CA			N	30.22
CA			45	22.71
CA	0008		300	18.80
CA	0300		500	20.61
CA	1093		100	14.72
CA	2195		500	18.80

NANJING		CN	NKG
Y.RENMINBI	CNY		KGS
SHANGHAI		CN	
		N	3.60
		45	2.70

No. of Pieces RCP	Gross Weight Weight	kg lb	Rate Class	Chargeable Weight	Rate / Charge	Total	Nature and Quantity of Goods (incl. Dimensions or Volume)
			Commodity Item No.				

任务四　准确计算其他费用

某货主从上海至纽约发运一批服装样品，国航承运，双方约定好货物运输费用由收货人在目的站支付。在这例运输中，收货人除了支付航空运费，可能还需要支付哪些其他费用呢？

国际货物运输中，除了航空货物运输费用，还有货物声明价值附加费、退运手续费、到付手续费、燃油附加费等一些常见费用。

一、声明价值及声明价值附加费

（一）声明价值

货物运输声明价值（简称声明价值）是指托运人向承运人特别声明的其所托运的货物在目的地交付时的利益。

1 承运人的责任限额

承运人的运输责任限额可查阅 TACT RULES 2.1.3，如果运输目的站或经停站与始发站不在同一国家，在运输中造成货物毁灭、遗失、损坏或者延误的，承运人所负的责任限额为每千克货物 22 特别提款权（Special Drawing Right, SDR）。除非托运人在向承运人交运货物时，特别声明在目的地交付时的利益，并在必要时支付货物声明价值附加费（见表 6-16）。在此种情况下，除承运人证明托运人声明的金额高于在目的地交付时托运人的实际利益外，承运人在声明金额范围内承担责任。

表 6-16　声明价值附加费 SDR

Country Name	Currency		SDR 17	SDR 22
	Name	Code	equals	
Australia	Australia Dollar	AUD	26	43

续表

Country Name	Currency Name	Code	SDR 17 equals	SDR 22 equals
Austria	Euro	EUR	19.44	26.44
Canada	Canadian Dollar	CAD	26	41
China (excl. Hong Kong SAR and Macao SAR)	Yuan Renminbi	CNY	157	206
Denmark	Denish Krone	DKK	145	197
Egypt	Egyptian Pound	EGP	180	429
Hong Kong SAR, China	Hong Kong Dollar	HKD	199	243
Macao SAR, China	Pataca	MOP	205	250
New Zealand	New Zealand Dollar	NZD	32	45
South Africa	Rand	ZAR	251	483
Sweden	Swedish Krona	SEK	167	270
Switzerland	Swiss Franc	CHF	24	29
Thailand	Baht	THB	795	955
United Kingdom	Pound Sterling	GBP	17	24
United States of America	US Dollar	USD	26	31

2 货物运输声明价值

托运人托运货物时根据需要办理货物运输声明价值。

(1) 当托运人托运的货物实际毛重(不包括承运人的集装器的重量)每千克价值超过22特别提款权时,可以办理货物运输声明价值。托运人办理货物运输声明价值必须是一票货运单上的全部货物,不得分批或者部分办理。办理声明价值时,托运人需在货运单"Declared Value for Carriage"栏内注明声明的价值金额;否则,注明"NVD",表明不办理货物运输声明价值。

(2) 除另有约定外,每份货运单的货物声明价值的最高限额不超过10万美元或者其等值货币。

(3) 一份货运单的货物声明价值超过10万美元或其等值货币时,可以由托运人分几份货运单托运货物,由此产生的费用差额由托运人承担。也可经承运人批准后,托运人使用一份货运单托运货物。

(4) 当托运人不申报货物价值时,某些承运人规定,无运输声明价值或者保险价值的货物按毛重每千克22特别提款权或其等值货币折算货物价值。

(5) 如果货运单已经托运人和承运人签字生效,托运货物的安全责任已由承运人承担,托运人不得再补报或更改已声明的价值。如果托运人在货物发运之前提出对货物声明价值进行变更,承运人可以按照货物退运进行处理,原声明价值附加费不退。货物一旦发运,托运人便不能对声明价值提出变更要求。

(二)声明价值附加费

声明价值附加费是托运人办理货物声明价值时,按规定向承运人支付的专项费用。货物声明价值附加费按照毛重每千克超出承运人限额部分价值的 0.75% 计收,计算公式为:

$$货物声明价值附加费 = [货物运输声明价值 - (毛重 \times SDR\ 22)] \times 0.75\%$$

■ 实训指导

例1:从上海到卢森堡运输一票货物,货物运输声明价值为 50 万元人民币,货物毛重为 500 kg。

$$\begin{aligned}声明价值附加费 &= [货物运输声明价值 - (毛重 \times SDR\ 22)] \times 0.75\% \\ &= CNY(500000.00 - 500 \times 206) \times 0.75\% \\ &= CNY\ 2977.50\end{aligned}$$

例2:从温哥华到杭州运输一票货物,货物运输声明价值为 CAD 90000.00,货物毛重为 12 kg。

$$\begin{aligned}声明价值附加费 &= (90000.00 - 12 \times 41) \times 0.75\% \\ &= CAD\ 671.31\end{aligned}$$

二、运费到付及运费到付手续费

(一)运费到付

在国际货物运输中,根据货物运输合同,收货人在提取货物时向承运人支付所有与运输有关的应付费用,包括航空运费及其他费用等。

(二)运费到付手续费

对于运费到付的货物,在目的站办理货物交付手续时,收货人还需支付运费到付手续费。此项费用由最后一个承运人收取并归其所有。一般 CC Fee 的收取采用目的站开具专门发票,也可以使用货运单(交付航空公司无专门发票,将 AWB 作为发票使用时使用)。

运费到付手续费一般为航空运费和声明价值附加费之和的 5%。运费到付手续费一般不低于 10 美元或者其等值货币,按银行卖出价换算成当地货币。具体规则参阅 TACT RULES 7.2.2。

运至中国的运费到付的货物,运费到付手续费的计算公式及标准如下:

运费到付手续费 = (航空运费 + 声明价值附加费) × 5%,最低收取 100 元人民币。

■ 实训指导

例3:
Routing:PAR-SHA BY CA
Weight Charge:EUR 5000.00

China, People's Rep. of (CN)	Charges Collect Accepted: **No**		
	Charges Collect Fee:	5%	of weight and valuation charges
		Minimum:	**CNY 100**

Valuation Charge：EUR 200.00

Payment：Charges Collect

计算运费到付手续费。

解：查阅相关规定，CA 接收运费到付，到付费率为 5%。

到付运费与声明价值附加费之和为 EUR 5200.00。

(1) 将"航空运费和声明价值附加费"转换成目的国货币

根据 USD 1 ＝ CNY 7.1751 ＝ EUR 0.915

EUR 5200.00＝ CNY(5200.00÷0.915×7.1751)＝ CNY 40776.52

(2) 运费到付手续费＝(航空运费＋声明价值附加费)× 5%

＝ 40776.52 × 5%

＝ CNY 2038.83

例 4：

Routing：LON-TYO

Commodity：Electronic Equipment

Gross Weight：160 kg

Payment：Charges Collect

伦敦至东京的运价如右图所示。

解：Chargeable Weight：160 kg

Applicable Rate：GCR Q100 7.53 GBP/kg

Weight Charge：160 × 7.53 ＝ GBP 1204.80

Charge Collect Fee ＝ 1204.80 × 147.39 × 5%

＝ 177575 × 5%

＝ JPY 8878

LONDON Pound Sterling	GB GBP	LON KGS
TOKYO	JP	
	M	60.00
	N	9.47
	100	7.53
	300	6.09
	500	5.19

三、代垫款及代垫款手续费

(一) 代垫款

代垫款是指货物运输中出票承运人为托运人垫付的在始发站发生并在目的站收取的其他费用。代垫款由最后一个承运人收取，归出票承运人所有。代垫款项必须在货运单"其他费用"栏填写，并注明归代理人或承运人所有。

代垫款只适用于在目的站接受运费到付的情况，具体参阅 TACT RULES 7.2。在任何情况下代垫款金额不能超过航空货运单上所列出的航空运费。当航空运费小于 100 美元(或其等值货币)时，代垫款最高金额可允许为 100 美元(或其等值货币)。

（二）代垫款手续费

当产生代垫款时，即产生代垫款手续费，由最后一个承运人向收货人或其代理人收取，归出票承运人所有，代号为DBC。

代垫款手续费 = 代垫款×10%，具体收取百分比根据TACT RULES确定。

四、其他费用

（一）货运单费

货运单费又称为货运单工本费，此项费用为填制航空货运单的费用。承运人或其代理人销售或在填制航空货运单时，应向托运人收取货运单费，该项费用包括逐项填制航空货运单的成本。不同国家或地区收取的货运单费不同，一般根据TACT RULES 4.4及各航空公司的具体规定执行，如在中国，每一份国际货运单费用为50元人民币，在日本为JPY 200，在新加坡为SGD 10.00。

货运单费应填写在货运单"其他费用"栏内，用代号AWC或AWA表示，分别代表由承运人或其代理人收取。中国民航各航空公司规定，无论货运单是由航空公司销售还是由代理人销售，填制AWB时，货运单"Other Charges"栏均用AWC表示，表示此项费用归出票航空公司（Issuing Carrier）所有。

（二）燃油附加费

货物燃油附加费的计算公式：

$$货物燃油附加费 = 货物重量 \times 燃油附加费费率$$

计算航空货物燃油附加费时，有些承运人以计费重量为依据，有些承运人以毛重为依据，具体要看各承运人的要求。

航空货物燃油附加费的费率，承运人可以根据国际燃油价格的波动进行调节。

收取的航空货物燃油附加费，要填写在货运单"Other Charges"栏内，代号为MYC。此项费用归始发站填开货运单的承运人所有，不参加比例分摊。

（三）检查费

① 活体动物收运检查费

活体动物收运检查费是指向托运人收取的一票活体动物的检查、处理费用，填写在货运单"Other Charges"栏内，代号为LAC。此项费用归始发站填开货运单的承运人所有，不参加比例分摊。每一份国际货运单的活体动物收运检查费为200元人民币，具体参阅各承运人规定。

② 危险品收运检查费

危险品收运检查费适用于由托运人申报的，按照危险品运输规定运输危险品时，向托运人收取的一票危险品的检查、处理费用。

危险品收运检查费,应填写在货运单"Other Charges"栏内,代号为RAC。此项费用归始发站填开货运单的承运人所有,不参加比例分摊。

不同的承运人收取的危险品收运检查费不同。在TACT RULES 8.3承运人规定中可以查阅其收费标准。从中国内地始发至IATA 1区、2区和3区,每一票危险品收运检查费为650元人民币。

(四)退运手续费

退运手续费是指托运人退运货物时,应向承运人支付的手续费。

在我国,国际货物每一份货运单退运手续费为40元人民币。

任务演练

一、计算货物的声明价值附加费

1. Routing: LON-SHA

 Gross Weight: 15 kg

 Declared Value for Carriage: GBP 25000.00

2. Routing: MNL-PEK

 Gross Weight: 7.6 kg

 Declared Value for Carriage: USD 30000.00

二、计算运费到付手续费

1. Routing: FRA-PEK

 Weight Charge: EUR 660.00

 Valuation Charge: EUR 25.00

2. Routing: ZRH-TYO

 Weight Charge: CHF 1200.00

 Valuation Charge: CHF 80.00

项目小结

本项目主要介绍了国际货物运输运价体系构成、货币进位转换和国际货物运价计算规则等内容。在复杂的国际航空货物运输中,如何运用国际航空货物运价规则计算航空运输费用是本项目的重点及难点。

通过本项目的学习和训练,同学们应具备正确选择运价、准确计算国际航空货物运费及其他费用的专业能力,养成实事求是、诚实守信的工作作风,以及认真细致、爱岗敬业的工作态度。

模块四
货邮进出港处理

项目七　货邮出港处理

项目引入

通过前几个模块的学习,大家已经熟练掌握了航空货物收运的流程与规定,能够规范完成货物收运过程中的相关任务。那么,航空公司将货物收运之后是否就直接装机进行运输了呢?装机前还有没有其他的工作?货物装机过程中需要注意什么?货邮出港流程是怎样的呢?我们通过本项目一起去学习。

项目目标

知识目标

1.了解货邮在收运后、运输前的出港操作流程。
2.熟悉货邮交接、仓储、配载、出仓、装机等业务操作规定。

能力目标

1.能够按照规定完成货邮出港的一系列任务,如货邮仓储、配载、出仓、装机等。
2.能够正确识别、编制货邮舱单等出港文件。

素养目标

1.严格按照规定进行货邮出港操作,提升安全意识与质量意识,养成吃苦耐劳、团结协作、严谨细致、敬畏规章、敬畏职责的民航精神。
2.规范编制货邮出港文件,养成标准化、规范化的民航工作作风。

知识架构

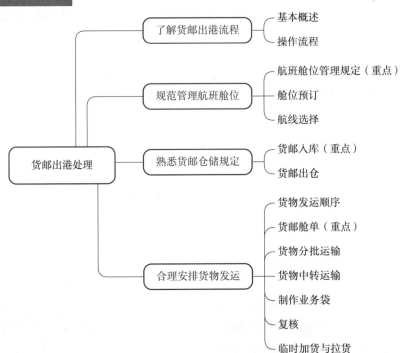

任务一　了解货邮出港流程

任务导入

随着全球化的加速和电子商务的迅猛发展,航空物流已成为现代物流业的重要组成部分,航空货运以其快速、安全、准时的特点,逐渐成为高价值、急需物资的主要运输方式。那么,承运人要通过怎样的流程和操作来保障货邮安全、高效地运输?航空货邮出港包括哪些环节?每一个环节如何操作?下面我们将对航空货邮出港流程进行深入探讨。

一、基本概述

货邮出港的一般流程包括货物订舱→货物收运→货物仓储→货物配载→制作舱单→货物出仓→货物装机等操作。货物运送需要在一定的经济效益下按照保证重点,照顾一般,合理、安全、迅速、准确运输的原则组织货物运输。承运人应当根据运输能力,按照货物的性质和急缓程度,有计划地安排货物吨位,并从宏观上合理利用每一航段的最大吨位,充分发挥航空运输快捷的时效性,有效提高运输服务质量。

货邮出港需要合理安排发运顺序和路线选择,并做好仓库管理、分批运输和中转运输的管理,特别是货物的配舱、出仓环节,应做到"三个相符",即货运单与货邮舱单相符、货邮舱单与装机指令单相符、装机指令单与出仓货物相符。

二、操作流程

要安全、合理地运输货物,承运人需要建立一套完整的货邮出港操作程序,并掌握操作要求。一般情况下,货邮出港流程包括以下环节。

(1)接受订舱。托运人向航空公司舱位控制部门预订舱位,航空公司根据货物的性质、急缓程度和收益大小,有计划地接受订舱。

(2)货物收运。检查货物的完好性,清点件数、核对标签、单票称重,在收运截止时间之前完成以上工作。

(3)货物仓储。对于通过安全检查的货物、邮件,将其入库、保管和出库。

(4)货物配载。按照货物的性质和急缓程度,充分考虑集装货物、散货与货舱的适配性,结合飞机可利用的舱位及航司的载运规定合理配载,避免舱位浪费或者货物积压。根据货运单和邮件路单制作航班货邮舱单,同时确定货邮装机位置并签发装机指令单。

(5)货物出仓、装机。出仓人员根据货邮舱单安排货物、邮件出仓,装卸人员根据装机指令单进行装机。

货物收运内容我们已经在模块二、三中进行了详细介绍,本项目重点介绍其他环节的内容。

简答题:请根据本任务内容绘制货邮出港流程思维导图。

任务二 规范管理航班舱位

由于飞机货舱的容积与载量有限,承运人需要根据待运货量合理利用舱位,安排货物发运。那么,如何有效、合理地利用舱位?舱位规划需要考虑哪些因素?又有哪些注意事项呢?

一、航班舱位管理规定

航班舱位管理是指在货运计算机系统中设定航班机型货舱载量和容积的数据,将所接收的订舱货物的重量和体积控制在该数据范围内,以便充分、合理地利用舱位。舱位控制部门应加强与载重平衡部门的工作协调,在航班上留足行李舱位后根据航班的实际情况计算出货邮可用载量和可用容积,并随时注意舱位的预订情况。

货邮可用载量=航班允许最大业载−旅客人数×旅客重量−行李重量
货邮最大可用容积=(货舱容积−旅客行李体积)×货舱容积可利用率

货舱容积可利用率由承运人根据特定航线上货物种类等情况进行测算。

(一)一般规定

(1)舱位控制部门根据货物的性质、急缓程度和收益大小,有计划地安排舱位,合理利用航班每一航段的最大业务载量与舱容,有效提高运输服务质量,争取收益最大化。

(2)对于抢险救灾物资、外交信袋以及政府指定急运的物品,舱位控制部门应重点保障该类货物的舱位,以保证其优先发运。

(3)应当按照合理和经济的原则选择运输路线,避免货物的迂回运输。随时掌握和了解货物的重量、体积及占用集装器数量。

(4)接受联程货物时,因涉及航班和航站较多,始发站和中转站在处理时应注意下列事项。

始发站:应同时考虑中转站的运输能力,如航班机型、装卸及设备条件等。对于托运人指定运达期限以及超大超重和需要特殊照料的货物,如特种货物,必须事先征得中转站的同意并预先订妥吨位。

中转站：凡同意在联程航班上留出舱位以中转联程货物的，均应按预订配额留足舱位；凡是应该优先转运的联程货物，都要优先中转。对于普通货物，应按照货物发运的先后顺序，并适当照顾联程货物的原则安排舱位予以发运。

（二）舱位分配及使用

1 协议舱位

（1）为了保证舱位的充分利用，承运人与销售代理人或托运人签订协议，在一定时间内一定航线上给予该销售代理人或托运人固定舱位配额。

（2）协议舱位用固定配额的形式在货运计算机系统中锁定，仅限某个销售代理人或托运人使用。如果该销售代理人或托运人主动取消舱位，其舱位由承运人另作安排。

2 航班舱位控制

航班的始发站作为舱位控制站，负责全程航线的舱位控制和分配。有多个经停站的航班，采取固定配额的方式分配舱位，配额量由控制站（始发站）、经停站商定。已经确定的配额不得随意变更。装机站可以使用至远程航站的舱位配额配装近程航站的货物，不得使用至近程航站的舱位配额配装远程航站的货物。经停站不得将过站货物拉下换装本站货物。

舱位不紧张的航线，可以使用开放舱位的管理方法。舱位控制站应随时注意舱位的预订情况。淡旺季货量变化比较明显的航线，可以使用部分舱位固定配额，其余开放的方法。无法正常使用舱位时，关闭航班不接受订舱。货物配载系统见图7-1。

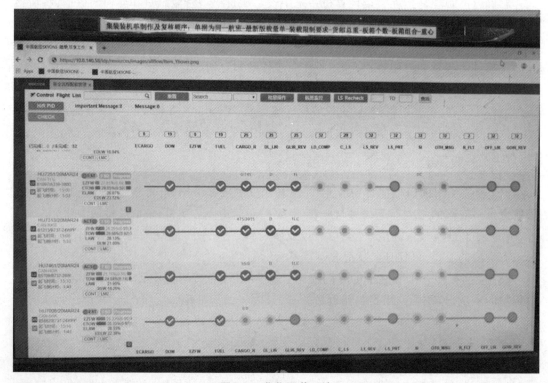

图 7-1　货物配载系统

(三) 配载注意事项

1 一般规定

(1) 按照航班、机型、货物的尺寸和重量合理搭配，充分利用集装设备和飞机货舱的容积。

(2) 注意季节变化、行李、飞机油量使用等情况引起的货物业载的变化。

(3) 注意不同机型对集装设备的要求。

(4) 注意有关航线的禁运情况。

(5) 国际转国内的货物要注意货运单是否盖有海关监管章。

(6) 活体动物运输，除应遵守相关规定，还需要考虑机务部门的装载要求，以及起飞时间、天气条件、航线距离等因素可能对动物产生的影响。

(7) 合理搭配各类集装设备的装载重量以及在飞机上的装载布局，保证飞机装载平衡。确保飞机重心在可允许范围内，并保证装载重量不超过飞机的最大允许业载。

(8) 超出地板承受力的货物，应使用垫板。

2 特种货物的配载操作

航班上若有特种货物，应根据航班舱位情况及货物性质，决定其配载方式，确保装入同一货舱的各种货物性质不会相互抵触。

二、舱位预订

(一) 一般规定

为了充分、合理地利用航班舱位，承运人需在货运计算机系统中根据航线机型设定飞机货舱载量和容积的数据，将所接受的订舱货物的重量和体积有效地控制在该数据之内。因此，承运人在接收托运人的货物前，会要求托运人提前预订舱位。

(1) 舱位预订的方式。订舱人可以通过航空公司开发的货运系统、电话、传真、书面或网络预订舱位。订舱人也可以直接联系航空公司销售及舱位控制部门预订舱位。

(2) 下列货物必须订妥舱位后方可承运：①有运输时限要求的货物；②危险物品；③活体动物；④鲜活易腐货物；⑤贵重物品；⑥超重和体积较大的货物；⑦灵柩。如做联程运输，则需订妥全程舱位后方可承运。

(二) 舱位预订的程序

(1) 托运人、销售代理人均可向舱位控制部门申请舱位。

(2) 订舱人预订舱位必须提供以下信息：①订舱人姓名、联系电话；②货物的始发站、目的站；③货物件数；④货物重量；⑤货物品名、包装、尺寸和体积；⑥储运要求(不能超出承运人的储运条件)；⑦申请运输的航班、日期；⑧整集装板订舱的货物，必须明确集装板的轮廓代码；⑨联程货物订舱应提供相关站点的舱位预订情况。

(3) 舱位控制部门根据吨位预订情况和库存货物情况对预订吨位予以确认。如所申请航班吨位已满,可向托运人或销售代理人推荐其他航班。

(4) 对于外航站的舱位预订,舱位控制部门应根据航班的舱位情况,在24小时内予以答复。

(5) 舱位控制部门在收到舱位预订信息后,应根据航班的载运能力和实际情况,合理安排航班舱位。

(三)舱位申请的批复

1 舱位分配原则

(1) 高价货优先于低价货。

(2) 批量大、长期性的货物优先于临时性、批量小的货物。

(3) 保证中转货物。

(4) 同等条件下,按照订舱时间的先后分配舱位,优先保证计划性的舱位预订申请。

2 订舱时限

舱位预订的申请应根据承运人的差异化要求执行。订妥舱位的货物,应在规定时间内办妥所有手续。

(四)订舱货物的不正常情况处理

(1) 已订妥舱位的货物,必须按指定的航班运输。在航班载运能力等发生变化的情况下,订舱货物相对于未订舱的货物享有优先运输的权利。

(2) 如因特殊情况,已上舱单的订舱货物被临时拉下时,拉货航站必须将详细情况,包括拉货的航班号、货运单号码、货物件数、重量、收货人地址、姓名及续运的航班,用电报或电话通知卸机站。

(3) 订舱货物被拉下后,必须尽快通知托运人或销售代理人,征求托运人或销售代理人意见。如托运人或销售代理人同意继续运输,应将被拉下的货物以最早的航班运出。

(4) 被拉下的联程货物,应重新订妥全程航班、日期、吨位。

三、航线选择

选择货物运输路线时,要考虑以下因素。

(1) 应优先选择直达航班。

(2) 中转航站的航班密度、航班机型、衔接时间等。

(3) 中转航站所在地区的气候、灾情、疫情等条件,可能给货物运输带来不良影响。

(4) 特种货物的运输路线选择,除了要考虑上述因素,还应符合其他相关规定。

(5) 整集装器中转的货物,在安排运输航线时,应注意续程航班的机型对集装器类型、重量及装载的限制。

(6) 超大超重货物的航线安排,应考虑各航站的装卸能力。

■ 货运现场直通车

复核缺失导致的装载差错

某航司 A320 飞机在经停站短停期间，地面人员发现1舱实际装载货物与舱单不符，实际装载1457千克货物，舱单显示1舱装载2914千克货物，重量相差1457千克，超出该机型最后一分钟修正限值。该事件发生主要原因是，配载员错误输入舱位信息，未交叉复核，构成一起装载差错事件。

【案例启示】

"装载不符"历来都是货运系统的核心风险，涉及的业务链条多且杂。"装载不符"涉及前端收运、组装、复磅、信息报送等多个环节，还涉及机下装载、清舱、复核、外单位沟通等，任何一个环节流程不清晰、信息传递不畅，都极易引发装载不符事件。

因此，装卸、配载岗位须持续开展作风建设，针对一线员工在日常工作中的盲目自信、习惯性凭经验、不按章操作、人在心不在、消极作业等问题，强化从业人员的红线意识、底线意识和岗位责任意识，确保员工严格按照规定程序和要求进行装卸作业。

任务三 熟悉货邮仓储规定

任务导入

货邮仓储即在货邮收运后、交付前将其入库、保管和出库。那么货邮通过安检进入仓库后，应如何合理存储？性质不同的货物是否有不同的存储要求？货邮入库与出库是否需要遵循相应的程序和要求呢？货物仓库如图7-2所示。

图7-2 货物仓库

一、货邮入库

（一）原则

货物仓库应当建立健全保管制度，严格交接手续；库内货物应合理码放、定期清仓；做好防火、防盗、防鼠、防水、防冻等工作,保证进出库货物完整无损。根据货运单核对、清点货物,然后按货物的性质、流向等分别入库。

(二) 核对内容

(1) 核对货物的货运单号码、始发站、目的站。
(2) 清点货物件数。
(3) 检查货物的包装。

(三) 货物码放

(1) 进、出港货物分区存放。特种货物放在专用仓库,不得与其他货物混放。
(2) 货物码放要求。
① 货物标签或标志应朝外显露,货区之间留出可供装卸、搬运的通道,便于作业。
② 码放时要求大不压小,重不压轻,木箱或铁箱不压纸箱。一般情况下,货物码放高度不宜超过同类货物码放4层或3米的高度。
③ 货物码放还应注意按货物标记的指示进行。

二、货邮出仓

(一) 出仓检查

(1) 货邮出仓依据的文件包括航班计划或预舱单。装机站根据航班计划将货邮出仓。
(2) 货邮出仓时应检查的项目。
① 根据航班计划核对货物标签上的货运单号码、目的站。
② 清点货物件数、检查货物包装状况。
③ 出仓时发现有单无货、有货无单、单货不符、包装破损等不正常情况时,应将不正常情况的货物和货运单挑出,单独存放。
④ 邮件出仓时应核对邮件路单号码、件数、目的站。检查邮件包装是否完好,封志有无异常。发现邮件有不正常情况应及时与邮政部门联系,征求处理意见。

(二) 出港货物组装

(1) 组装集装货物时应将装在同一个集装器内的货物或邮件单独记录,记录的内容包括货运单号码、件数、目的站。集装货物组装完毕后,应对整集装器进行计重。计重得出的数据、集装器编号、集装器的存放位置以及集装器所装货物的详细信息应录入货运系统。
(2) 散装货物的组装。散装货物和邮件出仓后应组装在拖斗车上,组装完毕后应对整个拖斗车进行过重,将过重后的货物重量作为配载平衡的依据。拖斗车的编号、车上装载货物的详细信息应录入货运系统。

(三) 货邮交接

1 一般要求

货物组装完成后应填写出港货物、邮件交接单,作为货邮出仓操作依据。

2 特种货物的交接

航班上装有特种货物时,应拍发特种货物装载报(FSH)并根据货物性质填写特种货物机长通知单,航班离港前与机长交接。

任务演练

简答题:简述货邮入库需核对的内容。

任务四 合理安排货物发运

任务导入

合理安排货物的发运顺序是货物运输过程中一项非常重要的工作,通过上一任务的学习,你已经掌握了如何对货舱的舱位进行控制。当现有货量超出了航班货舱的载量和容积时,如何安排货物的发运顺序?安排发运顺序需要考虑哪些因素?

一、货物发运顺序

根据货物性质,一般按照下列顺序进行发运,临时拉货时按反顺序进行。
(1) 抢险救灾物资、外交信袋、紧急航空器材(AOG)和政府指定急运的物品。
(2) 指定日期、航班和按急件收运的货物。
(3) 错装、漏卸、临时拉卸等不正常运输的货物。
(4) 有时限的货物、贵重货物和零星小件物品。
(5) 国内、国际已订舱的中转联程货物。
(6) 一般货物按照收运的先后顺序发运。

二、货邮舱单

货邮舱单是装机站向卸机站运送货物、邮件的清单,也是承运人之间结算航空运费的依据之一,由货运配载部门制单人员负责制作。货邮舱单的格式根据卸机站所在国家承运人或地面代理人的要求而有所不同,表7-1为航空货邮舱单。

表 7-1 航空货邮舱单

航班号:		航班日期:		飞机号:		装机站:		
序号	货单号	件数	重量(kg)	货物名称	始发站	目的站	备注

续表

序号	货单号	件数	重量(kg)	货物名称	始发站	目的站	备注
合计							

制表：　　　　　　　　复核：　　　　　　　　出仓员：

(一)货邮舱单的编制要求

(1) 货物与邮件合并编制货邮舱单。

(2) 依据航班号、航班日期在货运计算机系统申请货邮舱单,然后输入集装器和货物数据。

(3) 如使用集装器装载货物,应将集装器识别代码、集装器轮廓信息、集装器上每票货物的件数和重量等信息输入货运计算机系统,编制货邮舱单。运输特种货物时需提供特种货物的代码、品名、体积、件数、重量等信息。

(4) 未装载货物和邮件的航班,应制作无货邮舱单"NIL"(无货物和邮件)。

(二)货邮舱单的填写

货邮舱单的内容分为两部分:一部分是航班信息,包括航班号、航班日期、飞机号等内容;另一部分是货物信息,包括货单号、件数、重量、货物名称等。

(1) 航班号:填写装载货物的航班号。

(2) 航班日期:填写该次航班飞行的年、月、日。

(3) 飞机号:填写装载货物的飞机号。

(4) 装机站:填写货物装机站城市名称。

(5) 货单号:按顺序填写货运单号码或邮件运单号。

(6) 件数:填写货物的件数,以独立包装件为1件。

(7) 重量:填写货物的重量,以千克为单位。

(8) 货物名称:填写货物的品名,应使用货物的准确品名。

(9) 始发站:填写货物的始发站。

(10) 目的站:填写货物的目的站。

(11) 备注:填写该票货物在运输过程中需注意的事项。为了区别订舱货物与非订舱货物,方便各生产部门操作,订舱货物应在货邮舱单的备注栏中注明;凡装在客舱内,需与机组进行交接的货物,须在货邮舱单的备注栏内注明;特种货物的代码应显示在备注栏内;随附在货运单后运输的货物,在备注栏内注明;分批运输的货物,在货邮舱单的备注栏内注明"分批"字样及批次。

(12) 合计：货物、邮件的件数、重量的合计。

(13) 制表：制作货邮舱单的工作人员签字。

(14) 复核：负责此航班货物、邮件及货邮舱单检查的工作人员签字。

(15) 出仓员：负责此航班货物出库的工作人员签字。

三、货物分批运输

货物分批运输是指同一票货物分成若干批次，使用两个或两个以上航班运输。

货物分批运输的处理要求如下：

(1) 安排货物分批运输时，应注意货物搭配，合理利用舱位，避免不必要的分批运输；

(2) 必须分批运输的货物，装机站应在每批货物发运时，填制货物分批发运单（见表7-2），注明本批运输的批次、件数、重量，以及待运输件数、重量等信息。

表7-2　货物分批发运单

货物分批发运单									
				运单号					
始发站				目的站					
收货人姓名、地址				电话号码					
				邮政编码					
第一承运人		到站		第二承运人		到站		第三承运人	到站
件数包装		货物品名		实际重量		计费重量		体积或尺寸	列明价值
航班号				飞机号				日期	
本批					待运				
批次	件数	重量	体积或尺寸		件数	重量		体积或尺寸	
经手人					发运站				

(3) 分批运输的货物应尽量使用同一承运人的航班运输。国际货物分批运输时，必须按照当地海关的规定办理海关放行手续。

(4) 若分批发运的货物全部使用同一承运人的航班运输，货运单正本应随第一批货物运出，之后可以使用货运单副本或复印件安排运输。

四、货物中转运输

货物中转运输是指经由两个或两个以上航班，才能将货物运达目的站的运输。中转运输的货物均需要在中转站换装飞机,才能继续运输至目的站。如果货物运输由同一承运人的多个航班来完成,则只需填制一份货运单;如果中转货物的运输过程涉及多个承运人,需在中转站换开货运单才能继续运输。

中转货物和其他货物办理货运单的手续相同,但因中转货物运程较远,涉及的航班和航站较多,始发站和中转站在处理联程中转货物时应注意下列事项。

(1)在始发站,严格按照中转站的载运条件和运输要求(如接收货物的条件、清运能力、航班机型、装卸及设备条件等)承运中转货物。发货人指定运达期限以及超大超重和需要特殊照料的货物,应事先征得中转站同意后才可承运。

(2)在中转站,凡是应该优先发运的中转货物,都要优先中转;对一般货物,则应按照中转和本站始发货物承运的先后顺序发运。

(3)对到达本站的中转货物,应注意核对有关运输凭证和货物件数、检查货物和包装状况。凡发现内物破损、包装破损等不正常情况应及时填制事故记录,发电向有关站查询,并设法整修包装,以便续运。如货物破损严重,继续发运可能增加破损程度,应停止转运,并电告始发站货物破损情况,始发站转告发货人并提出处理意见。

(4)将联程中转货物的货运单、货物分批发运单、证明文件等妥善保管,作为继续运输的依据。如遇有单无货、有货无单等情况,应及时查找补齐或填制代货运单,以保证单货一致。

(5)接收中转货物时应进行下列项目的检查:

① 货物包装、封志是否完好;
② 货物的件数与中转舱单和货运单是否相符;
③ 鲜活易腐货物是否出现异常,是否适合继续运输;
④ 活体动物的状态是否良好;
⑤ 货物运输路线是否正确;
⑥ 货运单等运输文件是否齐备;
⑦ 货运单上的储运注意事项栏内是否有特殊要求并符合承运人的规定;
⑧ 海关、检疫等手续是否齐全。

五、制作业务袋

计划装载的货物出港文件准备就绪后,分别制作经停站、到达站的业务袋,业务袋上要写明航班号、日期、始发站、到达站。将出港货运单、邮件路单、货邮舱单分别装入业务袋内,随飞机运往有关航站。

将货运单的承运人结算联、邮件路单的结算联和货邮舱单登记并装入信封,交财务结算部门。各种文件、单证的交接都要签字负责。货邮舱单、交接单均应按日期顺序装订整齐。

六、复核

文件复核应做到"三核对",即货运单与货邮舱单相符合,货邮舱单与出港货物相符合,货运单与货物相符合。货邮舱单总重量与出仓货物实际重量的误差应当在±3%之内。超过此范围则应查找原因、重新复核,及时更正。

七、临时加货与拉货

临时加货是由于舱位、吨位临时变化,在航班起飞前需要加货。临时加货一般不得随意延误航班。特殊情况下必须延误航班时,如急救,应及时报告有关部门同意后再处理,但应尽量缩短延误时间。

临时拉货是指装机站或经停站因飞机超载,将已装上飞机或待装的货物全部或部分拉下,满足飞机配载平衡的需求,以确保飞行安全;或是人为因素导致的,如某一环节操作不规范而造成的拉货。临时拉货应按以下规定操作。

(1)拉货顺序:拉货顺序要按发运顺序反向操作,做到货运单、货物同时拉下并更改相关文件,必要时应通知有关航站和托运人。

(2)临时拉货处理:对于航班临时拉货,应及时抽回货运单。对未及时抽回货运单的,应保留好货物交接单,标出被拉货物货运单号码、重量,同时保留货运单副本。填写拉货记录单,修改相关数据,拍发拉货电报并及时通知相关部门。到达站应做好记录,并随附有关电报。

(3)已订舱的货物、急件货物被拉下时,应立即通知货物的托运人,请其及时提出处理意见,并按照托运人或订舱人的意见采取措施。

任务演练

一、判断题(请扫码答题)

二、简答题

航站接受中转货物时,应进行哪些项目的检查?

三、操作题

以下货物计划由HU7383航班从三亚运至杭州,请根据以下信息编制航空货邮舱单。

在线答题

货运单号码	件数/件	重量/kg	品名
880-04836904	55	467	芒果、火龙果
880-04837081	25	217	衣服/芒果
880-04839155	10	159	活虾
880-04835806	15	281	活鱼
880-04834292	56	241	鲜花
880-04830991	50	387	黄秋葵

航空货邮舱单

航班号：		航班日期：		飞机号：		装机站：			
序号	货单号	件数	重量(kg)	货物名称	始发站	目的站	备注		
合计									

制表：　　　　　　　　　复核：　　　　　　　　　出仓员：

任务五　了解货物装卸要求

任务导入

货物装卸看似是很简单的两项操作——装与卸。实际上，这份工作并不像字面意思那么容易和轻松。货物完成前续一系列操作后，如何装入货舱？装机前需要做哪些准备工作？货物是否可以放在任意货舱、任意位置？装卸过程中还有哪些注意事项？图7-3为货物装机操作。

图7-3　货物装机操作

一、货物装卸基本要求

装卸作业必须有专职的监装、监卸人员对作业现场实施监督检查。在装卸作业过程中,监装、监卸人员负责监督货物的装卸情况并确认装载结果,他们既不是装卸工作的现场指挥员,更不是具体装卸操作人员。监装、监卸人员应严格执行有关监装、监卸的职责和规定,保证货物安全和装卸准确、迅速,发现和处理装卸过程中出现的不正常情况。

建立装卸工作的管理制度和业务流程,明确装卸工作的第一责任人及其职责,明确与装卸工作有关的部门、岗位及其职责,明确与装卸有关工作岗位的人员要求。如装卸相关业务存在代理或者外包的情况,需明确与代理方或外包方的代理协议签署,明确安全管理及检查要求。

坚持安全隐患"零容忍"的原则,结合SMS(安全管理体系)建设,建立装卸安全隐患排查工作机制。全面梳理装卸工作危险源,从组织管理、手册程序、人员培训、作风建设等方面制定针对危险源的风险缓解措施,严把装卸安全关。

(一)确保飞行安全

(1)完善装机、卸机工作制度,装卸人员要在装机前、卸机后实施货舱检查,确认散装货舱隔离网及配套设备符合相关规定要求,并严格按照装机单、卸机单和相关要求进行装卸作业;做好散装货舱内货邮行及集装器的机上固定工作,特别是要做好超大、超重、不规则货物以及危险品等特种货物在散装货舱内的固定工作。

(2)货物出入仓库、装卸飞机,都必须根据有关业务单据认真复核装卸货物的件数和集装器编号,防止因错装、错卸而造成飞机隐载。经手人应在作业单据上签字,以明确责任。

(3)飞机货舱各个舱位的货物重量须符合载重平衡要求,应严格按照装机指令单指定的位置进行装载。

(4)装卸部门负责将装载异常信息、临时拉调货等不正常情况及时通报配载、调度等相关部门,确保异常信息得到纠正,确保实际装载与单据一致后方能关闭货舱门。

(5)装卸部门必须按制订的装载计划进行装载,若有调整,必须确保通知配载部门修改舱单,并将准确的装载情况通知机长。

(6)针对指定专职人员需要兼顾多个装卸现场的,相关单位要制定措施,确保装卸机全过程有相关人员负责监装、监卸。

(二)保证飞机及设备安全

(1)对于前三点式飞机,装机时应先装前舱,卸机应先卸后舱,以防止机尾下沉(即装前卸后)。

(2)装载底面积小而重量大的货物,要注意是否超过地板的负荷,超过时应按规定在货物下面加垫板以增加机舱地板与货物的受力面。进行装卸作业时,要切实防止损坏飞机内外各项设备及机身蒙皮。

(3)装卸部门必须按照制订的装载计划进行装载并进行固定,确保行李、货物在飞行过程中不被移动。

(4) 在进行货邮行组装作业时,要确保集装器及配套设备符合相关规定要求,做好集装板上或集装箱中货邮行的固定,特别是做好超大、超重、不规则货物以及危险品等特种货物的固定工作。

(三) 保证货邮行完好

(1) 对于任何货物、邮件、行李,在装卸过程中都应当轻拿轻放,严禁翻滚抛掷或强塞硬挤,避免破损。装在机舱内的货物要堆码紧密整齐,重不压轻,大不压小。

(2) 装卸搬运时,严格按照货物上的储运指示标志进行操作,凡属液体货物、仪器等货物不可倒置。堆放货物,要使标志外露,箭头向上,以便引起下一装卸环节的注意。

(3) 做好监控及交接工作,对装有货邮行的集装器及散货拖斗车在货运站、航站楼存放以及从货运站、航站楼拖运至机坪的过程进行有效监控,做好集装器及散货拖斗车在地面运输各环节的交接,确保货邮行在地面的运输准确无误。

(四) 保证装卸准确、迅速

(1) 在装卸作业中,装卸人员应严格执行有关装卸作业规定,确保飞机及设备的完好,保证货物安全和货物装卸准确、迅速,并保证装卸人员的安全,防止发生工伤事故。

散货装机作业程序与规定

(2) 装卸飞机要准确、迅速,保证航班正点。根据航班离岗时间先后顺序和作业量大小安排装卸作业。预计关闭舱门前5分钟完成作业。装机时按照货物、邮件、行李的顺序作业;卸机时按照行李、邮件、货物的顺序作业。

货物装机流程是怎样的?请扫码了解散货装机作业程序与规定。

二、装卸作业准备与检查

(一) 出港航班作业准备

(1) 根据进、出港飞机的架次、机型、时间和作业量合理分派装卸任务,妥善调配装卸人员与装卸车辆、设备,确保每一个航班都有指定人员负责。

(2) 根据装机指令单了解航班货物、邮件的件数、重量、应装舱位,以及需特别注意的事项。如发现配载舱位的货物总体积可能超过货舱容积,或者某件货物因体积、重量等原因不能装进飞机货舱,应及时提出建议。

(3) 要保证装卸设备、车辆处于完好状态,备齐必要的工具。雨季要备好苫盖货物用的防雨设备。

(4) 准备装机的出港货物和已卸机的进港货物在等候装机或拉回仓库期间,应有人负责监护。

(二)装机前的检查

1 根据装机指令单完成装机前的检查

操作人员到达装机现场后,首先应核对装机指令单上列明的航班基本信息与实际是否一致。检查核对的目的是保证航班装载的准确性,避免发生错装错运。

装机指令单(Loading Instruction/Report)是由航班载重平衡部门填制的货物或行李的装机清单,其作用是对飞机所装货物的重量进行平衡布局并指导装卸人员准确装载,通常有电子式、直读式和表格式。电子式装机指令单(见图7-4)的优点是配载部门可以通过无线信息传输系统将航班的装载信息直接传送给装卸人员,装卸人员可以通过手持接收机即时接收并打印这些信息。

```
航班号: CA151          机号: B2064        拟停:   234        预起: 0930

ZCZC 001
 QD PEKPM1E
.PEKRRCA CA/090547
                                                            DF-830
LOADING INSTRUCTION/REPORT                        CHECKED     EDNO
ALL WEIGHTS IN KG                                             02

FROM/TO FLIGHT   A-C/REG  D/V    VERSION     CREW  DATE      TIME
PEKSEA CA 151    B2064   04/02   777-2J6     3/15 09DEC08   0830
LOADING INSTRUCTION (ACTUAL WEIGHT IN KGS):
***************************************************************
***************************************************************
21P PMC71140CA        SEA C/01334
RK: FFF/TEL
---------------------------------------------------------------
22P PMC69115CA        SEA C/01566
RK: PPP
---------------------------------------------------------------
23P PMC68936CA        SEA C/02046
RK: FFF
***************************************************************
31  FLA79039CA        SEA C/01515
RK: PPP
---------------------------------------------------------------
32  ALF40118CA        SEA C/01376
RK: TEL
---------------------------------------------------------------
33L AKE24538CA SEA C/00948     33R AKE26271CA SEA C/00698
RK:                            RK:
***************************************************************
41L AKE24882CA SEA C/00729     41R               SEA BY/00655
RK:                            RK:
---------------------------------------------------------------
44L             SEA BY/00655   44R               SEA BY/00655
RK:                            RK:
***************************************************************
***************************************************************
SI.

                        PREPARED BY:   11218

THIS AIRCRAFT HAS BEEN LOADED IN ACCORDANCE WITH THESE
INSTRUCTIONS AND THE DEVIATIONS SHOWN ON THIS REPORT. THE
CONTAINER/PALLETS AND BULK LOAD HAVE BEEN SECURED IN
ACCORDANCE WITH COMPANY INSTRUCTIONS.
                           SIGNATURE:
=
NNNN
```

图7-4 电子式装机指令单

装机指令单通常包括两部分内容,即基本信息与货物装载信息。基本信息包括航班号、飞机号、机位、航班日期、起飞时间、航班始发站、目的站。货物装载信息包括货物件数、重量、类别,集装器识别代码,货物装载舱位号等内容。详细说明见图7-5。

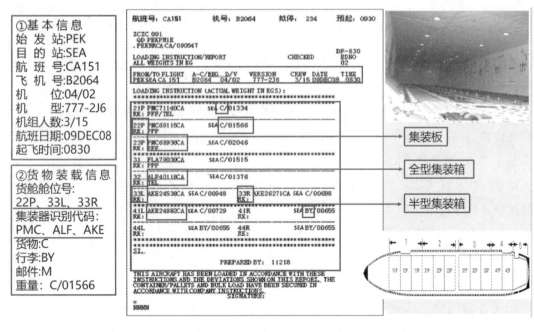

图 7-5 电子式装机指令单信息说明

如何识读电子式装机指令单？请扫码学习。

2 检查货物

检查货物外包装是否出现破损、开裂、渗漏等现象；如有，应停止操作，上报并请示处理意见。检查是否需要在货舱内额外系留固定；如需要，检查是否已经准备好系留绳索或绑带。窄体飞机和宽体飞机散货舱的货物，应检查货物外形尺寸是否能够装进飞机货舱。

3 检查货舱环境及货舱内设施

（1）装机前应进行货舱目测损伤检查并清舱或巡舱，发现异常情况（如货舱破损、货物装载系统损坏、货物或物品遗漏等）应按相关规定记录、上报、处理。

（2）检查货舱内有无影响安全的货物包装碎屑、金属物、木块、包装带、碎纸板、塑料布、粉尘等，如有，应清扫干净。

（3）检查货舱地板有无影响装载作业的破损、孔洞、翘起，如有，应立即报告机务人员处理。检查货舱地板上有无液体、油污、动物排泄物等，如有，应立即清除干净。

（4）检查货舱隔离网是否齐备有效，如发现隔离网出现丢失、破损、断带、锁扣丢失或变形、布帘破损等现象，应停止作业，报告机务人员处理。

货舱环境及货舱内设施检查现场如图7-6所示。

图7-6　货舱环境及货舱内设施检查现场

三、货舱内的操作要求

货物装机时必须按照装机指令单上的要求进行装载,并遵循"装前卸后"的原则,其目的是保证飞机的平衡,避免飞机在地面操作过程中发生机尾下沉或飞机翻滚事故。特殊货物装载应严格按照货物的装载要求进行操作。货舱内的具体操作要求如下。

(1)装卸、搬运货物应严格按照货物包装上的操作标签作业,轻拿轻放,严禁翻滚抛掷或强塞硬挤而使货物发生破损。严禁用行李、邮件垫塞货物。宽体飞机装货时应注意货物与货舱壁之间留有一定的距离。

(2)根据货物的形状、重量、体积、性质将装入机舱内的货物码放整齐,重不压轻,大不压小。码放货物时要将标志外露,以便在下一个装卸环节引起注意。合理堆码,在保证货物安全的基础上,充分利用货舱的容积和载量。

(3)散货装机时必须堆紧捆牢,凡超重、易滚动的货物,要使用系留设备予以固定,防止货物在飞行过程中发生翻转滚动。经停站如发现飞机上的过站货物捆绑不够牢固,应予以加固。

(4)装载重量较大的货物,要轻起慢落,防止砸坏集装设备或飞机地板结构。

(5)为了下一站卸机方便,在同一货舱内一般是将远程航站的货物先装,放在货舱里面,将近程航站的货物后装,放在靠近舱门处。到达同一站的货物要集中码放。

(6)任何情况下,货舱内装载的货物不应阻挡飞机货舱顶板上的火警探测器和灭火系统,货物高度不得超过货舱限高警戒线(见图7-7)。

(7)货物装完后必须挂好隔离网(见图7-8),以防货舱内装载的货物在飞行过程中发生翻滚、移动而损坏飞机货舱设备或货物,或者因位移而改变飞机重心,影响飞行平衡。

(8)装机作业完毕后,应检查货舱地板上的卡扣(防止集装器移动)是否打起(见图7-9),

舱门是否关好(见图7-10)。

图7-7 货舱限高警戒线

图7-8 货舱挂隔离网

图7-9 检查货舱地板卡扣是否打起

图7-10 检查货舱门是否关闭

集装货物是如何装机的？请扫码观看。

集装货物装机

货运现场直通车

惊险！突发事故，机头翘起机尾触地

据 CNN 报道，10 月 22 日捷蓝航空一架 A321 客机在纽约肯尼迪国际机场卸载时失去平衡，机头高高翘起（见图 7-11）。捷蓝航空表示，飞机停靠在登机口，在卸载过程中由于重量和平衡的变化，飞机尾部下垂导致机头抬起，最终恢复原位，所幸没有人员在事件中受伤。

可能导致航空器地面翘头的原因：

(1) 后货舱满载，而前货舱空载，例如装卸顺序出现问题，前舱为空，后货舱集中了大量的货物、行李；

(2) 在登机或下客时，后舱聚集大部分旅客而前舱为空；

(3) 飞机停放在倾斜的地面或遇到大风天气。

图 7-11 飞机卸载时失去平衡

（资料来源：民航资源网，2023 年 10 月）

【案例启示】

货物装卸并非字面理解的"装机、卸机"的简单操作，民航局要求装卸服务提供者要对货物和邮件装卸相关活动制定标准操作程序，所以货物装卸环节要严格履行操作标准，从业人员要始终保持高度敏感和警觉，深刻认识装载环节对安全运行的影响，要进一步强化"时时放心不下"的责任感，以安全隐患"零容忍"的态度切实防范突出运行风险。

知识拓展

民航局进一步完善航空货物装卸工作规范

为进一步完善航空货运规章标准体系，提高治理能力，民航局于 2023 年 8 月 18 日发布《航空货物装卸工作规范》（以下简称《规范》），从货运市场及运行管理的角度，拟构建以《公共航空货物运输管理规定》为基础，涉及货运重点操作环节、重点货物保障的一整套规范性文件体系。从安全管理上来看，货物装卸不仅需要经过组装、机坪装卸等操作，还需符合装卸顺序、装卸方案、信息传递等相关要求，因此，规范化、专业化、标准化的装卸操作是确保航空货物运输安全的必然要求。《规范》对货物装卸中库区组装、货物交接、机坪装卸、监装监卸等环节进行有效约束与合理引导，将有助于健全安全管理体系，并深化安全隐患治理、防控化解重大安全风险。从经营效益上来看，装卸质量直接体现了货站与机坪的服务水平，高效有序的装卸也是改善货站与机坪管理形象、提高经营效益的现实需要。

（资料来源：中国民航报，2023 年 8 月）

请扫码学习《航空货物装卸工作规范》。

航空货物装卸工作规范

任务演练

判断题（请扫码答题）：

在线答题

项目小结

　　本项目主要介绍了货物在始发站完成收运之后的出港操作流程及业务规定，包括货物交接、仓储、配载、制作舱单、出仓、装机等环节的操作。其中重点内容是货物的发运、配载和装机规定，难点是货物配载与出港文件的识别与编制，如货邮舱单、中转舱单等。

　　通过本项目的学习和训练，同学们应具备专业的货邮出港操作能力，在操作过程中不断提升安全意识与质量意识，养成吃苦耐劳、团结协作、严谨细致、敬畏规章、敬畏职责的民航精神。

项目八 货邮进港处理

项目引入

每年端午节临近之际,深圳宝安机场航空货站都会迎来"粽子"进出港高峰。平均每天有来自全国各地的近千公斤粽子空运抵深,为保证粽子的新鲜美味,机场还专门开设了绿色通道保障粽子的运输顺畅,进港粽子抵深后便立即送入冷冻库,并第一时间通知货主提货。为减少货主提货排队等待时间,机场航空货站还在进港区设立了专用提货窗口,以提高效率,确保深圳市民能享用到最新鲜的粽子。(资料来源:https://news.carnoc.com/list/283/283212.html)

这些传统的味道需要经过哪些环节才能送到收货人手中?对于生鲜货物,为保证粽子不变味,在进港货物处理过程中需要注意哪些问题?其对货物存储和交付时间又有什么特殊的要求呢?希望通过本项目的学习,同学们能找到这些问题的答案。

项目目标

知识目标
1. 了解货邮进港操作流程。
2. 熟悉货邮进港文件的接收和处理要求。
3. 熟悉进港货邮的处理程序与要求。
4. 掌握进港货物的交付程序与规定。

能力目标
1. 能够完成货邮进港文件的接收与处理。
2. 能够根据规定完成进港货邮的处理。
3. 能够规范办理货邮交付业务。

素养目标
1. 熟悉进港工作职责,培养爱岗敬业、吃苦耐劳的民航精神。
2. 规范处理进港文件和货物、办理进港货物交付,养成团结协作、认真细致的工作作风和精益求精的工匠精神。
3. 不断提升分析、解决实际问题的能力,树立"人民民航为人民"的服务意识。

知识架构

货邮进港处理 —— 了解货邮进港流程
- 航班进港前的准备工作
- 业务文件(袋)的接取
- 货邮舱单、货运单及其他文件的处理
- 进港货物的核对
- 到货通知
- 交付货物

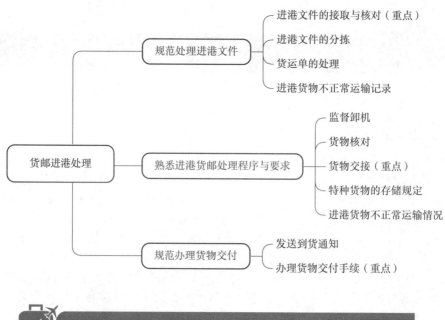

任务一　了解货邮进港流程

 任务导入

货物到达目的站后需要经过哪些环节方能交至收货人手中？每个环节有哪些作业内容和操作规定？你了解吗？

一、航班进港前的准备工作

卸机站接到航班进港信息后，应做好航班进港前的准备工作。接机准备工作依据进港航班信息展开。进港航班信息即装机站释放的航班发来的各类电报和信息，包括：

(1) 货邮舱单报(FFM)；

(2) 货运单报(FWB)；

(3) 特种货物装载报(FSH)；

(4) 中转货物信息报；

(5) 集装器控制电报(UCM)；

(6) 货物不正常运输电报(FAD)；

(7) 电子货邮舱单等。

二、业务文件(袋)的接取

航班落地后，卸机站业务人员应及时到飞机上接取货邮舱单、货运单、邮件路单和其他业务文件。通常，这些文件被集中装入一个文件袋内，称之为"业务袋"。业务人员接取业务袋时应检查业务袋上注明的卸机站,避免拿错业务袋。

对于过站航班,如果需要在本航站更换飞机,负责接取业务袋的业务人员应及时将续程航班的业务袋送到更换后的飞机上。对于不需要在本站更换飞机的过站航班,业务人员应将该航班需在本站卸下的货物、邮件的数量(件数)通知装卸人员,以避免漏卸货物和邮件。

三、货邮舱单、货运单及其他文件的处理

卸机站业务人员应核对进港的货运单与货邮舱单,根据货物流向编制货物交接单。

编制货物交接单时,将特种货物与普通货物分别填写,分开交接。交接后双方当事人应在交接单相应栏目上签字。

国际航班进港货物运输文件,需经海关检验放行。

四、进港货物的核对

货物的核对应以航班为单位,依据货邮舱单进行校对。对于集装货物,应将货物全部卸下,逐件核对。如果是运输合同中约定的整集装器交接的货物,只核对集装器编号即可。

国际进港货物和邮件应按规定办理海关手续。货物卸回仓库后应在海关监管库区内核对或存放。

货物核对完毕后,应按货物流向进行分拨。对于发生不正常运输的货物,应在货邮舱单或不正常运输记录本上进行详细登记,并填写货物不正常运输记录。

五、到货通知

除非托运人或收货人与经营人另有约定,货物到达后应在规定时限内向收货人发出到货通知。到货通知一般包括电话通知、书面通知等形式。活体动物、鲜活易腐货物、贵重物品、危险物品、灵柩、骨灰、外交信袋和快件等时限性较强的货物一般采取电话通知形式。普通货物可以采取书面通知形式,书面通知一般包括到货通知单、传真等形式。无论是电话通知还是书面通知,经营人均应做好记录。

六、交付货物

经营人只能将货物交付给货运单上指定的收货人,如果货物交付前托运人已经要求变更收货人,则变更后的收货人为货运单上指定的收货人。

经营人交付货物前应查验提货人的身份证明、提货证明和其他文件是否完备有效,计算并收取到付运费、到付运费手续费、保管费和地面运输费等有关费用。

提货人在提取货物前,付清所有应付费用并自行办妥海关和检验检疫等手续。

交付货物时,如果提货人对货物件数、重量或外包装的状态提出异议,应当场查验或重新过称,按规定填写货物运输事故记录(货物交付状态记录),也可以在货运单上注明货物的详细状况。无论采取哪一种方式,相关记录都必须经收货人和经营人双方签字或盖章。此记录可作为日后收货人向经营人提出索赔的依据。

提货人提取货物时应在货运单交付联的收货人栏内签注姓名、有效身份证件号码、日期和联系电话。交付人在货运单交付联的交付人栏内填写本人姓名和交付日期。经营人应将经提货人签字的货运单与完成海关和检验检疫放行手续的货运单一并留存。

国内运输的分批货物,可以分批交付;国际运输的分批货物,应在整票货物全部到达后实施交付。如果收货人要求分批提取,收货人应向海关提出申请,经海关同意后可以分批提取。分批交付时,交付人应在货运单上注明本次交付的件数、重量和交付时间。货物全部提取后,双方应当在货运单上签字,证实货物已全部提取。

■ **货运现场直通车**

南航北京分公司货运部多措施提升进港效率

中国南方航空股份有限公司北京分公司货运部为提高进港货物的提取速度,保障中转货物顺畅,在现场通过多项措施加强对地面代理的监控,提升进港操作效率,缩短货物提取等待时间,减少因提货速度慢引发的投诉索赔。

一是建立进港航班记录检查单,时时监控。货运部现场在进港班组建立了进港航班记录检查单,对每天所有的北京进港航班的到达时间、货物入库时间、货物分拣完成时间一一记录在册,筛选出每日入库时间和分拣时间超过约定时间的航班,每周区分09:00—13:00、13:00—18:00、18:00—24:00三个时间段分别统计,通过统计表分析每日进港延迟的集中时间段,要求地面代理在此时段增加保障力量来减少延迟。

二是重点航班加强监控,时时跟踪。对于中转货物较多的货运部重点航班,现场操作人员重点监控,及时查看航班信息,与地面代理运输队、装卸队等保持沟通,重点跟踪航班的进港和入库时间,详细记录分拣完成时间,确保第一时间将中转货物转至出港。对于有鲜活货物的航班,要求地面代理优先保障,快速分拣,避免因提货晚造成货主投诉索赔。

三是针对进港货物破损,时时关心。对于在货物进港操作中出现的破损等不正常情况,由现场人员、地面代理和货主三方共同对货物进行开箱检查,如实记录详细信息,共同签字确认破损记录单。通过现场人员的时时关心巡查,及时解决进港货物出现的不正常情况,有效提升了货物提取的效率。

(资料来源:民航资源网,http://news.carnoc.com/list/239/239527.html)

【案例启示】

通过该案例可以感受到民航货运人对于本职工作的热爱和责任,时刻践行"真情服务"理念,想客户之所想,急客户之所急,创新服务举措,持续提升客户体验。

 **任务演练**

一、选择题（请扫码答题）

在线答题

二、请根据本任务所学内容绘制货邮进港流程思维导图。

 ## 任务二　规范处理进港文件

任务导入

在项目七中我们已经学习了出港货物的业务袋制作，那么业务袋里的文件是否会随货物一起进港？进港后又应当如何处理？有没有其他新增的文件？下面我们就一起来学习进港文件的处理规定吧。

进港文件是确认核实进港货物信息的重要依据，在处理进港文件时，要做到"文文相符""文实相符"，提升进港作业质量。

一、进港文件的接取与核对

进港文件是指进港航班上与所装载货物、邮件有关的运输文件，一般包括货运单、邮件路单、货邮舱单、中转舱单等，通常会集中装在业务袋内。这些文件由货物装机站的出港部门交给航班机组，随机运输并与卸机站进行交接。但是在接到这些文件之前，卸机站应根据装机站拍发的货邮舱单报、货运单报、特种货物装载报和货物不正常运输电报等，做好航班进港的准备工作。

航班进港后，承运人应在规定的时间内上飞机接取进港文件，然后将文件送交进港部门。进港部门根据接收的货邮舱单核对货运单是否全部收到，核对内容包括始发站、目的站、货号、件数、品名及货物性质。

对多收或者少收的货运单在货邮舱单上注明。核对时发现文件不相符的，应将相关情况进行登记，并与所收到的货物进行比对，将不正常运输的信息拍发电报通知装机站或者有关航站。核对完毕后，可以安排进一步的货物核对工作。

二、进港文件的分拣

1 进港文件的分拣依据

根据货物流向分拣进港文件。需要交给下一环节的货物,编制货物交接单并连同货物一起进行交接。

国际进港核对完的货邮舱单要一式两份,一份卸机站留存,一份向海关申报。在中国境内必须使用随机到达的货邮舱单向海关申报,该货邮舱单不得做任何修改,对于需要修改的事项需在备注栏中注明。

2 货物交接单的编制要求

编制货物交接单时,应根据货运单上的目的站、收货人、货物品名以及储运注意事项等内容确定货物的流向,分拣货运单。

不同的航站,对货物的流向有不同的要求,一般分为留机场的货物和到市区的货物。危险品、活体动物、冷冻冷藏货物、贵重物品、灵柩、鲜活易腐货物等需要特殊仓储的特种货物,应编制不同的货物交接单。

货物交接单的内容主要包括航班号、日期、货运单号码、件数、重量、品名、始发站、目的站等内容。

三、货运单的处理

目的站为本航站的货物,应在货运单上注明货物到达日期,该日期作为向收货人计算保管费的依据。

随着航空货运发展的进一步完善,许多机场的货运库房内设置了诸如危险品库房、贵重物品库房等特种货物库房。因此,还需要根据进港货物的性质对这些特种货物分别制作分舱单,以便货物分别进入这些库房内存储。分舱单也可以作为货物交接的依据,即承运人通常使用的进港货物交接单。

对于不办理货款到付(Cash on Delivery)业务的承运人,货运单上如有"Cash on Delivery"字样,应及时通知始发站更正。货运单上如有"To Order"或"To Order of the Shipper"字样,也应通知始发站更正。

需要转交给其他地面代理人的货物,或者需要转交给其他承运人运输的货物,由进港部门填开货物中转舱单,连同货运单和货物交接单、货物一起与相关单位进行交接。

对于其他文件,如外航站随机带来的货物不正常运输记录、电报或信函等,应尽快分送相关部门处理。

四、进港货物不正常运输记录

进港货物不正常运输主要包括多收货物、多收货运单、少收货物、少收货运单、有货无单、有单无货、货物漏卸、多收业务袋、少收业务袋、货物丢失、货物破损等情况。发生进港货物不正常运输时，应填写货物不正常运输记录。

进港货物不正常运输记录至少一式三联，一联给始发站或装机站，一联随货运单运往下一站，一联本站留存。

■ **货运现场直通车**

> 桂林机场货站进港率先步入"货邮无纸化"进程

为响应国家绿色环保号召，推动减污降碳协同增效，积极推动"无纸化"服务提质升级。桂林机场货站于2022年12月15日在国内率先开通货邮无纸化业务，首批确定货邮无纸化的航班为南航从北京大兴、哈尔滨、沈阳到桂林的航班，货邮无纸化业务开通后，这些航班将不再随附货邮舱单、货运单等纸质文件。

为保证桂林机场货站进港货邮提取工作顺利进行，桂林机场货站积极与南航沟通，就无纸化业务操作流程进行交流。桂林机场货站进港部安装南航唐翼系统，通过唐翼系统接收电子数据，改系统具备查询、下载、打印等功能，南航货运业务负责人进行业务操作培训与指导。

后续，桂林机场货站持续结合货邮无纸化业务操作实际，对进港作业指导手册相关工作流程进行修订，进一步将货邮无纸化操作制度化、规范化、程序化，确保货邮无纸化业务真正落细落实，全面提升货运服务质量。

（资料来源：中国民航网，http://www.caacnews.com.cn/1/5/202212/t20221212_1359174_wap.html）

■ **任务演练**

一、选择题（请扫码答题）

二、填空题

1. 进港货物的相关文件通常会集中装在_____内。

2. 对于不办理货款到付业务的承运人，货运单上如有_____字样，应及时通知始发站更正。货运单上有_____或_____字样时，也应通知始发站更正。

在线答题

任务三　熟悉进港货邮处理程序与要求

 任务导入

在处理进港文件的同时要对进港货物进行处理，包括货物卸机、货物核对等操作。那

进港货邮的接收程序

么,卸机时需要注意什么?核对时有哪些要求?需要核对哪些内容?如果出现"文实不相符"的情况又应如何处理?请大家继续认真学习本任务内容。

进港货邮的接收程序是怎样的,具体有哪些操作规定?请扫码学习。

一、监督卸机

承运人应建立监装、监卸制度,货物卸机应有专职监卸人员对作业现场实施监督检查。承运人应当按照进港作业中装卸基本要求,对承运的货物精心组织卸机作业,轻拿轻放,严格按照货物包装上的储运指示标志作业,防止货物损坏。对于需要特别注意或优先卸机的货物,指定专人负责处理。集装货物卸机和散货卸机分别如图8-1、图8-2所示。

图8-1　集装货物卸机

图8-2　散货卸机

二、货物核对

(一)以航班为单位的核对要求

(1)根据进港货邮舱单核对货物标签、件数、重量等,以及目的站是否与货邮舱单相符,检查货物外包装、封志等是否完好,将核对结果记录留存。

(2)所有国际航班的进港货物和邮件都应按照海关的要求办理通关手续。货物从机坪拉回到仓库后,应在海关监管库区内,按照货运单的流向分拣、交接和存放。

(二)集装货物的核对要求

(1)根据货邮舱单核对集装器编号,然后将集装货物拆卸,进行分拣并逐件核对。

(2)如果集装器所装货物是同一票货物或同一收货人的货物,可以不拆卸。但是,如果集装器内混装有鲜活易腐货物、贵重物品和危险品等特种货物,必须拆卸。此类货物除要对货物目的站及货运单信息进行核对,还要对其外包装进行详细检查与核对,并根据货运单储运注意事项栏的特别提示,按照其自身性质、仓储要求和价值,将其存放在相应库房和货位。

(3) 对于下述集装货物,只核对集装器编号,不检查或核对集装器内所装货物。

① 装在一个集装器内,货运单件数栏显示为1件,货物品名栏注明"SLAC(Shipper's Load and Count)",按集装货物运价运输的货物。

② 属于同一卸机站,装在同一集装器内,续运时不需要更换集装器的直转货物。

但对于在集装器上可以直接看见的货物,应注意检查外侧包装状况;如果发现货物破损、受潮等情况,应填写货物不正常运输记录,并通知相关航站。

三、货物交接

根据货物的流向和性质,凭分舱单与相关部门进行货物和运输文件的交接。遵守当地海关的有关规定,办理海关手续。比如海关监管的货物必须有海关关封。核对无误后,交接双方在货物交接单上签字。

核对货物时,如果发现不正常运输情况应在货邮舱单或货邮舱单报及分舱单上注明,并填写货物不正常运输记录,同时拍发电报通知有关航站。

对货物实际重量或计费重量有疑问时,应重新计重。经计量,重量确实有误的,应向始发站确认;货物运费有差异时,要求始发站更正。

国际国内联程运输的货物,若货物包装破损或者受飞机装载限制等,需要更换货物包装或者更改货运单件数,必须事先征得海关同意。

四、特种货物的存储规定

(1) 鲜活易腐货物。存储鲜活易腐货物时,应根据货物的特性及托运人提供的储运注意事项存入相应的仓库内,不得放在烈日下暴晒或置于露天风吹雨淋。无论是存储还是装机,为避免不同种类的鲜活易腐货物之间以及鲜活易腐货物与其他货物存放在一起造成相互污染,应按照IATA《鲜活易腐货物规则》中的隔离原则办理。

(2) 贵重物品。贵重物品必须存放在贵重物品仓库内。贵重物品仓库应有严格的监控措施,货物进出仓库应有严格的登记制度。体积较小的贵重物品在运输过程中,应有专人监控。

(3) 灵柩、骨灰。应放置在专用仓库内或僻静(指定)区域,存放期间应使用苫盖物适当苫盖。

(4) 生物制品、植物和植物产品。如果没有温度要求,不能放入冷冻或冷藏库,同时应注意防止暴晒。如有温度要求,则按要求选择合适的仓库存储。

(5) 麻醉药品和精神药品。如有温度要求,放置在相应温度范围内的库房内存储。存放区应有监控和防止丢失的措施。

(6) 烟草。烟草货物在阴凉、防潮的地方存储。

(7) 外交信袋。外交信袋应在专用仓库或指定区域内存放。

(8) 押运货物。应由押运员指导并监护货物,直至运输结束。

五、进港货物不正常运输情况

航站发现进港货物不正常运输时,应填写货物不正常运输记录。

进港货物不正常运输的情况主要有多收货物、少收货物、多收货运单、少收货运单、货物漏卸、多收业务袋、少收业务袋、货物丢失、货物破损、品名不符等。

■ 货运现场直通车

"提速+增量"=提升服务竞争力

近年来,南航货运系统提出了"推动货站由服务保障型向经营服务保障型转变"的思路,决心通过提高服务竞争力来提升市场竞争实力。南航广州货站针对货物出港、中转、进港三大核心业务环节,围绕"提速、增量"两个目标,想方设法优化服务链条、提高服务效率,在货站服务转型的道路上积极探索和实践,取得了喜人的成效。

在进港环节,由于货物分拣速度是影响客户提货速度的主要因素,南航广州货站重点从提高进港货物分拣效能上下功夫,将其列入服务考核的关键要素。通过调研,他们发现存在进港航班货量大小不均、班组分拣任务分配不平衡导致部分航班货物分拣时间较长的问题。为此,他们选取了货量大、票数多、分拣耗时长的上海—广州CZ3524航班作为试点,采取预读舱单、机动调配人员、分拣员双岗协作等措施,并对分拣人员实行按量考核,有效调动了员工的积极性,解决了货物分拣任务分配不平衡的问题,使各类航班货物分拣时间平均缩短10%,显著提高了货物交付速度。

不仅如此,南航广州货站在拉货后续处理速度、查询服务效能等方面也取得了较好的成效,实现了拉货处理时间提速10%、有效客户投诉为零。南航广州货站在服务转型的道路上将继续努力前行,不仅要提升以服务促营销的能力,还将在挖掘自身经营潜力上积极探索,继续为提升南航货运竞争实力添砖加瓦。

(资料来源:中国民航网,http://www.ccaonline.cn/hqtx/202206.html)

在线答题

一、判断题(请扫码答题)

二、简答题

请说明以下货物进港后应如何存储?

(1)生鲜水果

(2)笔记本电脑

(3)树苗

(4)奢侈品包

任务四 规范办理货物交付

 **任务导入**

将货物准确完好地送达收货人手中是整个航空货运流程的最后一步。那么,如何通知收货人到货信息?将货物交付给收货人需要办理哪些手续呢?

一、发送到货通知

(一)通知方式

除另有约定外,货物到达后应立即向收货人发出到货通知。发送到货通知的方式包括电话通知、书面通知以及收货人可以接受的其他通知方式。

1 电话通知

货物到达通知应优先使用电话通知的方式,尤其是特种货物的到达通知。例如活体动物、鲜活易腐货物、贵重物品、危险品、灵柩、骨灰、外交信袋和快件等货物。

2 书面通知

无法使用电话通知时采用书面通知,书面通知一般采用到货通知单、传真或信函等形式,适用于时间要求相对宽松的普通货物。使用书面通知时,应记录信函编号和收件人的姓名等。

需要注意的是,货运单上若既有收货人又有另请通知人,以货运单上的收货人为主,如果通知不到货运单上的收货人,可以与另请通知人联系。

(二)通知内容

无论是电话通知还是书面通知,通知内容都包括货运单号码、货物品名、件数、重量,货物始发站、到达时间、提货地点、提货时限、所需费用、提货手续、联系电话以及其他需要注意的事项。通知人应将本人姓名和被通知人姓名记录在货运单上,每次通知收货人的记录都必须完整。

(三)到货通知时限

活体动物、鲜活易腐货物、贵重物品、危险品、灵柩、骨灰、外交信袋、快件和需要冷藏、冷冻的货物的到货通知,应在航班货物处理完成后2小时内通知收货人。

普通货物的到货通知,应在货物到达后24小时内发出。

到货通知发出7日后无人提取货物,发催提通知。第一次通知后满14日无人提取,发最后催提通知,同时向始发站发无法交付货物通知单(IRP)征求处理意见,并按无法交付货物处理。

二、办理货物交付手续

到达货物应如何进行交付？请扫码学习。

（一）检查收货人有效身份证件及提货文件

收货人提取货物时，应按承运人的规定出示有效身份证件和相关证明文件，不同情况，需要的证件或文件有所不同。

（1）收货人为单位的，必须出示单位证明和提货人的有效身份证件。

（2）收货人为个人或单位和个人的，必须出示本人有效身份证件。

（3）收货人为个人时，也可委托他人代为提取货物，被委托人必须出示收货人的有效身份证件和本人的有效身份证件。

（4）如果货运单上注明的另请通知人是银行，提货人提取货物时必须出示该银行同意将货物交付给该提货人的证明文件，证明文件上加盖银行印章。

（5）提取属于危险品当中的民用爆炸物品、放射性物品、第6类毒性物质时，还需提供公安部门的准运证明；提取其他政府限制运输的物品时，还需提供政府主管部门出具的有效证明文件。

（二）办理货物交付手续

1　一般规定

（1）除另有约定外，货物必须交付给货运单上指定的收货人。交付货物前应检查提货人的提货证明、身份证明等文件是否完备有效。计算并收取到付运费、到付运费手续费、保管费和地面运输费等有关费用。提货人在提取货物前，应支付所有应付费用，国际进港货物的收货人应自行办妥海关和检验检疫等手续。

（2）根据货运单核对货物标签上的货运单号码、始发站和目的站，清点货物件数。

（3）交付货物时，应会同提货人对货物进行检查，如果提货人对货物外包装状态、货物件数或重量提出异议，应当场查验或重新过称，按规定出具货物运输事故记录（交付状态的真实记录）或在货运单上注明货物真实状况，双方签字或盖章。如有必要，应通知检验检疫部门对货物进行鉴定。

（4）提货人提取货物时应在货运单货物交付联的收货人栏内签注姓名、有效身份证件号码、日期和联系电话。交付人在货运单货物交付联的交付人栏内填写本人姓名和交付日期。承运人应将经提货人签字的货运单与完成海关和检验检疫放行手续的货运单（国际进港货物）一并留存。

（5）货物交付后应在货运计算机系统中录入货物交付信息，内容包括提货人名称、身份证件号码、提货日期、联系电话以及集装器编号等。

（6）货运单和有关证明文件，应按规定留存。

2　分批运输货物的交付

分批运输的货物，应在整票货物全部到达后方能交付。特殊情况下，国内运输的货物，收货人可以向承运人提出申请,分批提取货物;国际运输的货物,收货人可以向海关提出申请,分批提取货物。

交付分批货物的各种记录必须准确、完备,随附货运单备查。

(三) 无货运单货物的交付

丢失货运单的货物一般情况下应在收到始发站补来的货运单或货运单副本后方能办理货物交付手续。对于有时间限制的货物,可以使用始发站传真过来的货运单办理交付手续。

交付无货运单的货物,要注意核对货物标记和标签的各项内容与收货人提供的货运单副本是否一致。

贵重物品、危险品必须在收到始发站补发来的货运单或货运单副本后方能办理货物交付手续。

■ 货运现场直通车

"落地即配送"——三峡机场物流公司新增服务延伸产品

近日,宜昌三峡机场物流有限公司(以下简称三峡机场物流公司)货运"落地配"业务正式上线试运行。"落地配"业务是基于货主货物提取需求而衍生的配套服务措施,通过"最后一公里"的配送服务,实现了货物"门到门"的实体流动。从飞机落地开始,货物经过快速卸机、严格消杀、仔细检查核对,最终安全高效地配送至货主手中。相较于以往仅能机场自提的单一提货模式,"落地配"在安全性、便利性和时效性等方面更具优势。货主只需拨打机场货站服务电话,提供货物重量及配送地点,即可在家享受"快递"般的服务。

"落地配"业务的上线是三峡机场物流公司瞄准个性化需求,在服务创新延伸方面做出的有力尝试。经过前期对市场物流运输价格的考察以及对进港货物配送需求的全面分析,三峡机场物流公司积极选定货物配送代理人,对员工进行全面培训,从各个环节保证"落地配"业务的上线运行。产品的上线极大地提高了货主提取货物的便利性、安全性,将服务链条延伸至客户终端,进一步提升服务品质。该举措积极响应了民航局《"十四五"航空物流发展专项规划》,旨在打造优质高效的服务体系,提升市场服务能力。

为加快宜昌国家物流枢纽建设,构建大交通、大物流格局,助推航空物流板块发展,宜昌三峡机场物流有限公司以机场自身航空货运业务为基础,以独立子公司专业化模式运营,于2022年1月1日正式对外承接航空运输业务。三峡机场物流公司充分整合空运、陆运、货源等各方资源优势,以打造一个宜昌专业的航空物流综合服务商为发展理念,为客户提供高质量、可信赖、全方位的物流服务。未来,三峡机场物流公司还将积极谋划,配套增加出港揽收业务以及企业客户延伸服务,完善运输货物涉及链条的诸多增值服务,从头程货物揽收到航空网络运输再到尾程配送全程参与,形成完整的航空货运链条。

(资料来源:民航资源网)

一、选择题、判断题(请扫码答题)

在线答题

二、简答题

简述无货运单货物的交付要求。

项目小结

本项目介绍了货邮进港流程、进港文件的处理规范、进港货物的处理流程和要求,以及如何规范办理货物交付,其中进港文件和货物的处理、进港货物的交付需要大家认真学习并重点掌握。

通过本项目的学习和训练,同学们应具备协作完成一票货物进港操作的专业能力;同时提升岗位荣誉感和责任感,养成团结协作、认真细致的工作作风和精益求精的工匠精神,树立"人民民航为人民"的服务意识,提升货运服务质量。

模块五
特种货物运输处理

项目九　特种货物运输一般规定

项目引入

近年来,在宏观经济稳步增长以及相关政策的大力支持下,我国航空物流行业整体保持平稳较快增长,民航货邮运输量保持整体增长。2023年,我国民航货邮运输量735.4万吨,同比增长21.0%,其中特种货物运输量也呈现明显的增长趋势。由于特种货物运输操作难度大,容易出现问题,运输特种货物除要遵守一般运输规定,还应严格遵守每一类特种货物的特殊规定。

(数据来源:交通运输部)

项目目标

知识目标

1. 了解特种货物运输一般规定。
2. 熟悉禁止、限制运输的物品种类。
3. 掌握特种货物机长通知单填写要求。

能力目标

1. 能够准确识别禁止和限制运输的物品。
2. 能够规范填制特种货物机长通知单。

素养目标

1. 强化安全至上、敬畏规章、敬畏职责的职业意识。
2. 加强认真细致、恪尽职守的工作作风。

知识架构

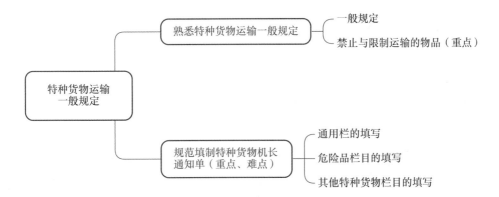

任务一　熟悉特种货物运输一般规定

任务导入

除了需满足一般运输条件,特种货物往往还需要采取必要的额外操作和措施才能安全地、完好无损地交付收货人。那么,特种货物运输中有哪些特殊规定及注意事项呢?

一、一般规定

(一)特种货物定义和种类

特种货物是指那些在收运、储存、保管、运输以及货物交付过程中,因货物本身的性质、价值或者重量等条件,需要进行特殊处理,满足特殊运输条件的货物。

特种货物的种类很多,常见的特种货物包括:危险品;鲜活易腐货物;急件货物;活体动物;贵重物品;骨灰、灵柩;植物、植物产品;菌种、毒种及生物制品;枪械、弹药;押运货物;外交信袋;车辆;公务货;超大、超重货物;紧急航空器材(AOG);禁止运输、限制运输货物等。

(二)特种货物运输的一般规定

(1)特种货物运输,除应当符合普通货物运输的规定,还应当同时遵守与特种货物性质相适应的特殊运输规定。应当避免收运政府法令禁止运输的物品,对于政府限制运输的物品只有在符合限制条件的情况下才准许运输。

(2)运输特种货物时,应填写特种货物机长通知单并认真交接。

(3)特种货物发运时,应按规定的发运顺序发运。

(4)装有特种货物的航班,飞机起飞后应立即按规定拍发有关电报通知到达站、经停站或中转站。

(5)国内特种货物运价通常按照45千克以下普通货物运价的150%(N×150)计算,另有规定的除外。国际特种货物运价按TACT RULES现行有效规定执行。按照特种货物运价计收运费的有急件货物、贵重物品、活体动物、危险品、灵柩、骨灰、菌种、毒种、生物制品、植物和植物产品、鲜活易腐货物、押运货物等。

二、禁止与限制运输的物品

(一)禁止运输的物品

禁止运输物品是指政府法令禁止运输及承运人规定不予承运的物品。

1 我国禁止运输的物品

(1) 菌种类,包括鼠疫毒菌、霍乱毒菌、马脑脊髓炎病毒和鹦鹉病病毒等。

(2) 带有传染性的物品,包括旱獭及其肉、皮、内脏、脂肪以及旱獭制品等。

(3) 水银及水银填充的仪器仪表等。

(4) 虎骨、犀牛角及其制成品。

(5) 象牙、熊掌等。

(6) 政府法令禁止运输的其他物品。

2 承运人禁止运输的物品

承运人禁止运输的物品大多属于在运输过程中有可能危害航班飞行安全的物品。不同的承运人,其禁止运输的物品也不尽相同,如危险品、某些类型的活体动物、鲜活易腐货物等。

(二)限制运输的物品

限制运输的物品是指政府法令规定只有符合限制条件才准许运输的物品,包括珍贵文物、麻醉药品和精神药品、烟草、植物和植物产品及政府限制运输的其他物品。托运限制运输物品,托运人必须提供公安、工商、动植物检疫、文化、卫生等有关政府部门出具的准许运输的有效证明文件。

1 珍贵文物

(1) 运输文件。珍贵文物属于航空运输的特殊货物,托运人必须提供以下证明文件:①当地县市级以上公安部门和文物主管部门出具的准运证明;②托运单位出具的托运证明,该托运证明必须列明托运经办人的姓名、身份证号码等信息;③必要时,承运人应当要求托运人提供文物运输包装符合航空运输要求的说明。

(2) 押运与保价。对于价值昂贵或无法估量价值的珍贵文物,承运人应要求托运单位派人员押运,随机保护货物。此外,承运人应要求托运人办理货物运输价值声明或者投保航空运输险。

(3) 包装。托运珍贵文物的单位,应当根据文物性质设计内外包装,包装要能够保证文物在正常运输过程中不发生损坏。包装须经承运人认可。价值符合贵重物品的珍贵文物,还应按贵重物品的运输要求办理托运手续。

2 烟草

烟草包括烤烟、晾晒烟、卷烟、雪茄烟等。烟草是国家专控专卖物品。

托运人托运烟草专卖品,必须提供烟草专卖行政主管部门或者烟草专卖行政主管部门授权的机构签发的准运证。无准运证的,承运人不得承运。烟草专卖品准运证由省级以上烟草专卖行政主管部门或其授权的机构审批、发放。

3 麻醉药品和精神药品

麻醉药品和精神药品是指对中枢神经有麻醉作用,连续使用后易产生生理依赖性、能形成瘾癖的药品。其中,精神药品又被划分为第一类精神药品和第二类精神药品。

收运此类货物时,承运人应要求托运人提供货物的具体品名,对于《麻醉药品品种目录》和《精神药品品种目录》中列明的麻醉药品和精神药品,必须严格按规定办理收运手续。

(1) 托运人托运麻醉药品和第一类精神药品,应提供托运单位所在省、自治区、直辖市药品监督管理部门出具的,盖有原印章的"麻醉药品、第一类精神药品运输证明"的副本原件、复印件各1份,同时提供托运单位介绍信、托运经办人的身份证件。没有运输证明文件或手续不全者,不予承运。

(2) 运输第二类精神药品只需出示托运经办人的身份证件和单位介绍信,无须办理运输证明。

(3) 麻醉药品和精神药品的托运人和收货人只能是单位,不得是个人。

4 植物和植物产品

(1) 检疫范围。列入应施检疫的植物、植物产品名单的,运出发生疫情的县级行政区域之前,必须经过检疫。凡种子、苗木和其他繁殖材料,不论是否列入应施检疫的植物、植物产品名单,不论运往何地,在调运之前,都必须经过检疫。

想一想:我国应施检疫的植物和植物产品有哪些?请查询资料进行了解。

(2) 文件。托运人托运应施检疫的植物和植物产品,须提供"植物检疫证书","植物检疫证书"分为"植物检疫证书(出省)"和"植物检疫证书(省内)"两种。托运检疫范围以外的植物和植物产品,应到当地植物检疫部门办理检疫或免检手续。

托运人托运政府规定的濒危植物及其制品或国家保护植物,必须提供省级以上林业部门或濒危动植物管理办公室出具的准运证明。

5 菌种和毒种

菌种和毒种是指用于研究、制造生物制品的细菌、病毒和其他病原微生物。此类物品在运输中如果处理不当,会造成人、畜感染,对人、畜的健康有较大影响。对于菌种和毒种的运输,国家有明确的限制范围。凡是国家没有明确可以运输的菌种和毒种,禁止各种形式的运输。

我国禁止运输的菌种和毒种包括带有传染性的物质,如有菌培养基、接种动物的尸体解剖材料、带有病原微生物的人和动物躯体的病料(如脓汁、内脏淋巴结、分泌物、排泄物、血清、寄生虫卵及虫体等)、未经硝制的兽皮、未经药制的兽骨等,也包括除国家规定可以运输的菌种毒种名录以外的其他菌种和毒种。

■ 货运现场直通车

南航新疆货运部货检站查获两起禁运品

2008年,南航新疆分公司货运部货检站工作人员在货物和邮件中查获了两起禁运品,避免了安全隐患的发生,确保了航空运输安全。

2008年3月8日上午,检查人员在对发往成都的机械配件进行检查时,发现货物存有疑点,于是请货主开箱检查,在电线、工具等杂物下面发现一件盛装不明液体的玻璃器皿,经仔细核实,该液体为腐蚀性物品,属航空禁运品。检查人员及时消除了一起安全运输隐患。

事隔四天,检查人员又在邮件中查获子弹8发。2008年3月13日下午,检查人员在对入库邮件进行安全检查时,在一票发往四川泸州的邮件中发现一件可疑物品,经检查人员的复检,仔细判别,认定此箱邮件中夹带子弹。后会同邮政、机场公安部门开箱检查,发现箱中毛绒玩具夹层内藏匿子弹8发。根据《中华人民共和国民用航空安全保卫条例》,子弹是国家禁止运输的物品。现此物品移交机场公安部门处理。

(资料来源:民航资源网)

【案例启示】

该案例反映了民航货运人员必须具备细心严谨、认真负责的工作态度和习惯,严守安全底线,方能避免安全隐患的发生,确保航空运输安全。

■ 知识拓展

接收特种货物的文件要求

《航空货站收货工作规范》要求接收特种货物时,另需检查相关政府主管部门、行业规定和规范、承运人要求的其他运输文件。具体要求见文件《航空货站收货工作规范》(模块二项目三任务一"知识拓展")。

✈ 任务演练

选择题、判断题(请扫码答题):

在线答题

任务二 规范填制特种货物机长通知单

为了保障特种货物安全、顺利地运输,货运部门必须将特种货物的详细信息告知机长,此时,需要填制一份重要的运输文件——特种货物机长通知单。那么,该文件都包含哪些信息?应如何规范填写呢?

根据IATA关于特种货物运输的规定,对于装载在飞机上的特种货物,货运部门必须在飞机起飞前向机长做出书面通知,即填写特种货物机长通知单(Special Load-Notification to Captain,NOTOC),样式如表9-1所示。

当空中出现紧急情况时,机长可以根据特种货物机长通知单将机上所装特种货物的种类、数量及装载位置通知地面有关机场,并采取措施。

特种货物机长通知单最少应为三联。其中,第一联是始发站联,由始发站留存,第二联由机组留存,第三联由到达站货运接收后留存。特种货物机长通知单可视运输情况增加副本。

一、通用栏的填写

(1)栏:装机站(Station of Loading),填写装机站全称。

(2)栏:航班号(Flight Number),填写装载特种货物航班的航班号。

(3)栏:离港日期(Date),填写离港日期。

(4)栏:飞机号(Aircraft Registration),填写装载特种货物的飞机号。

(5)栏:填写人(Prepared By),填写人签字。

(6)栏:集装器监装人(ULD Built-Up By),集装器监装人签字。

(7)栏:装机人(Loading Supervisor's Signature),飞机货物监装员签字。

(8)栏:检查人(Checked By),配载人员签字。

(9)栏:机长签字(Captain's Signature),执行此次航班的机长及交接机长签字。

(10)栏:其他需要说明的事项(Other Information),填写需要另外说明的事项。

二、危险品栏目的填写

(11)栏:卸机站(Station of Unloading),填写卸机站名称,使用IATA规定的机场三字代码。

表 9-1 特种货物机长通知单（NOTOC）

SPECIAL LOAD-NOTIFICATION TO CAPTAIN

Station of Loading(1)	Flight Number(2)	Date(3)	Aircraft Registration(4)	Prepared By(5)						ULD Built-Up By(6)		
											Loaded	
											ULD ID	Position

DANGEROUS GOODS

Station of Unloading	Air Waybill Number	Proper Shipping Name	Class or Division: For Class 1 Compat. Group	UN or ID Number	Sub. Risk	Number of Packages	Net Quantity or Transp. Ind. per Package	Radioactive Mat. Categ.	Packing Group	Code (see reverse)	CAO (x)	ULD ID	Position
(11)	(12)	(13)	(14)	(15)	(16)	(17)	(18)	(19)	(20)	(21)	(22)	(23)	(24)

There is no evidence that any damaged or leaking packages containing dangerous goods have been loaded on the aircraft

OTHER SPECIAL LOAD

Sation of Unloading	Air Waybill Number	Contents and Description	Number of Packages	Quantity	Supplementary Information	Code (see reverse)	Loaded	
							ULD ID	Position
(25)	(26)	(27)	(28)	(29)	(30)	(31)	(32)	(33)

Loading Supervisor's Signature(7) | Checked By(8) | Captain's Signature(9) | Other Information(10)

(12)栏:货运单号码(Air Waybill Number),填写货运单号码。

(13)栏:运输专用名称(Proper Shipping Name),填写危险品运输专用名称。

(14)栏:类别或项别(Class or Division:For Class 1,Compatibility Group),填写危险品类别或项别,如果是第一类爆炸品,还要求注明配装组。

(15)栏:UN或ID编号(UN or ID Number),填写危险品联合国编号或IATA编号。

(16)栏:次要危险性(Subsidiary Risk),填写次要危险性的类别或项别。

(17)栏:包装件数(Number of Packages),填写危险品的包装件数量。

(18)栏:净重或运输指数(Net Quantity or Transport Index per Package),填写每一包装件内危险品的净重,如果运输放射性物质则此栏填写包装件的运输指数。

(19)栏:放射性物质的包装等级和标签颜色(Radioactive Matter Category),填写放射性物质的包装等级和标签颜色。

(20)栏:包装等级(Packing Group),填写危险品运输包装等级。

(21)栏:代号(Code),填写危险品的三字代码(。

(22)栏:仅限货机(CAO),如该危险物品包装件仅限货机运输,在此栏内标注"X"。

(23)栏:集装器编号(Loaded ULD ID),填写装有危险品的集装器编号。

(24)栏:装机位置(Loaded Position),填写危险品的装机位置。

三、其他特种货物栏目的填写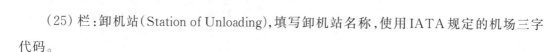

(25)栏:卸机站(Station of Unloading),填写卸机站名称,使用IATA规定的机场三字代码。

(26)栏:货运单号码(Air Waybill Number),填写货运单号码。

(27)栏:货物品名及种类(Contents and Description),填写特种货物的品名及有关说明。

(28)栏:包装件数(Number of Packages),填写特种货物的包装件数量。

(29)栏:重量(Quantity),填写每一包装件内危险品的净重。

(30)栏:附加说明(Supplementary Information),填写运输、装卸及存储等注意事项,如温度要求等。

(31)栏:代号(Code),填写特种货物的三字代码。

(32)栏:集装器编号(Loaded ULD ID),填写特种货物的集装器编号。

(33)栏:装载位置(Loaded Position),填写特种货物的装机位置。

特种货物机长通知单背面见图9-1。

代码 code	全称 full name	代码 code	全称 full name	代码 code	全称 full name
REX	1.3 爆炸品 explosives 1.3	RFW	遇湿易燃物品 flammable when wet	RMD	杂项危险物品 miscellaneous dangerous goods
RX	1.4 项爆炸品配装组 explosives 1.4	ROX	氧化剂 oxidizer	CAO	仅限货机 cargo aircraft only
RNG	不燃性无毒气体 non-flammable non-toxic gas	ROP	有机过氧化物 organic peroxide	AVI	活体动物 live animals
RFG	易燃气体 flammable gas	RPS	毒害品 toxic substance	EAT	食品 food
RCL	深冷液化气体 cryogenic liquid	RIS	感染性物质 infectious substance	HEG	种蛋 eggs
RPG	有毒气体 toxic gas	RRW	放射性—白色 radioactive—white	FIL	未显影的胶片 film
RFL	易燃液体 flammable liquid	RRY	放射性—黄色 radioactive—yellow	HUM	尸体、骨灰 ash
RFS	易燃固体 flammable solid	RCM	腐蚀品 corrosive	PER	鲜活易腐物品 perishable
RSC	易自燃物品 spontaneously combustible	RSB	聚苯乙烯颗粒 polymeric beads	LHO	人体活器官 live human organ
MAG	磁性材料 magnetized material	ICE	干冰 dry ice		

"仅限货机"危险品的装机要求
loading requirement for CAO shipment
标有"仅限货机"的危险品包装件或合成包装件的装载方式,应保机组人员或其他负责人员能够看见且能够接近。在大小和重量允许的条件下,在飞行中可以将这样的包装件或合成包装件与其他货物隔离,危险性标签和"仅限货机"标签应清晰可见,但以下情况例外。
Packages or overpacks of dangerous goods bearing the CAO label shall be loaded in such a manner that a crew member or other authorized person can see and handle, where size and weight permit, seperate such packages or overpacks from other cargo in flight. Hazard warning labels and the CAO label shall be visible. These provisions do not apply to:
——第 3 类,包装等级 III,无次要危险性;
substances of class 3, packing group III, without a subsidiary risk;
——毒害品和感染物质(第 6 类);
toxic and infectious substances(class 6);
——放射性物质(第 7 类);
radioactive materials(class 7);
——杂项危险品(第 9 类)。
miscellaneous dangerous goods(class 9).

类别或项别 class or division	1	2	3	4.2	4.3	5.1	5.2	8
1	注 1 note1	注 2 note2	注 2 note2	注 2 note2	注 2 note2	注 2 note2	注 2 note2	注 2 note2
2	注 2 note2	—	—	—	—	—	—	—
3	注 2 note2	—	—	—	—	×	—	—
4.2	注 2 note2	—	—	—	—	×	—	×
4.3	注 2 note2	—	—	—	—	—	—	×
5.1	注 2 note2	—	×	×	×	—	—	—
5.2	注 2 note2	—	—	—	—	—	—	—
8	注 2 note2	—	—	×	—	—	—	—

表中行列交叉处的"X"表示这些类项的危险品包装件应隔离,不可置放在一旦泄漏可导致相互反应的位置。例如:3 类危险品包装件应与 5.1 类危险品包装件隔离,不可相邻放置或互相接触。
An"X"at the intersection of a row and a column indicates that packages containing these classes/divisions of dangerous goods shall be segregated.
注 1:见 ICAO 文件 Doc9284-AN/905《危险品航空安全运输技术细则》7;2.2.2.2 到 7;2.2.2.4
note1: see ICAO TI 7;2.2.2.2 to 7;2.2.2.4
注 2:这一类项应与除 1.4S 项以外的爆炸品隔离。
Note2: this class or division shall be segregated from explosives except 1.4s.
注 3: 内含多种危险性且依据此表需隔离的危险品包装件与相同 UN 编号的包装件不必隔离。
Note3: packages containing dangerous goods with multiple hazards in the class or divisions, which require segregation in accordance with this table need not be segregated from packages bearing the same UN number.

图 9-1 特种货物机长通知单背面

货运现场直通车

首都机场地服公司多措并举保障荷兰航空物资包机

2020 年 6 月,法荷航北京航站 Amadeus 系统突发瘫痪情况,造成系统内航班信息不正常,首都机场地服公司(BGS)配载分部统筹安排、分工明确,通过远程传输与现场协调,顺利保证当日荷兰航空航班正常出港。

当日凌晨 1 点,BGS 配载分部配载员发现原本计划于当日 6 点执行医疗物资运输的 KL 包机的飞行信息未在荷兰航空的配载系统内,随即将情况上报给配载分部值班领导,同时联系法荷航北京站负责人告知此情况。面临即将起飞的航班却未出现在操作系统中的情况,配载员无法通过 Amadeus 内的通信指令完成与阿姆斯特丹配载中心的数据对接,也无法实时与 BGS 机坪现场操作进行精准核对。

由于此次包机装载的是医疗物资,不同于其他普通货物,若不能及时获得 Amadeus 系统内的装舱图(LIR)及机长通知单(NOTOC),一切操作都会按下暂停键,导致机坪操作人员无法装机,而且大量的消毒液、酒精、呼吸医疗设备和特种防疫医学药品对环境温度有一定要求,不宜长时间滞留机坪。此外,当天执飞机长若无法获取机长通知单(NOTOC),就不能确认货舱内低温空调的启动指标。

为有效应对系统瘫痪情况,BGS 配载分部员工灵活运用多种通信设备,协调现场工作并进行远程信息传输。配载员凭借扎实的基本功,关键时刻显身手,联系到阿姆斯特丹配载中心的负责人,与阿姆斯特丹配载员沟通,将装舱图(LIR)和机长通知单(NOTOC)发送至配载工作邮箱内。随后,BGS配载分部将相关单据交给机坪操作人员及机长,并将反馈信息标注在装舱图上,发送至阿姆斯特丹配载中心。为确保万无一失,BGS配载分部主动通过电话方式与荷方配载中心再次核对信息,将双向复核落实到底,确保实际装舱与装舱图一致、装舱图信息与荷方计划一致、最终舱单数据与装舱图一致的"三相符"。

(资料来源:中国民航网)

【案例启示】

通过该案例可以看出特种货物机长通知单对于顺利、安全运输特种货物的重要性,也能看出民航货运人员须秉承"生命安全、操作安全、服务安全"的信念,在实际工作中,以认真、细致、灵活的工作态度处置各种操作中的突发事件。

任务演练

选择题(请扫码答题):

在线答题

项目小结

本项目介绍了特种货物运输一般规定(包括禁止、限制运输的物品)和特种货物机长通知单,其中禁止、限制运输的物品和特种货物机长通知单需要大家认真学习并重点掌握。

通过本项目的学习和训练,同学们应具备按照规定进行特种货物运输操作、规范填制特种货物机长通知单、按照规定收运限制运输的货物的能力;树立安全至上、敬畏规章、敬畏职责的职业意识,养成科学严谨、认真细致的工作作风,树立服务为先的航空货物运输服务意识。

项目十　常见特种货物运输处理

项目引入

2023年6月8日,随着从澳大利亚墨尔本机场起飞的南方航空CZ5224航班平稳降落至兰州中川机场,1585只进口种羊也同机"飞"抵兰州。为做好此次活体种畜运输航班保障工作,民航物流公司积极与海关、边检各相关单位对接,了解保障需求,梳理业务流程,制定专项保障方案和应急预案,开通活体动物运输绿色通道,紧盯保障各个环节,确保了此次活体种畜包机运输航班顺利、安全抵达兰州中川机场。(资料来源:民航资源网)

从该报道中可以看出,由于活体货物的特殊性,货运代理人、航空公司和机场需要做多方面的准备,方可保证货物顺利运输。那么,航空运输特种货物与普通货物有什么不同?需要做哪些具体工作?有哪些注意事项呢?请通过本项目去寻找答案。

项目目标

知识目标
1. 了解常见的几种特种货物的定义、特点。
2. 熟悉特种货物运输的一般规定,包括承运人和托运人的责任。
3. 明确特种货物运输的包装和文件要求。

能力目标
1. 能够正确识别常见的特种货物。
2. 能够按照特种货物运输规定完成收运检查等运输操作。

素养目标
1. 强化按章操作、认真负责的工作态度与职业习惯。
2. 不断提升安全意识和服务意识,为特种货物运输提供高品质服务。

知识架构

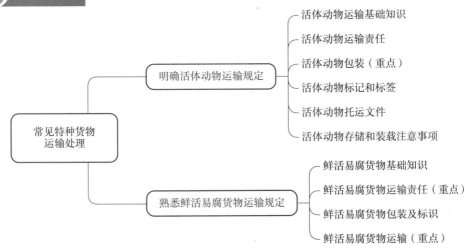

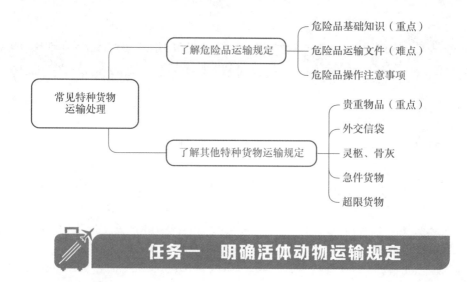

任务一 明确活体动物运输规定

任务导入

某机场货站收到货主交运的宠物犬一只,包装如图10-1所示,收运人员拒绝收运。活体动物收运时应重点检查哪些方面?通过本任务的学习,请你帮助货主改进并重新交运。

图10-1 特运的宠物犬

近年来,因活体动物包装不规范,不符合航空运输要求造成活体动物在运输过程中发生死亡、逃逸的事件时有发生,有的甚至导致航班延误或取消,影响了航班的正常发运。因此,活体动物运输是一个极其复杂的运输过程,活体动物的正常运输不仅关系托运人的利益,同时也关系到承运人利益。为了保证将动物正常地运送到目的地,托运人需严格遵守IATA LAR和有关国家及承运人的相关规定和要求。

一、活体动物运输基础知识

(一)定义

活体动物是指活的家禽、家畜、鱼类、野生动物(包括鸟类)、实验用动物和昆虫等。

实验用动物是指用于研究和实验的活体动物,适用于一系列野生和驯养的各种物种。

无特定病原体(SPF,Specific Pathogen Free)活体动物是指机体内无特定的微生物和寄生虫的动物,但非特定的微生物和寄生虫是允许存在的。其一般是指无传染病的健康动物。

(二)分类

活体动物在航空运输过程中,需要满足特定的运输条件,并需要给予特殊照料。根据动物特性及包装要求,通常将空运的活体动物分为七类。

① 甲壳类

甲壳类动物绝大多数水生,以海洋种类居多,少数栖息在淡水中和陆地上。体分节,胸部有些体节同头部连接,形成头胸部,用鳃呼吸,如虾、贝、蟹等。

② 无脊椎动物类

无脊椎动物是指背部没有脊椎的动物,如蚯蚓、昆虫等。

③ 鱼类

鱼类是指体被骨鳞、以鳃呼吸、用鳍作为运动器官和凭上下颌摄食的变温水生脊椎动物,是海洋、江河、湖泊、池塘中出产的水生动物,如鱼、泥鳅、黄鳝等。

④ 两栖类

两栖类动物通常没有鳞或者甲,也没有毛,四肢有趾,没有爪,体温随气温高低变化,能在水中和陆地生活,如青蛙、蟾蜍等。

⑤ 爬行类

爬行类动物是指身体表面具有鳞或者甲,体温随气温高低变化,用肺呼吸,卵生或者卵胎生、无变态的动物,如蛇、蜥蜴、乌龟等。

⑥ 鸟类

鸟类是指体表被羽毛覆盖、有翼、恒温和卵生的高等脊椎动物,如鸥、雀、燕、鸽、鸡、鸭、鹅等。

⑦ 哺乳类

哺乳类动物是指全身被覆毛、运动快速、恒温、胎生和哺乳的脊椎动物。哺乳类动物又分为宠物、家畜、灵长类和未驯化的哺乳动物。

(三)动物的行为

活体动物本能地害怕运输过程中遇到的陌生环境,因此,在运输活体动物时,托运人和承运人有必要了解动物的行为类型,遵守一些会影响动物舒适度的基本原则,以便做好发运前和发运后的准备和运输工作。

动物的行为主要包括如下几项。

① 消化行为

动物种类不同,动物的消化行为也不同,因此应根据动物种类的不同,制定不同的喂食喂水要求和标准。

② 排泄行为

运输过程中的压力可能会使动物增加排尿和排便次数,所以运输容器的底部要选择防漏型的,并有足够的吸附材料。必要时,运输容器的底部还应设计为防溅型。

③ 发情行为

应尽量避免收运雌性动物,如果必须同时运输性成熟的雌性和雄性动物,在装机时尽可能地将它们分开并远离放置。

④ 照料行为

有些雌性动物在感到危险时,可能会对幼崽造成伤害,所以一般不运输带有幼崽的哺乳动物;如需运输,不得将活体动物幼崽的容器与其同种活体动物的容器分开安置,应将它们安置在分隔栏内,或将装载它们的容器彼此相邻放置。

⑤ 合群行为

年幼的动物不能与同类的其他动物分开,否则,会给它造成压力。它们必须装在分隔的笼子里。如单独装在笼子里,应相邻放置。

⑥ 躲藏行为

食肉动物的自然本能是在运输容器中躲藏。有些动物适合在黑暗的容器中运输。

⑦ 紧张行为

动物处于紧张压力下时,其反应是不可预测的,并且不同的动物其反应有所不同。因此,应尽可能为活体动物提供适当的照顾,避免不必要的紧张压力。

⑧ 探究行为

任何被关进容器的动物,探究周围环境并试图逃跑是很自然的行为,因此,动物的包装要尽可能坚固。

⑨ 环境行为

因年龄、生理状态、摄食水平和以前的适应经历等不同,每种动物对温度、压力、湿度等变化的适应能力也有所区别。因此,在运输过程中要充分考虑上述环境变化对动物的影响。

二、活体动物运输责任

(一)托运人的责任

托运人应负责做好以下工作。

（1）遵守有关国家、承运人和IATA运输活体动物适用的规定。

（2）订妥航班、日期，确定航线，如果有特殊运输要求，应做好运输前的准备。

（3）备齐所有文件，正确填写活体动物托运证明书，活体动物托运证明书上要注明动物的学名和俗名以及每一件包装内动物的数量。

（4）提供符合活体动物运输规则的包装，提供不违反任何规定的草垫和食物。

（5）在包装容器的指示上，注明动物交运前最后一次喂食喂水的日期和时间。

（6）在文件和包装上记录任何对动物用药的情况，比如麻醉药名称、剂量，用药时间和途径。

（7）如有必要，在盛装动物的容器外粘贴喂食喂水提示，并将相关文件复印件一起随附货运单后运输。

（8）运输处于发情期的雌性动物时，应通知承运人。

（9）运输哺乳动物时，应将动物的性别通知承运人。

（10）必须申报怀孕或者在最近48小时内分娩的动物情况。

（11）在活体动物包装上粘贴正确的标记和标签。

（12）托运人必须备齐符合有关国家现行要求的进出口许可证、过境许可证、动物健康证明证书、CITES进出口许可证（如果需要的话）、兽医证明、检疫证明、中转要求或禁止限制要求以及为动物提供的食物。

（13）托运人应了解航空运输动物时，目的站国家、飞越国和始发站国家关于保护动物的法律法规之间的区别。

（14）托运人必须在航空货运单上提供24小时电话号码，万一发生紧急事件，承运人可以从托运人或其代理人处得到指示。

（二）承运人的责任

承运人应确认活体动物已订舱，并进行活体动物的收运检查。

（1）检查运输文件是否齐备，包括货运单、托运证明、进出口许可证、动物健康证明等。

（2）接收前，充分考虑货物包装、机型、货舱空间、货舱通风情况、天气、装载位置、影响动物的其他货物、押运员、地面存储设施等因素，并向托运人说明。

（3）承运人在收运时应对包装容器的符合性进行必要的检查。

（4）收运检查。承运人以填制活体动物收运检查单的方式对货物进行相关检查、验收。

（5）动物福利。承运人有责任确保动物得到足够的保护，免受自然环境、恶劣天气等造成的伤害。

（6）国家和承运人规定。充分了解运输过程中有关国家和承运人关于动物运输的规定，并向托运人说明。

（7）仓储和装载。熟悉活体动物在仓储和装载时的隔离要求。互为天敌的活体动物、实验用动物应与其他动物分开放置，动物与食品、动物与危险品应隔离放置。此外，动物与灵柩在仓储和装载时应隔离放置。

（8）对承运人相关操作人员以及销售代理人进行培训，如果有必要还应对他们开展包括相关托运人业务的培训。

运输活体动物的货舱有什么要求？请扫码了解。

空运活体动物的货舱要求

(三)承运人的免责

由于自然原因造成的动物死亡或者由于动物本身的或者与其他动物相互间的行为,如咬、踢、抵或者窒息造成的动物死亡或者伤害以及由此产生的一切费用,承运人不承担责任。

由于动物本身情况(如身体状况、天性、爱好)、动物包装容器存在的缺陷或动物无法抵抗空运途中固有环境变化而引起的相关损失,承运人不承担责任。

由于动物自身原因或者其行为造成的动物押运人员死亡或者伤害,承运人不承担责任。

三、活体动物包装

动物包装是动物安全运输的重要保证。近年来,因包装不符合空运要求导致动物逃逸或者死亡的事故时有发生,这些事故会严重影响承运人的服务质量和安全飞行。所以,活体动物运输的包装一定要符合特定的包装要求,不能因任何原因或者以任何方式降低包装要求。

(一)包装容器的构造要求

为了便于运输,仅在封闭的包装容器中载运动物。在敞开式容器中运输活体动物,托运人必须与相关承运人一起做出特殊安排。

(1)包装容器的尺寸应与动物的实际尺寸、体重等相匹配,要为动物留有适当的活动余地。

(2)包装容器的尺寸应考虑货舱门及机舱区域的大小,考虑能否装载的问题。

(3)包装容器应有便于搬运的把手,同时应具有保护作用,便于安全操作。

(二)包装容器的其他要求

(1)包装容器要结构合理、通风良好,包装容器至少应在三个侧面设置足够的通气孔,以保障动物的安全舒适。

(2)包装容器要能防止动物破坏、逃逸或者接触外界。

(3)包装容器底部应置有防止动物排泄物散溢的设施,必要时加放四边向上折起的,具有足够高度的金属或者塑料托盘,托盘内应放有足够的吸附材料。

(4)对于在运输过程中需要进食的动物,包装容器上应具备或者附带有饲喂动物的设施。

(三)包装容器示例

图10-2所示的容器,适用于家养的猫和狗的运输,容器所使用的材料包括纤维玻璃、金属、硬塑料、焊接的金属网、坚固的木板或夹板等。容器的大小应能使动物处于自然站立的状态。

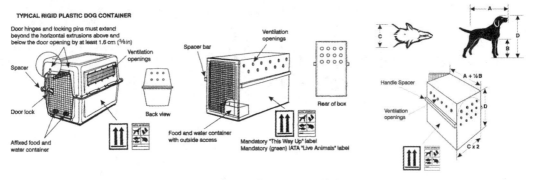

图 10-2 适合家养猫、狗的包装容器

图 10-3 所示的容器,适用于章鱼、海马、鱼类(除非特殊包装)、水生蜗牛等的运输,容器所使用的材料包括防水纤维板、绝缘材料、塑料和木材等。

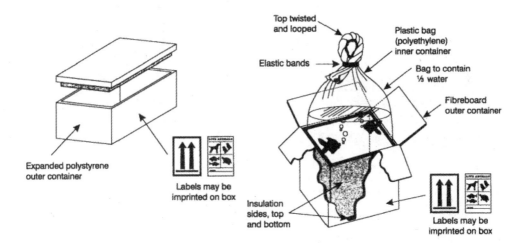

图 10-3 适合鱼类等水体动物的包装容器

四、活体动物标记和标签

托运人有责任在每一个活体动物包装容器上完成所有的标记和标签,每一个包装容器上必须有足够的空间来粘贴所需的标记和标签。

(一)标记

标记是托运人书写在货物包装表面的有关运输信息。在国际货物运输中,使用英文清楚、耐久地标记以下内容。

(1)托运人和收货人的姓名、详细地址和24小时可以联系的电话等。

(2)包装上要写明与活体动物托运证明书上一致的活体动物学名、俗名以及每一包装件内动物的数量。

(3)托运有可能咬或蜇人并对人有害的有毒动物,托运人应在包装上注明"POISONOUS"字样。托运对人具有攻击性的凶猛动物,如凶猛的禽鸟、兽类,托运人应在包装上注明"THIS ANIMAL BITES"等警示字样。

(4)托运需要在运输途中喂食喂水的活体动物,托运人应在包装容器上张贴喂食喂水的详细说明。

(5)如果运输途中需给动物使用镇静剂,必须在严格监督下使用并在包装上注明镇静剂的药物名称、剂量、用药时间和药效时间,在货运单后附一份记录。

(二)标签

(1)在正常运输条件下,应确保标签经久耐用、清晰可见。

(2)根据活体动物的种类,在包装上至少粘贴或者拴挂一个活体动物标签或者实验用动物标签(见图10-4)。运输禽雏类活体动物时,不需要使用活体动物标签。

  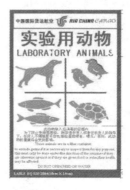 

图10-4　国航活体动物及实验用动物标签

(3)至少在包装的两个侧面(相对面)粘贴向上标签或者标注向上方向标志。

(4)在活体动物的外包装上粘贴任何标记和标签时,不能堵塞通风口,贴在通风口处的标签可以打孔,以便空气自由流通,如图10-5所示。

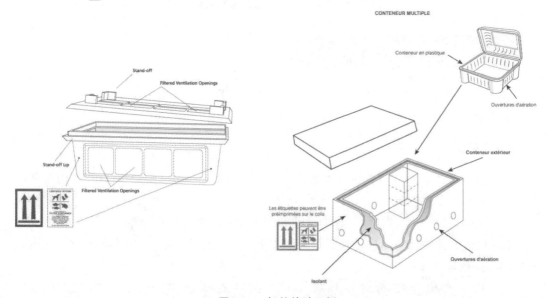

图10-5　标签粘贴示例

(5)货物收运后,若标签脱落、分开或难以识别,必须重新粘贴标签。

五、活体动物托运文件

（一）动物卫生证书（检疫证书）

国际运输中，托运人托运活体动物时，应提供由始发站国家动物检疫部门出具的动物卫生证书，动物卫生证书列明了始发、到达国家（地区），有效期，签发机构的印章等，如图10-6所示。

图10-6　动物卫生证书

国内运输中，托运人应提供县级以上动物卫生监督机构的官方兽医出具的动物检疫合格证明，如图10-7所示。

图10-7　动物检疫合格证明

(二)活体动物托运证明书

托运人交运活体动物,应填制活体动物托运证明书一式两份,证明书应由托运人签字,一份交承运人留存,一份和其他文件一起附在货运单上寄往目的地。

活体动物托运证明书正面为托运人声明。声明托运人已经做好所有预先安排,并且对所运输的动物已经做出正确描述,包括动物种类、学名、俗名,其包装也符合航空运输的相关规定,以及承运人和政府主管部门的规定。

活体动物托运证明书背面为托运人的责任。托运人应表明:由于自然原因造成的动物死亡或由于动物本身的或与其他动物相互间的行为,如咬、踢、抵或者窒息造成的动物死亡或者伤害以及由此产生的一切费用,承运人不承担责任;由于动物自身原因或者其行为造成的动物押运人员死亡或者伤害,承运人不承担责任;托运人如果违反了IATA《活体动物规则》的有关规定以及政府法令,将承担相应的法律责任等。

(1)托运人必须如实、准确填写活体动物托运证明书,同时声明所运输的动物健康状况良好,适于航空运输,货物中不含有受国家保护的野生动物。托运受国家保护的野生动物,托运人须持有政府部门签发的运输许可证,许可证附在货运单后。

(2)托运的动物符合国家的有关法令和民航局的有关规定,动物在托运前已经办妥检疫手续。

(3)活体动物托运证明书所列动物品种、数量应与动物卫生证书一致。

(三)CITES文件

运输任何列入CITES附录中的物种,均应出具CITES文件。所托运的动物物种应与在有效期之内的CITES文件相符,并且CITES文件上应有官方徽标和签发机构的名称及地址。

CITES文件包括进出口许可证、再出口证明书、原产地证明书、人工饲养繁殖证明书等。

(四)货运单

(1)除随动物一起运输的饲料、设备,不得将活体动物与其他货物共用一份货运单运输。

(2)在货运单货物品名栏"Nature and Quantity of Goods"内,应注明动物的普通名称和准确数量,同时注明"AVI"。

(3)在货运单操作注意事项栏"Handling Information"内,注明"SHIPPER'S CERTIFICATION FOR LIVE ANIMALS ATTACHED"以及随附相关文件的名称,包括国家、地区区号等信息以及24小时应急电话。

(4)运输需充氧的动物,应在货运单操作注意事项栏内注明交运前的充氧时间和氧气最短维持时间。

(五)活体动物收运检查单

在收运活体动物时,为了检查活体动物托运证明书、货运单及活体动物包装件是否完全符合运输要求,承运人必须使用符合IATA《活体动物规则》的活体动物收运检查单进行检查。

(1) 活体动物收运检查单由活体动物收运人员填写,一式两份,经收运人员签字后生效。未填写活体动物收运检查单或活体动物收运检查单未经收运人员签字的活体动物不得收运。

(2) 始发站货物收运部门应根据活体动物收运检查单的项目对动物进行详细检查。检查单列明的每一个项目均应对照货物及文件仔细检查,检查各项均无误后,在检查单上签字接收。

(3) 国际货物运输使用英文检查单,国内货物运输使用中文检查单。如果收运检查单上有一项结果为"NO"或"否",则整票货物不得收运。

(六) 特种货物机长通知单

运输活体动物时按照规定填写特种货物机长通知单。

六、活体动物存储和装载注意事项

(1) 舒适的环境能够减少动物的压力,可以减少动物的死亡及伤害程度,因此,承运人应根据托运人要求进行活体动物仓储,特别要注意存储环境的要求。

(2) 在集装箱和集装板上加塑料膜等防水材料,防止动物的排泄物污染飞机集装箱和飞机货舱。

(3) 动物容器之间、容器与其他货物之间、容器与货舱壁之间要有适当空隙,保证空气流通,防止动物窒息。

(4) 动物不能与食品、有毒物质、传染性物质、放射性物质、灵柩、干冰等装入同一集装器或者同一货舱中。

(5) 互为天敌、发情期、来自不同地区的动物不能装载在同一货舱。实验用的活体动物不能与其他活体动物装载在同一货舱。

(6) 除全货机和Combi机型外,活体动物必须装在密封的下货舱内。活体动物一般装载在货舱门附近,应避开货舱门报警探头和通风口位置,不得阻挡货舱内的烟雾探测器,至少保持10厘米的距离。

(7) 活体动物在普货和行李装机后装机,最先卸机。航班延误时,不应将活体动物放在封闭的货舱内或在机坪上露天放置,必要时应通知托运人前来照料,如喂食、加氧等。

(8) 飞机起飞后30分钟内,有关人员必须尽快拍发特种货物通知电报,通知沿途各站和目的站。

■ **货运现场直通车**

全球首次:圈养白鲸飞越9000千米重回大海

2019年6月19日当地时间13:40,一架喷涂着两条白鲸(见图10-8)的卢森堡货运航空波音747全货机从上海浦东国际机场飞抵冰岛的凯夫拉维克机场，这段由卢森堡货航捐赠运力并提供专业支持、经历了300天准备、飞行11小时、全程9000千米的航班，承载着全球首次让圈养白鲸重回大海的梦想。

图10-8　卢森堡货航空运白鲸

为了这次白鲸航班，卢森堡货航专门组建专家团队，制定能让白鲸顺利平安搭乘航班的方案。为此，航司专门设计了白鲸的"座椅"——长、宽各5.5米，高2米的两个特殊运输柜（见图10-9），上方敞开，方便白鲸进出运输柜以及飞行途中工作人员观察、照料它们，内部还有可以让白鲸安稳躺着类似摇篮的装置（见图10-10）。为了搬运、固定运输柜，卢森堡货航动物运输工程师给运输柜设计了专门的安全缆绳，每根可以承重225千克。

图10-9　白鲸的运输柜　　　　　　　图10-10　为白鲸搭航班设计的"摇篮"

白鲸最喜欢的温度为15℃左右，所以航班全程的运输柜水温也会随时监测，保证在15~20℃，飞行途中一旦运输柜温度上升，就给水里添加冰块。因此，白鲸航班起飞时会携带350千克冰块用于全程的不断降温，让航班"凉爽宜鲸"。人类搭乘航班，除了要求温度适宜，还要求机舱内空气清新舒爽，白鲸同样不例外，因而不仅在航班起降阶段需要对运输柜抽水再注水，平飞过程中白鲸们的运输柜也要不断换水，保证水质新鲜清洁。在机舱里，添加冰块靠铲车完成，抽水注水则有专门的水泵。

整个白鲸航班上，除了2位白鲸"旅客"，还有机组和工作人员共8人，其中包括3名飞行员、1名随机工程师，以及上海长风海洋世界派出的熟悉两条白鲸的2名兽医与2名驯养员。和客运航班类似，随机工作人员在飞机的起飞、降落阶段也必须坐在自己的座位上，只能通过运输柜里的摄像头了解白鲸的状况，而在平飞状况时，他们可以离开座位、贴近观察白鲸。

（资料来源：中国民航网）

【案例启示】

两条白鲸的成功运输离不开专业团队的精心准备和各方人员的协作配合,因此,在特种货物运输中,航空货运从业人员必须具备专业的知识、高超的技能和严谨的工作作风。

任务演练

选择题、判断题(请扫码答题):

在线答题

任务二 熟悉鲜活易腐货物运输规定

任务导入

2015年10月,一票泥鳅从成都运至北京,进港卸机时发现其中有几箱破损泄漏,液体渗出,内装物散落在货舱。该水产品的泄漏造成飞机、其他货物和行李不同程度的污染,并导致飞机停场清洁、后续航班延误等严重后果。这起事件不仅给货主了带来不好的运输体验,也给承运人造成了重大经济损失。

水产品在运输中应该注意什么?如何确保水产品的安全运输?通过本任务的学习,大家应掌握鲜活易腐货物运输的注意事项和要点。

近年来,航空运输中水产品泄漏事件不断发生。造成这些问题的原因,一是托运人不遵守规章和规定,降低包装标准或者使用不符合要求的包装材料。二是承运人收运货物时,有章不循,放松标准,把关不严;装载货物时,货物侧放、倒置等导致包装破损,液体泄漏。

水产品只是鲜活易腐货物中的一部分。那么,什么是鲜活易腐货物?它在航空运输中又是如何规定的呢?

一、鲜活易腐货物基础知识

(一)定义

鲜活易腐货物是指在一般运输条件下,因气候、温度、湿度、气压变化或者运输时间等原因,容易引起变质、腐烂或者死亡的物品。例如,肉类,水果、蔬菜、鲜花等植物类,水产品类,需要低温保存的食品、药品,以及试剂、疫苗等生物制品,都可以归类为鲜活易腐货物。

此外,鲜活易腐货物还包括某些活体动物,其中较为典型的是活的鱼、虾、蟹、贝类、沙蚕等,这些活体动物的运输还应遵守关于活体动物运输的规定。一些价值极高的鲜活易腐货物,如鱼苗、蟹苗等,托运人声明价值符合贵重物品价值标准的,还应遵守贵重物品运输的规定。使用干冰(固体二氧化碳)、液氮等作为冷冻剂的鲜活易腐货物,还应遵守危险品运输的规定。

(二)鲜活易腐货物腐败原理

鲜活易腐货物含有蛋白质、脂肪、糖类、维生素等有机物质以及水和矿物质等无机物质。这些有机物质在一定条件下会发生分解变化,失去食用价值,这个过程称为腐败。鲜活易腐货物腐败的原因主要是微生物的作用、呼吸作用和化学作用。微生物的作用是指微生物在食品内滋生和繁殖,从而使食品腐败;呼吸作用是指水果、蔬菜的呼吸会逐渐消耗体内的养分,导致货物的新鲜度下降,从而使食品腐败;化学作用是指食品碰伤、擦伤后发生氧化而变色、变味、腐败。这三种腐败的原因各有特点,相互影响,并且有时是同时进行的。

在鲜活易腐货物的运输中,微生物的作用是动物性食品发生腐烂的主要原因。细菌、霉菌和酵母菌在食物内的繁殖,使得蛋白质和脂肪分解,维生素受到破坏,同时产生臭气和有毒物质,使食物变质不能食用。对于植物性食物来说,呼吸作用是其易腐的主要原因。呼吸作用一方面抵抗着细菌的入侵,另一方面不断消耗体内的养分。随着体内养分的不断消耗,抗病性逐渐递减,到了一定程度时,细菌就会大量涌入,加速各种成分的分解,使植物性食物很快腐烂。

因此,抑制微生物的滋长,减缓鲜活易腐货物的呼吸作用,有助于延长其储藏时间,适当和准确的温度管理是延迟产品变坏最重要、最简单的办法。通常,储存温度越低,保质期越长。但对于有些产品,过低的温度会导致冻伤。

(三)鲜活易腐货物运输规则

IATA《鲜活易腐货物规则》(Perishable Cargo Regulations,PCR),是行业公认的航空运输鲜活易腐货物的专业标准。

PCR由IATA活体动物和鲜活易腐货物委员会(LAPB)与时间和温度工作组(TTWG)持续评审并每年更新。

PCR每年出版一期,有效期为每年的1月1日至12月31日。PCR共分为10章和5个附录,主要内容包括适用性、政府法规、承运人规定、鲜活易腐货物类型、包装、操作业务、文件和标签、可追溯性和追踪、投诉赔偿、《濒危野生动植物种国际贸易公约》、鲜切花的航空运输等。

(四)鲜活易腐货物种类

根据IATA《鲜活易腐货物规则》,鲜活易腐货物可分10类,具体包括水果和蔬菜、鲜切果蔬和预加工的沙拉、海产品和鱼、肉和肉制品、奶制品、烘焙食品、冷冻食品、观赏植物、医药制品和其他易腐产品。

① 水果和蔬菜

水果是指植物生长的可食用的果实,蔬菜是指可以做菜或烹饪成为食品的一类植物或菌类。水果和蔬菜可分为呼吸跃变型和非呼吸跃变型两类(见表10-1)。呼吸跃变型果蔬在采收后继续成熟,在呼吸过程中会产生二氧化碳和乙烯气体;非呼吸跃变型果蔬采摘后不会继续原本的发育过程,未成熟的果实不会继续成熟,成熟的果实则会走向衰败。

表10-1 常见的水果和蔬菜分类

呼吸跃变型果蔬	非呼吸跃变型果蔬
苹果、香蕉、芒果、猕猴桃、梨、杏、桃子、李子、木瓜、榴莲、西红柿、甜瓜、苦瓜、百香果等	柠檬、葡萄、草莓、橘子、樱桃、蓝莓、菠萝、荔枝、黄瓜、西瓜、石榴、辣椒、豌豆、秋葵等

② 鲜切果蔬

鲜切果蔬指新鲜果蔬经清洗、修整、去皮、切分等一系列处理后,变成可直接食用的产品,并将其密封包装好后提供给消费者,保持其新鲜度、高营养和味道。与完整产品不同,鲜切产品因切分处理造成机械损伤,更容易腐烂或变色,因此,在运输过程中保持低温以及使用气调保鲜包装,可以在一定程度上控制鲜切果蔬的变色和脱水等变化。

气调保鲜包装国外称MAP或CAP,国内称气调包装或置换气体包装、充气包装,是根据客户实际需求将一定比例的氧气、氮气和二氧化碳混合气体充入包装内,采用具有气体阻隔性能的包装材料包装食品,防止食品在物理、化学等方面发生质量下降或减缓质量下降的速度,从而延长食品保质期。

③ 香料和干香草

由于香料和干香草具有较长的保质期,一般通过海洋或公路运输的数量较多,航空运输数量较少。

④ 鲜花和盆栽植物

鲜花和盆栽植物的呼吸作用明显,因此运输中要考虑温度、湿度和通风等因素。

⑤ 肉和肉制品

随着温度变化,微生物和酶活性会影响肉的品质和安全性,因此,肉和肉制品的运输应保持适当的温度。当需要多次装卸时,务必注意温度的影响。

⑥ 海鲜

海鲜包括活海鲜、新鲜海鲜、冷冻海鲜和干海鲜。活海鲜必须作为活体动物运输。新鲜海鲜必须注意运输温度,通常理想温度为0℃。冷冻海鲜需通过制冷剂保持运输温度,通常理想温度低于−23℃。

⑦ 奶酪和奶制品

干奶制品容易从环境中吸收水分,因此运输中要注意保存在阴凉、干燥和通风的环境中。

二、鲜活易腐货物运输责任

(一)托运人责任

(1) 托运人应当遵守国际公约、国际惯例、货物出发地和运输过程中有关国家的法律和规定,应当遵守承运人的运输要求。

(2) 托运人应根据始发地、中转地和目的地的需要,申报货物的所有有关详细情况。

(3) 托运人应事先获得相关的进出口、转运、检疫或健康需要的许可证明,并填制相关文件。

(4) 托运人应确保货物的包装、标记和标签符合承运人要求,提供紧急情况时的联系人。

(5) 货物托运后,托运人应及时通知目的站收货人提前准备相应文件,快速通关提货。

(二)承运人责任

(1) 承运人应考虑货物的实际情况,合理安排舱位。

(2) 需要满足特殊操作要求的,承运人应考虑运输中及目的站是否有专用的设备设施并通知各方使用信息等。

(3) 承运人应检查货物的包装、标记、标签和文件等是否符合运输要求。

(4) 承运人应负责货物的仓储和装载,不相容的货物要考虑货物之间的隔离。

三、鲜活易腐货物包装及标识

(一)包装

鲜活易腐货物包含多种类型,并且性质各不相同,有些货物特别容易腐烂变质,有些货物受到严格的时间和温度限制。鲜活易腐货物的包装和操作是否符合标准,决定了货物是否能成功空运。因此,鲜活易腐货物的包装不仅需要符合普通货物的包装要求,还需要符合PCR要求。

1 一般包装要求

(1) 鲜活易腐货物的包装设计应当考虑运输过程中可能出现的温度、高度、角度和方向上的变化以及始发站、中转站、目的站地面气候的变化,必须能将运输时间和环境因素的影响降到最低,从而保持货物的品质。

(2) 鲜活易腐货物的包装方式和包装结构必须能够承受运输全过程中的正常操作,必须能够为内装物提供足够的保护,防止其中液体的渗漏或溢出以及对其他货物的污染。

2 鲜活易腐货物的包装形式

PCR中规定,不同类型的鲜活易腐货物,包装形式也不同。鲜活易腐货物的包装形式分为单一包装和组合包装。许多鲜活易腐货物要求有外包装和内包装,同时还需使用制冷剂,因此,需要采取组合包装形式运输。

制冷剂可以选择湿冰、干冰或者胶冰。湿冰的使用时间有限,湿冰对于需要很低温度的情况是无效的。同时,湿冰融化会产生水,需要采取更严格的包装标准。

干冰属于航空运输危险品,将干冰用作制冷剂,需要遵守IATA《危险品规则》的规定。干冰使用过量或者直接接触货物,会使某些鲜活易腐货物冻坏,它不适合作为新鲜水果和蔬菜以及有些药品的制冷剂。

胶冰是一种预先包装好的化合物。通常情况下,胶冰有两种形式:一种是装在塑料袋中的粉末,这种胶冰需要另加水;另一种是装在塑料袋中的片状物。胶冰的制冷强度低于干冰,高于湿冰,可以重复使用。因此,运输鲜活易腐货物可优先选择胶冰作为制冷剂。

鲜活易腐货物的包装类型

鲜活易腐货物的包装通常有聚苯乙烯泡沫箱、聚乙烯袋、打蜡的纸板箱、经处理的纤维板箱(见图10-11)、木桶/木箱/板条箱、塑料箱、金属罐、聚乙烯布、聚苯乙烯泡沫绝缘材料、吸湿纸等。

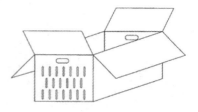

图10-11　纤维板箱包装

按照货物类型不同,鲜活易腐货物主要的包装类型有水果蔬菜类包装、海鲜产品类包装、肉类包装、冷冻类产品包装、鲜切花和植物类包装、药品包装、奶制品包装等。

(1)水果和蔬菜的包装要求(以纸箱为例)。

水果和蔬菜的呼吸作用会产生热量和水蒸气,包装必须能够通风并具有较好的防潮效果。因此,可选择单层、双层或者三层的瓦楞纸箱或蜡浸纸箱作为水果和蔬菜的包装。

蜡浸纸箱具有较强的抗水能力,通常用来包装使用湿冰作为制冷剂或者水分较大的鲜活易腐货物。

瓦楞纸箱的四周通常打有通气孔,以利于冷气或者冷水进入纸箱冷却货物。使用压缩气体或者湿冰进行冷却的,开孔应在纸箱侧面;使用冷水冷却的,开孔应在纸箱上面。

湿冰融化后产生的水可能会浸湿纸箱,因此,装有湿冰的纸箱除应按规定使用吸水材料外,纸箱的外面应注明"WET"(湿货)字样。

纸箱包装适用于绝大多数鲜活易腐货物的运输。

(2)冷冻类产品的包装要求。

①冷冻类产品通常在隔热、制冷或主动温度控制的集装箱内的纤维板箱中运输。其包装包括外包装、内包装和制冷系统,所有组成部分必须是防渗漏的。

②外包装应有双层边和防漏角,外包装的底部必须进行防滑处理。可以使用不同类型的隔热材料为产品提供隔热以及防碰撞的保护。制冷系统包括双层铝化袋、隔热材料和制冷剂。货物装箱时,底部必须放平确保码放安全。码放湿货前应先铺垫吸附材料(见图10-12)。

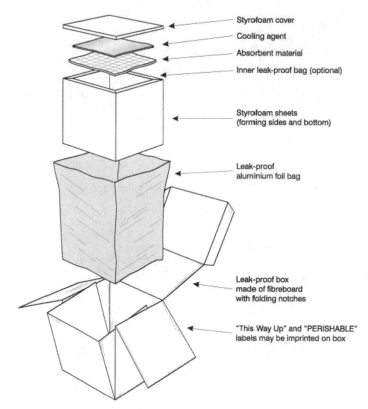

图 10-12 冷冻类产品包装

③使用聚乙烯袋装湿冰、干冰或者胶冰以保持包装箱内的低温,或者采用专门为保持低温而设计的制冷包装。

④货物在包装前必须冷冻至需要的温度。可以采用以下预冷方法:将胶冰冷冻至 $-30℃$,用一层泡沫或类似材料包装冷冻产品以减少热源的影响。

⑤货物不能放在露天风吹雨淋或者放在阳光下暴晒。

(二)标记和标签

1 标记

鲜活易腐货物的包装上应标注以下内容。

(1)托运人、收货人的姓名、地址及联系电话。

(2)根据货物的性质注明特殊注意事项及最长允许运输时限;运输过程中需要冷藏的,注明温度范围。

(3)用干冰作为制冷剂时,要按照危险品要求标记。

2 标签

(1)鲜活易腐货物的包装上必须粘贴或者拴挂鲜活易腐货物标签,如图10-13所示。运输湿货,必须粘贴向上标签。

(2)运输有温度要求的鲜活易腐货物,外包装上必须粘贴温度限制标签,如图10-14所示。

图 10-13 鲜活易腐货物标签

图 10-14 温度限制标签

(3)采用干冰作为鲜活易腐货物制冷剂时,货物外包装上应粘贴相应的危险品标记和标签。

四、鲜活易腐货物运输

(一)文件

(1)国际运输鲜活易腐货物,托运人须提供航空货运单、政府准运证明、海关和出入境检验检疫证明书等运输文件。

(2)航空货运单的托运人姓名和地址栏、收货人姓名和地址栏必须显示全名和地址,建议标注托运人和收货人的联系方式。在操作注意事项栏注明承运人所需要的操作信息、随附文件等。

(二)隔离

受货物性质的限制,在收运和存储过程中必须注意不同类别的鲜活易腐货物之间的隔离要求。

将不同的鲜活易腐货物装在同一集装器内,要充分考虑货物的特性和运输条件。对于不相容的货物,即使是较短时间的仓储或运输,也会对货物的颜色、味道或质地等方面产生不良影响。因此,混运的鲜活易腐货物必须要在温度、湿度等方面兼容。

PCR 中提供了运输过程中建议隔离的货物,以及它们短期和长期仓储的相容性和污染的风险(见表 10-2)。

表 10-2 鲜活易腐货物不相容和隔离表(节选)

商品对		相容性		是否需要隔离	
A	B	C	D	E	F
苹果	苹果			R	R
苹果	香蕉	X			
苹果	牛肉	HR			
苹果	卷心菜	SR			

续表

商品对		相容性	是否需要隔离	
苹果	奶酪	X		
苹果	猪肉	X		
苹果	马铃薯	SR		
杏	苹果			R
杏	杏			R
朝鲜蓟	苹果			L
朝鲜蓟	杏			L
芦笋	苹果			S
芦笋	杏			S
鳄梨	苹果		R	
鳄梨	鳄梨		R	R
香蕉	鳄梨		R	
香蕉	香蕉		R	
香蕉	卷心菜	X		
香蕉	橙子	X		
香蕉	桃子	X		
香蕉	李子	X		
香蕉	马铃薯	X		
牛肉	卷心菜	X		
牛肉	奶酪	SR		
牛肉	橙子	X		
牛肉	马铃薯	SR		
花椰菜	苹果			X
花椰菜	杏			X
花椰菜	蓝莓			X
花椰菜	甜瓜			X
黄瓜	鳄梨	X		
黄瓜	香蕉	X		
榴莲	鳄梨	R		
榴莲	香蕉	R		
榴莲	黄瓜	X		
榴莲	榴莲	R		

（1）A列和B列表示需要隔离或不相容的商品对。

（2）C列表示商品对的相容性，HR、SR和X的含义如下：HR表示高污染风险；SR表示轻度污染风险；X表示商品对不相容。

（3）D列、E列和F列表示是否需要隔离，提供给定时间段内的相容性或不相容性。

D列提供因产生乙烯在温度为7~16℃时是否需要隔离的识别代码。

E列提供因产生乙烯在温度为2~7℃时是否需要隔离的识别代码。

F列提供因产生乙烯在温度为0~2℃时是否需要隔离的识别代码。

是否需要隔离的代码含义如下：

L——相容，可以长时间一同存储；

R——成熟水果能够促使未成熟水果成熟；

S——在短时间内可以相容(少于24小时)；

X——不相容(绝不可以放在一起)。

（三）存储和组装

鲜活易腐货物在地面存储和装入集装器时，应严格遵守各类鲜活易腐货物间的隔离要求，不得将鲜活易腐货物放在烈日下暴晒或者放在露天风吹雨淋，一旦发现有液体渗漏现象，应立即停止操作并采取补救措施。

1 含水的鲜活易腐货物

含水的鲜活易腐货物主要是装在塑料袋中的活鱼、鱼苗和虾等货物，塑料袋中充有氧气和水。

（1）含水的鲜活易腐货物不能直接与集装器地板接触。装货时应先在集装器地板上铺设面积足够大的塑料布，大小要能够将货物包裹住。塑料布与货物之间应加足够的吸水材料。

（2）使用泡沫塑料箱或纸箱作为外包装的，装入集装器时，不能与其他货物混装。单独装载时，货物的码放层数一般不超过4层，以防底层的货物被压坏而造成损失。

（3）严格按照货物包装上的操作标签进行作业，保持货物向上，严禁倒置。

（4）货物装完后，将塑料布的四周向上折起，包住货物，并使用封口胶带或者绳索将口封住，以防货物发生破损时液体溢出或者渗漏。

2 螃蟹、甲鱼等活体动物

鲜活易腐货物中含有活龙虾、螃蟹或甲鱼等，不能装入密封的硬门集装箱中运输。

（1）货物装入集装器时，不能与其他货物混合码放，不能用塑料布遮盖。

（2）货物之间应保持适当空隙，以保证通风。货物在地面存放时应注意放在阴凉的地方，严禁放在露天或者阳光下暴晒。

活螃蟹空运应该怎样包装呢？请扫码了解。

活螃蟹空运打包演示

3 肉和肉制品

所有的肉和肉制品在运输过程中必须处于干净卫生的环境中，装载肉和肉制品的集装器应保持清洁。

（1）如果条件允许，肉和肉制品在地面存储和运输过程中应放在冷藏或冷冻设备内。

（2）使用集装箱装载肉和肉制品时，先在集装箱底部放置足够尺寸的塑料布，货物装完后，将塑料布向上折叠完全包裹住货物，再用胶带将塑料布粘住封好。

（3）使用集装板装载肉和肉制品时，先在集装板底部按一般货物装载规定铺设塑料布。装载肉和肉制品的集装板上尽量不要装载其他货物，若确实需要装载其他货物，应注意隔离限制，同时应将肉和肉制品集中装在集装板的一个区域。

4 冰鲜、冷冻的水产品

此类货物存储时应注意温度要求，通常冰鲜鱼类的存储温度应在5℃以下，冷冻海鲜的存储温度应在－12℃以下。

此类货物中的海水或盐水一旦泄漏会对飞机和设备造成腐蚀和损害，因此，组装集装器时，此类货物不能与其他货物混装。

■ 货运现场直通车

> 首创冰鲜水产品空运新模式，自贸烟台打造航空生鲜港

2023年6月，"烟台—列日"洲际货运航线完成20余吨挪威三文鱼运输，标志着烟台在打造航空生鲜港、江北三文鱼等航空冷链产品中转集散枢纽领域迈出坚实一步（见图10-15）。

图10-15 首批挪威三文鱼运抵烟台机场

烟台自贸片区持续推进航空生鲜港建设，助推冷链物流运输行业转型升级。"我们聚焦冰鲜水产品运输存储环节，推动烟台机场获批冰鲜水产品口岸资质，开展冻虾、太平洋蓝鳍金枪鱼等17个品类的冰鲜水产品进口。"相关负责人介绍，通过推进欧洲经烟台至日韩的冰鲜"空空中转"业务，重新规划建设进口冷链专仓、申请公用型保税仓库，实现进口冷链产品保税存储和转出口功能（见图10-16）。

图10-16 烟台自贸片区持续推进航空生鲜港建设

此外,烟台自贸片区聚焦冰鲜水产品通关查验环节,实施海关"24小时便利通关、进境货机随到随查、货物即查即放"等便利措施,开展边检"预约通关零等待、前置检查零延时、特殊情况应急处置"等生鲜航班查验模式,保障生鲜航班"机到即办、高效通关",生鲜产品从落地到提货只需要2~3个小时。

(资料来源:环渤海新区公众号)

【案例启示】

通过该案例可以看出,未来鲜活易腐货物尤其是高附加值的航空冷链货物将成为各航司重点打造的方向,此举将促进冷链物流运输行业的转型升级和快速发展,对从业人员的数量和质量也提出更高的要求。

任务演练

一、选择题(请扫码答题)

在线答题

二、实训演练

代理人苏某在机场货运部托运一票活螃蟹,使用了下图所示的两种包装。

请为托运人进行详细说明和演示:
1. 该包装是否符合空运要求?
2. 空运活螃蟹应该如何正确包装?

任务三 了解危险品运输规定

2023年10月,某货主计划将一票榴莲从三亚运至北京,货物共20件300千克,假设你是货运代理人,请分析榴莲属于普通货物还是危险品?能否空运?通过这个任务的学习,我们将了解危险品运输的基本内容。

一、危险品基础知识

(一)定义

危险品是指在航空运输中,可能危害到健康、安全、财产或环境的物质和物品。其具体包括很多品种,国际航协的《危险品规则》(Dangerous Goods Regulation)中列明了3000多种危险品,并详细公布了危险品运输的操作方法。

航空公司或机场必须具备危险品运输相关资质方可开展危险品运输业务,必须遵守国际和国内的相关法律法规。危险品运输是航空运输中非常复杂、非常重要的运输类别,本书仅做简单介绍,详细内容请参考《危险品规则》。

(二)危险品的分类

危险品的性质各不相同,危险程度各异,有的相互之间接触还会产生危险的化学反应。因此,为了储运的安全和管理的方便,根据危险品的物理及化学性质,可将其为九大类。

9类危险品的分类表示不同的危险特性,并非表明其相对危险程度。其中,第1类、第2类、第4类、第5类和第6类危险品因其各自包括的范围比较广又被细分为许多项。许多危险品不只具有一种危险特性,这些物质或物品就被赋予了一种或多种次要危险性。表10-3为危险品类别和项别汇总。

表10-3 危险品类别和项别汇总

分类	项别
第1类:爆炸品	1.1项:有整体爆炸危险的物质和物品。 1.2项:有进射危险而无整体爆炸危险的物质和物品。 1.3项:有燃烧危险、较小的爆炸或较小的进射危险而无整体爆炸危险的物品和物质。 1.4项:不存在显著危险性的物品和物质。 1.5项:具有整体爆炸危险而敏感度极低的物质。 1.6项:无整体爆炸危险且敏感度极低的物质

续表

分类	项别
第2类:气体	2.1项:易燃气体,如氢气。 2.2项:非易燃无毒气体,如氮气、氧气。 2.3项:毒性气体,如氯气
第3类:易燃液体,如汽油、乙醇	
第4类:易燃固体、易自燃物质、遇水释放出易燃气体的物质	4.1项:易燃固体,如红磷、火柴。 4.2项:易自燃物质,如白磷、湿棉花。 4.3项:遇水释放出易燃气体的物质,如金属钠
第5类:氧化性物质和有机过氧化物	5.1项:氧化性物质,如漂白剂、过氧化氢。 5.2项:有机过氧化物,如过氧化二苯甲酰
第6类:毒性物质和感染性物质	6.1项:毒性物质,如砒霜、农药。 6.2项:感染性物质,如鼠疫杆菌
第7类:放射性物质	
第8类:腐蚀性物质,如硝酸、氢氧化钠	
第9类:杂项危险物质和物品,包括环境危害物质,如干冰、磁性物质、锂离子电池	

为了包装目的,除了第1类、第2类、第7类、5.2项和6.2项物质,以及4.1项自反应物质的危险品以外,其他类危险品根据其危险程度,其包装划分为三个类别。其中,Ⅰ类包装代表高度危险,Ⅱ类包装代表中度危险,Ⅲ类包装代表低度危险。包装等级适用于第3、4、8、9类和5.1项、6.1项的危险品。

（三）隐含的危险品

1 隐含危险品的检查

托运人按照一般情况申报的货物中,可能隐含某些危险品,而这些危险品不易从托运人的申报中确定其属性。收运人员应按照下列有关规定对疑似含有危险品的货物进行检查。

以泛指名称申报的货物可能隐含危险品,收运人员必须经过充分训练,且有能力辨别、检查出以普通货物形式空运的隐含危险品。涉及隐含危险品收运时,收运人员应要求托运人仔细检查其货物,如托运人证实该货物不含有任何危险品,则必须在航空货运单上声明该货物不具有危险性,如在货运单的货物品名栏内注明"Not Restricted"。

2 隐含危险品示例

（1）航空器备件/航空器设备:可能含有爆炸物品（照明弹或烟火信号弹）、化学氧气发生器、不能使用的轮胎装置、压缩气体钢瓶（氧气、二氧化碳、氮气钢瓶或灭火器）、油漆、胶粘剂、气溶胶、救生器材、急救箱、设备中的燃油、湿电池或锂电池、火柴等。

(2) 呼吸器：可能含有压缩空气或氧气瓶、化学氧气发生器或深冷液化氧气。

(3) 潜水设备：可能含有装有压缩气体（例如空气或氧气）的气瓶，也可能含有潜水灯。潜水灯可能带有铅酸电池而且高强度潜水灯在空气中开启可产生极高的热量，为了运输安全，灯泡或电池应保持断路。

(4) 探险设备：可能含有爆炸物品（照明弹）、易燃液体（汽油）、易燃气体（丙烷、野营用燃气）或其他危险品。

(5) 冷冻水果、蔬菜等：可能装有干冰（固体二氧化碳）。

3 预防隐含危险品的措施

通常情况下，可以采取如下措施预防隐含的危险品。

(1) 在各货物收运处张贴宣传画，提示托运人不得按普通货物运输危险品。

(2) 在货物订舱和销售处张贴宣传画，增强相关人员的预防意识。

(3) 加强对货物收运人员、货运销售代理人及地面服务代理机构人员危险品相关知识的培训。

(4) 对于性质不明的物品要求托运人出具危险品鉴定报告等。

二、危险品运输文件

托运人在托运危险品时，应填写托运人危险品申报单（Shipper's Declaration for Dangerous Goods, DGD）和航空货运单，同时还应准备危险品鉴定报告、包装性能单、包装使用单等文件。承运人或其代理人通过危险品收运检查单进行收运检查，并填写特种货物机长通知单通知机长。

（一）托运人危险品申报单

(1) 托运人托运危险品时，应正确、如实地填写托运人危险品申报单，确保填写危险品申报单的人员已按规定接受相关危险品知识训练并获得合格证书，且必须保证危险品运输的全部准备工作完全符合相关国家及承运人的有关规定。

(2) 申报单必须用英文填写，也可以在英文后面附上另一种文字的准确译文。危险品申报单可以手写也可以打印，但必须字迹清晰，便于识别，且危险品申报单上显示的信息必须准确、合法。

(3) 托运人必须在申报单上签字，签字必须使用全称，签字可以手写也可使用印章，但不准使用印刷字体。

(4) 申报单上如有涂改，托运人必须在涂改处签字。

(5) 申报单最少一式两份，一份随附货运单和货物运输，一份由始发站留存。

托运人危险品申报单样式如图10-17所示。

SHIPPER'S DECLARATION FOR DANGEROUS GOODS

Shipper	Air Waybill No. Page of Pages Shipper's Reference Number *(optional)*
Consignee	*For optional use for Company logo name and address*
Two completed and signed copies of this Declaration must be handed to the operator.	**WARNING**
TRANSPORT DETAILS This shipment is within the limitations prescribed for: *(delete non-applicable)* PASSENGER AND CARGO AIRCRAFT / CARGO AIRCRAFT ONLY Airport of Departure: Airport of Destination:	Failure to comply in all respects with the applicable Dangerous Goods Regulations may be in breach of the applicable law, subject to legal penalties. Shipment type: *(delete non-applicable)* NON-RADIOACTIVE / RADIOACTIVE

NATURE AND QUANTITY OF DANGEROUS GOODS

Dangerous Goods Identification						
UN or ID No.	Proper Shipping Name	Class or Division (Subsidiary Risk)	Pack-ing Group	Quantity and type of packing	Packing Inst.	Authorization
	Paragraph 10.8.3.9					

Additional Handling Information

I hereby declare that the contents of this consignment are fully and accurately described above by the proper shipping name, and are classified, packaged, marked and labelled/placarded, and are in all respects in proper condition for transport according to applicable international and national governmental regulations. I declare that all of the applicable air transport requirements have been met.	Name/Title of Signatory Place and Date Signature *(see warning above)*

图10-17　托运人危险品申报单样式

(二)航空货运单

托运人托运危险品,应按照IATA《危险品规则》和承运人的特殊要求填制货运单,并对货物的品名如实申报,禁止以非危险品品名托运危险品。

如果货运单上所列货物为危险品,则必须在货运单的操作注意事项栏内注明"Dangerous Goods As Per Attached Shipper's Declaration"或"Dangerous Goods As Per Attached DGD"字样。

(三)危险品收运检查单

在收运危险品时,承运人使用危险品收运检查单来检查托运人危险品申报单、货运单及危险品包装件是否完全符合要求。

(1)危险品收运检查单由危险品收运人员填写,一式两份,经收运人员签字后生效。未填写危险品收运检查单或者危险品收运检查单未经收运人员签字的危险品不得收运。

(2)危险品收运检查单上的各项目必须全部检查完毕后,方能确定是否可以收运。

(3)经检查,危险品收运检查单上各项目均无问题,该危险品可以收运。

(4)经检查,危险品收运检查单上如有任意一项或几项结果为否定,该危险品不得收运。

(5)如果危险品包装件有损坏或包装方法不正确,承运人应该拒绝收运该危险品。

(6)危险品收运检查单的正本和托运人危险品申报单与货运单附在一起随同货物运输,其副本由始发站留存。

(四)特种货物机长通知单

(1)危险品装机前,应根据托运人危险品申报单填制特种货物机长通知单并尽早与机长进行交接。

(2)机长阅后无异议应在该特种货物机长通知单上签字。机长有权检查特种货物装载情况,如发现不符合规定之处可通知装机人员卸货或重新装机。

(3)飞机在中途站更换机组,机长应将特种货物机长通知单转交接班机长,并向其说明危险品装载情况。

(4)当危险品作为货物运输时,承运人必须填写特种货物机长通知单。运输作为普通货物制冷剂的干冰和作为货物运输的干冰时,不需要填写托运人危险品申报单,但必须填写特种货物机长通知单。

三、危险品操作注意事项

(一)基本操作原则

1 预先检查原则

在将危险品包装件组装集装器或装机之前,应再次进行符合性检查,符合要求才可继续进行作业。检查的内容包括:外包装有无破损、气味泄漏及其他损坏迹象;包装件上的危险性标签和操作标签是否正确无误、粘贴牢固;包装件上的文字标记(包括运输专用名称、UN或ID编号、托运人和收货人的姓名及地址)是否字迹清楚。

2 方向性原则

装有液体危险品的包装件均按要求贴有向上标签。在搬运、装卸、组装集装板或集装箱以及装机的全过程中,必须按该标签的指向使包装件始终保持直立向上。

3 轻拿轻放原则

在搬运或装卸危险品包装件时,无论是采用人工操作还是机械操作,都必须轻拿轻放,切忌磕、碰、摔、撞。

4 固定货物、防止滑动原则

危险品包装件装入飞机货舱后,装载人员应设法固定,防止其在飞机飞行过程中倾倒或翻滚,造成损坏。

5 可接近性原则

"仅限货机"的包装件只能装在主货舱的集装板上。为了使包装件保持可接近性,不得使用不透明的塑料布遮盖集装板。

货物装在集装板上必须装在集装板的靠外一侧,标签朝外;危险品集装板挂牌必须与包装件标签位于集装板的同一侧。

集装板装入飞机后,装有危险品的侧面应朝向货舱壁,与货舱通道相邻。

6 隔离原则

为了保证人员的安全与货物的完好,某些危险品和人员之间,某些不同类别的危险品之间,某些危险品和其他货物之间,在存储和装载中均需隔离。

(二)危险品隔离要求

在航空运输过程中,性质抵触的危险品互相接触时可能发生危险性很大的化学反应,从而对航空运输安全造成威胁。为了避免这样的危险品在包装件意外漏损时发生危险的化学反应,在存储和装载时必须将它们隔离。

运输中需要互相隔离的危险品如表10-4(即DGR 9.3.A表)所示,隔离表的具体要求详见《危险品规则》9.3节内容。

表 10-4 危险品隔离表

TABLE 9.3.A
Segregation of Packages (9.3.2)

Hazard Label	1 excl.1.4S	2.1	2.2, 2.3	3	4.1	4.2	4.3	5.1	5.2	8	9 see 9.3.2.1.3
1 excluding 1.4S	See 9.3.2.2.5.	×	×	×	×	×	×	×	×	×	×
2.1	×	—	—	—	—	—	—	—	—	—	×
2.2, 2.3	×	—	—	—	—	—	—	—	—	—	—
3	×	—	—	—	—	—	×	—	—	—	×
4.1	×	—	—	—	—	—	—	—	—	—	×
4.2	×	—	—	—	—	—	—	×	—	—	—
4.3	×	—	—	—	—	—	—	—	—	×	—
5.1	×	—	—	×	—	×	—	—	—	—	×
5.2	×	—	—	—	—	—	—	—	—	—	—
8	×	—	—	—	—	—	×	—	—	—	—
9 see 9.3.2.1.3	×	×	—	×	—	—	—	×	—	—	—

表中横行与纵行的交叉点为"×",表示所对应的两种危险品的性质相互抵触,需要隔离;交叉点为"—",表示所对应的两种危险品无须隔离。判断危险品的性质是否互相抵触时,应同时考虑主要危险性及次要危险性。

任务演练

选择题(请扫码答题):

在线答题

任务四　了解其他特种货物运输规定

任务导入

浙江一家珠宝公司在深圳黄金加工厂将一批黄金饰品加工后,拟用空运方式发往杭州,这票货物可否收运?运输中要注意哪些事项?

一、贵重物品

(一)贵重物品种类

国际运输中,供运输用的货物声明价值每千克毛重超过1000美元或其等值货币的货物,国内运输中货物声明价值每千克超过2000元人民币,以及含有下列物品中一种或多种的货物,均称为贵重物品。

(1)黄金(包括提炼和未提炼过的金锭),混合金,金币和各种形状的黄金制品,如金粒、片、粉、绵、线、条、管、环和黄金铸造物;白金(铂)或白金类稀贵金属(钯、铱、锗、钌、铑)和各种形状的铂合金制品,如铂粒、绵、棒、锭、片、条、网、管、带等。但上述金属以及合金的放射性同位素则不属于贵重物品,而属于危险品,应按照危险品运输办理。

(2)货币、旅行支票、证券、股票、邮票及银行卡、信用卡。

(3)钻石(包括工业用的钻石)、红宝石、蓝宝石、绿宝石、蛋白石、珍珠(包括人工养殖的珍珠),以及镶有上述钻石、宝石、珍珠等的饰物。

(4)白银、黄金、白金制成的饰物和手表。

(5)黄金、白金制成的物品,但不包括镀金制品。

(二)贵重物品收运

1 订舱

(1)托运人托运较大批的贵重物品,出发站应优先安排直达航班运送,托运人可提出办理押运货物。

(2)托运人交运贵重物品前,必须向吨控部门订妥全程舱位。

(3)贵重物品需要特别安全措施时,应提前向承运人说明。

2 价值

(1)托运人自愿办理声明价值,每份国际货运单货物的声明价值不得超过10万美元,每份国内货运单货物的声明价值不得超过50万元人民币。

(2)每份货运单货物声明价值超过限额时,托运人应分批运输,由此产生的费用由托运人承担。

(3)国际货物运输中,客机每个航班所装载的贵重物品价值不得超过100万美元,贵重物品的包机,总价值不得超过5000万美元。

3 包装

(1)贵重物品的包装必须是质地坚硬、完好的木箱或铁箱。必要时包装外使用铁质包装带,呈"井"字形捆扎。包装的接缝处、包装带的结合部位要有托运人的铅封或火漆封志,封志上应有托运人的特别印记。

(2)成批托运且有人押运的货币、金融债券等货物可以使用结实的麻、布袋作为包装。包装的封口必须严密,包装袋必须整洁、干净,无任何破损,包装袋外不得有任何粘贴物。

(3)名人字画、珍贵文物必须使用木箱或铁箱作为货物的外包装。是否使用铅封由托运人根据货物性质或价值决定。

(4)贵重物品包装箱内必须放置足够的衬垫物,保证箱内物品不致移动和相互碰撞。

4 标记和标签

(1)托运人应在外包装上清楚地写明货运单号码、件数、重量,以及收货人、托运人的姓名、地址、电话。

(2)除识别标签和操作标签外,贵重物品外包装上不得有任何显示货物性质的标志。

(3)贵重物品(除按运输声明价值确定为贵重物品的货物外)的外包装上不得有任何粘贴物,只允许使用挂签,不得使用贴签。

5 运输文件

(1)在货运单货物品名栏内详细填写贵重物品的具体名称、净重、内装数量以及包装件的尺寸,在储运注意事项栏内注明"VAL"字样。

(2)收运贵重物品时,请托运人出具货物装箱单,货物装箱单随附在货运单后,并在货运单上注明。

(3)贵重物品与其他货物使用同一份货运单托运时,整票货物按贵重物品处理。

(4)贵重物品装机前,应填制特种货物机长通知单(NOTOC),连同货运单一起交由机长签收。

6 存储和装载

(1)贵重物品收运后,应存储在贵重物品仓库内。

(2)贵重物品必须有严格的交接手续,出仓和入仓、装机和卸机时必须由交接人员逐件清点交接,交接单、装机单和卸机单上均应注明贵重物品的件数,交接人员确认签字。

(3)在地面运输时,必须有专人监控,贵重物品不允许装在客舱或驾驶舱,只能装在货舱中运输,贵重物品不得与其他货物混装在集装器内。

二、外交信袋

(一)定义

外交信袋是指各国政府(包括国际组织)与驻外使领馆、办事处之间作为货物托运的往来信函。

(二)收运

(1)外交信袋不应开包或过安检,承运人应要求托运人提供使领馆或有关外事部门出具的有效证明,并加注"无禁止运输物品"字样。

(2)外交信袋应有完善的包装和明显的封志,收运时应仔细检查外包装和封志是否完好。

(3)在机场交运的外交信袋,应不迟于航班起飞前2小时办理交运手续。

(4)应填写特种货物机长通知单。

(三)注意事项

(1)外交信袋应优先发运,装机时应装在货舱显眼处,并与一般邮件分开存放。

(2)外交信袋均采用直达航班运输,除特急件外,一般应由固定航班运输。

(3)外交信袋装机时,由机长指定装机位置。

(4)外交信袋装机后,始发站应将所装舱位通知到达站。

(5)外交信袋运到后,应立即通知有关单位凭必要的证明来机场提取。

三、灵柩、骨灰

托运人托运灵柩、骨灰时,必须遵守有关国家的规定和要求。

(一)灵柩

1 文件

(1)托运人凭卫生或其他相关部门出具的死亡证明,殡仪馆出具的入殓证明,公安、卫生、防疫等有关部门出具的准运证明,以及中国殡葬协会国际运尸网络服务中心发放的尸体入/出境防腐证明和尸体/棺柩/骸骨/骨灰入/出境入殓证明办理托运手续。

(2)各种证明材料,一份留始发站存查,一份附在货运单上并在货运单上用文字注明随附证明,随货物带往目的站。

(3)死亡证明应包括死者姓名、年龄、性别、国籍及死亡日期、死亡原因,还要特别注明死亡原因为非传染性疾病死亡。如果为传染性疾病死亡,必须火化后才可收运。

(4)除死者遗物外,灵柩不能与其他货物使用同一份货运单托运。

2 包装

(1)尸体经过防腐处理,并在防腐期内,然后装入厚塑料袋内密封,放在金属箱内。金属箱的焊缝必须严密,能够保证箱内液体或气味不会泄漏。

(2)尸体下面应有足够防止液体渗漏的木炭或木屑等吸附材料。

(3)金属箱外应套装木棺,木棺两侧应装有便于装卸的把手。

3 操作标签

在货物的外包装上应加贴急件和向上标签。

4 装载注意事项

(1)在旅客上机前装机,在旅客下机后卸机,必须装载在货舱内。

(2)在装机、卸机以及地面存放时应加盖罩布,以免引起旅客及其他人员反感。

(3)不得与动物装在同一货舱内,不得与其他货物混装在集装板上。

(4)在货舱内将灵柩固定,不致因移动而损坏飞机。

(二)骨灰

1 文件

(1)托运人应提供卫生或其他相关部门出具的死亡证明和丧葬部门出具的火化证明。各证明一式两份,一份留在始发站存查,一份附在货运单后,随货物带往目的站。

(2)在货运单上注明"急件"字样,在货运单储运注意事项栏内注明附有死亡证明及火化证明各一份。

(3)应填写特种货物机长通知单,提前通知机组。

2 包装

骨灰应当装在密封的塑料袋或其他密封的容器内,外加木盒,最外层用布包裹。

3 标签

应加贴轻拿轻放(易碎)标签、急件标签。

4 注意事项

(1)骨灰可装在下货舱,也可由旅客随身携带。

(2)骨灰装载后,应在拍发给有关航站的载重电报中说明骨灰的装载位置。

四、急件货物

(一) 定义

急件货物是指承运人按照托运人的要求,以最早的航班或最短的时限运达目的站,并以最快速度交付的货物。

(二) 收运条件

(1) 收运急件或其他有时限要求的货物,首先要考虑货物的运输期限是否在航班班期内,运力能否保证按期到达。

(2) 在货运单上准确写明收货人名称、地址、电话和邮编等信息,以便到达站及时通知收货人,货运单储运注意事项栏加盖"急件"印章,并在货物外包装表面加贴急件标签。

(3) 急件货物应严格开箱检查或按规定进行安全检查。

(4) 急件货物运输应以直达航班为主,严格控制联程运输。如需中转,应预先订妥舱位,经中转站同意后方可承运。

(三) 运输注意事项

(1) 承运的急件货物应以最早航班运出。

(2) 承运的急件货物和规定时限运出的货物,必须按照托运人时限要求将货物运至目的站。

(3) 对于中转联程的急件货物,承运人应在装机后2小时内拍发"请急速转运"或"请按预订××航班转运"的电函给中转站,货物到达目的站后必须在2小时内发出到货通知。

五、超限货物

(1) 超限货物是否收运需要根据航线机型的最大载运能力以及航站装卸能力来确定。托运人或代理人组装需要装在集装器上运输的超限货物时,承运人或其地面代理人的有关技术人员应在现场指导。

(2) 超限货物的包装应有便于搬运、装卸的设施,如便于叉车操作的底托、吊车用的把环等。

(3) 需要占用两个或两个以上标准集装板的位置或需要额外的装卸设备操作的货物,在货运单操作注意事项栏内注明"BIG"字样。

(4) 单件重量超过150千克的货物,在货运单操作注意事项栏内注明"HEA"字样。

(5) 组装探板货物,在货运单操作注意事项栏内注明"OHG"字样。

■ **货运现场直通车**

> 特种货物运输比重逐步上升

2023年全球特种货物空运垂直市场持续增长,普通货物空运和特种货物空运相比具体变化如下。

World ACD 数据显示,2023年1月至8月的空运总周转量同比下跌7%,但特种货物空运增长3%,而普通货物空运下跌12%。

货运量出现大幅下跌的类别包括快递(−17%)、普通货物(−12%)和危险品(−12%)。货运量增长的类别包括易损件/高科技产品(+7%)、活体动物(+5%)、易腐物品(+4%)和贵重品(+2%)。总体而言,特种货物运输的比重逐步上升。

(资料来源:Flexport)

任务演练

一、选择题(请扫码答题)

二、简述题

1. 简述哪些货物属于贵重物品,以及它们在包装、标记和标签上的要求。
2. 运输灵柩、骨灰时,托运人需要提供哪些文件?
3. 运输急件货物时有哪些注意事项?

在线答题

项目小结

本项目介绍了几种特种货物运输的具体要求,其中活体动物运输、鲜活易腐货物运输和危险品运输是重点,而活体动物包装、危险品运输文件是难点,需要大家认真学习并熟练掌握。

随着运输中特种货物比重的增加,民航货运业对从业人员特种货物操作能力的要求也逐渐提高。通过本项目的学习和训练,同学们应具备查阅相关手册、规范填制特种货物运输文件、按照规定进行特种货物操作的能力,不断提升安全意识,认真细致、恪尽职守,为特种货物运输提供高品质服务。

模块六
航空货物不正常运输与赔偿

项目十一　货物不正常运输与处理

项目引入

2019年,某航司B737-800飞机落地后,卸机人员发现因包装破损(见图11-1),大量鸡苗在飞机货舱内活动,部分已经死亡,货舱地板大面积污染,同时给其他货物和行李的卸载工作带来困难。为了提高卸机速度,装卸人员采用堆叠码放的方式将鸡苗运送入库,由于卸机和清理工作耗时太久,该航班最终延误,鸡苗也大量死亡,货主为此要求赔偿。

图11-1　包装破损的鸡苗

经调查,造成此次运输事故的主要原因有三点。第一,货主使用的包装材料不合规,收货人员也未严格把关。第二,货物装载时码放超高,导致货物坍塌,包装受损。第三,运输当天始发地大雨,因鸡苗不能用塑料布大面积遮盖,包装被雨水打湿。

航空货物运输过程中,还有哪些不正常运输情况?当此类情况发生时,我们应该如何合理、高效地处理呢?希望大家能从本项目中找到答案。

项目目标

知识目标

1. 了解航空货物不正常运输的类型及原因。
2. 熟悉货物不正常运输处理规定及文件要求。
3. 了解不正常航班货物处理规定。

能力目标

1. 能够依据规定合理、高效地处理货物不正常运输事件。
2. 能够熟练填开货物不正常运输文件。
3. 能够规范、合理地处理不正常航班的货物。

素养目标

1. 依据规定处理货物不正常运输事件,不断强化法规意识和质量意识。

2.热情、积极、主动地应对各种货物不正常运输状况,细心待货、耐心待人,提高服务意识,优化服务水平。

知识架构

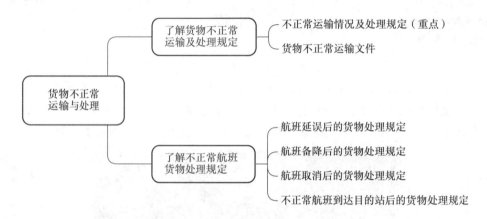

任务一　了解货物不正常运输及处理规定

任务导入

航空货物运输过程涉及货物与文件处理、货物中转、分批运输等情况,还可能遇到航班延误、取消等异常情况,因此,在各操作环节不可避免地会出现一些不正常情况。常见的货物不正常运输情况有哪些?在发生这些情况时应如何及时、妥当处理呢?

一、不正常运输情况及处理规定

(一)多收货物(Found Cargo,FDCA)

多收货物是指卸机站收到未在货邮舱单上列明的货物,或实际收到的货物件数大于货邮舱单或货运单上列明的件数。

① 多收货物的原因

多收货物通常是以下原因导致的。

(1)装机站错将运输计划外的货物与计划内的货物混在一起装上飞机。

(2)装机站错将其他航站的货物装在航班上造成错运。

(3)装机站临时加货,但未来得及修改货邮舱单,也未来得及将货运单装入文件业务袋内带往卸机站。

(4)如果是过站航班,卸机站可能错卸了过站货物,这通常是因为货物标签上显示的目的站与航班经停站吻合。

（5）上一航班漏卸的货物混在本航班的货物内,卸货时顺便卸下了飞机,这类多收货物一般是非常小件的货物,如文件、零件等,而且货物标签显示的目的站与本航班所有经停站和目的站不一定相吻合。

2 多收货物的处理规定

（1）若多收货物有货运单或标签,根据货运单或标签上的货物信息向前方各站拍发电报询问处理办法。有货运单但未在货邮舱单上显示的多收货物,多为临时加装的急运货物,收到货物的航站只需将货运单号码、货物件数、始发站、目的站等信息录入货运计算机系统并填写在货邮舱单上,同时通知有关航站即可。

（2）若货物无货运单及标签,应根据多收货物的件数、重量、尺寸、外包装类型、标记等信息向前方各站拍发电报询问处理办法。

（3）收到始发站或其他站对该货物的处理指示后,应按照指示办理。

若要将货物继续运输或退回装机站,可按以下方法处理。

① 继续运输。使用货运单传真件或复印件或代货运单将货物运至装机站要求运往的航站。

② 退回装机站。使用货运单复印件或代货运单将货物退回装机站,并在货运单复印件或代货运单和货邮舱单上注明不正常运输情况。

继续运输或退回装机站的航班、日期确定后,拍发电报将货物的航班和日期通知装机站和其他有关航站。

（4）经详细查询后无回音时,应按无法交付的货物处理。

（5）多收的国际货物应通知当地海关。

（二）少收货物（Shortlanded Cargo,SLCA）

少收货物是指卸机站未收到在货邮舱单上列明的货物,或收到货物的件数少于货邮舱单上显示的件数。

1 少收货物的原因

少收货物的原因通常有以下几种。

（1）清点有误。装机站没有将计划运输的货物全部或部分装上飞机,或发生临时拉货但没有或未及时通知卸机站。

（2）货物漏卸。如果航班是过站航班,有可能是本站在卸货时漏卸,导致货物少收。

（3）收运错误。由于始发站收运环节失误,货物实际件数与货运单所填写的件数不符,实际件数少于货运单上显示的件数。

（4）经停站错卸。由于卸机人员马虎大意,货物被错卸在经停站且未及时发现。

（5）卸机遗漏。装卸人员工作疏忽,卸机后未按规定清舱或清舱不彻底造成货物被遗漏在飞机货舱内。漏卸货物多为体积较小、重量较轻的货物。

（6）本站清点货物件数不准确。当发现少收货物时,首先必须保证本站对货物件数的清点准确无误。

2 少收货物的处理规定

（1）确认少收货物，在货邮舱单上注明不正常运输情况。

（2）立即拍发查询电报，通知装机站、经停站和货物目的站。如果货物信息已在货邮舱单上显示，但是既未收到货物又未收到货运单，应在货邮舱单上注明"无单无货"，并发报通知有关航站。此种情况多是因为装机站临时拉货，但未来得及修改货邮舱单信息。

（3）如果少收货物是国际货物，应通知当地海关做相应处理。

（4）如果未收到货物但收到了货运单，应收存少收货物的运单，待货物运达后处理。

（5）如果本航站为货物中转站，经证实少收的货物已经由其他航班运至目的站，则将货运单和收到的货物运至目的站，并在货邮舱单和货运单上注明货物不正常运输情况，将有关信息通知相关航站。

如果少收货物已由其他航司运至目的站，应将货运单连同漏装、错卸站电报复印件一并转交该公司，并做好交接记录。

（6）如果经过查询，航班到达后14日内仍没有结果，可做如下处理。

① 将少收货物的详细情况汇总上报本航站和装机站、始发站业务管理部门或业务主管领导，征求处理意见并按意见处理。

② 将已收到的部分货物和货运单退回装机站处理。除非事先经过装机站同意，否则此种处理方式不适合鲜活易腐货物、贵重物品、灵柩、骨灰、危险品、活体动物等特种货物。对于特种货物，必须在各个航站之间完全达成一致意见后处理。

③ 如果收货人急需，经其同意，按分批货物交付办法将已收到的部分货物交付给收货人。此种处理方式必须尽快通知货物的始发站和装机站，或者先经过其同意。

（7）如果自航班到达之日起满30日仍无查询结果，按无法交付货物处理。如果货主提出索赔，在与装机站或始发站协商一致后，按货物丢失进行赔付，赔付前须与货主就货物找到后的处理方案达成一致并签订书面协议。如果少收货物属于贵重物品、危险品、外交信袋或其他特种货物，除了按上述程序处理，还应立即向上级部门报告。

■ 货运现场直通车

经停站错卸货物，名贵观赏鱼缺氧死亡

2011年9月5日，托运人王女士委托某航空公司运输两条观赏鱼给兰州的客户，两条活鱼养在水里用聚乙烯塑料袋和木箱包装，货物总重量9千克（见图11-2）。运输此票货物的航班于当晚到达目的站兰州，但机场收货站并未收到这票货。经查询，该货物因卸机人员工作失误被错卸在了经停站西安。直到第二天13时20分，航空公司才将此票货运到兰州，然而收货人张先生到机场提货时发现两条价值近3万元的鱼已经缺氧窒息而死亡。

原因分析：该事件发生的主要原因有三点。第一，装卸人员责任心不强，工作马虎大意，未按规定执行卸机操作。第二，装卸部门监督管理不严。第三，发生货物不正常运输情况后，应急处理不够及时有效。

图 11-2 名贵观赏鱼

航司整改措施：第一，加强货运规章、民航服务及活体动物运输业务培训，提高货运人员的行业规章意识和服务意识，增强工作责任心。第二，完善货物装卸监管制度，严格按照手册操作。卸机时严格按照卸机单操作，监装监卸和仓库入库人员应仔细清点核对入库货物与货邮舱单。第三，优化货物不正常运输的应急处理方案，提高货物运输质量。

【案例启示】

通过该案例可以看出，航空货运从业人员必须具备较高的规章意识和服务意识，以及敬畏职责的职业精神。

（三）货物漏卸(Overcarried Cargo，OVCD)

货物漏卸是指卸机站未按照货邮舱单卸下该航站应卸下的货物。

1 货物漏卸的原因

货物漏卸可能是以下两种原因造成的。

(1) 货物漏卸发生在过站航班，通常是因为卸机人员对应在本站卸机的货物件数或相关装卸注意事项不够明确，盲目操作导致漏卸。

(2) 货物漏卸发生在终点站，通常是因为卸机人员工作马虎，卸机后没有对飞机货舱进行清舱或者清舱不彻底，个别体积较小、重量较小的货物被遗漏，如信函、文件等。

为了避免货物漏卸，在接到装机站的航班释放信息后，航站对应在本站卸下的货物件数、重量和特殊装卸注意事项等信息应及时整理，通知负责该航班的卸机人员。对于在本站过站的航班应特别注意这一点。

业务人员应将目的站为本站的货物件数、重量、体积等及时通知卸机人员，卸机人员卸机后应清点卸下的货物件数，核对是否正确。

建立卸机后的清舱制度。航站应建立严格的卸机后清舱制度和清舱程序，对于卸机完毕的飞机货舱，卸机班组应指定专门人员负责清舱。

2 货物漏卸的处理规定

(1) 发现货物漏卸后，如果飞机还在本站，应立即安排人员上机查找。如果航班已经离开本站，则应立即向下一航站发出查询信息，提出处理意见。

(2) 如果无法确定漏卸货物的下落，应立即核对货运单，并尽快向有关航站拍发查询电报。

(3)收到漏卸货物的航站应立即电告漏卸站和装机站,并将漏卸货物尽快退运至漏卸站或直接运至目的站。漏卸货物如有原始货运单,应连同货物一起转运。如无原始货运单,国际运输应立即通知漏卸站传真货运单,用该货运单副本转运。国内运输应填开代货(邮)运单予以转运。转运漏卸货物应随附相关电文复印件,并在转运航班的货邮舱单上注明货物不正常运输情况。

(4)如果有关航站未发现漏卸货物,应立即通知漏卸站,漏卸站接到通知后,应立即展开泛查。

(5)如果漏卸的是国际货物,应通知当地海关做相应处理。

(6)为了防止货物漏卸演变成货物丢失,应对漏卸货物的查询过程做好详细记录。

(四)有单无货(Found Airwaybill,FDAW)

有单无货是指卸机站收到未在货邮舱单上显示的货运单,但未收到货物。

1 有单无货的原因

有单无货通常是下列原因造成的。

(1)装机站错运。装机站将不是同一航班的货运单夹在本航班的运输文件中错运到卸机站。此种情况常见于货运单上的目的站与航班目的站一致时。

(2)卸机站错卸。卸机站将后续航站的货运单在本站卸下,此种情况多发生于过站航班。

(3)装机站临时加装的急运货物,如急救货物、急救药品等,因时间仓促,未能将货物装上飞机,也未在货邮舱单上登记。

2 有单无货的处理规定

(1)多收货运单的航站应尽快向始发站、装机站和其他有关航站拍发查询电报。

(2)如果货运单的目的站不是本航站,应征求装机站和目的站的处理意见,并按对方意见进行处理,同时在货运单和货邮舱单上注明不正常运输情况,将有关货运单查询电函的复印件随附在货运单后。

(五)有货无单(Missing Airwaybill,MSAW)

有货无单指卸机站收到货邮舱单上显示的货物,但未收到货运单。

1 有货无单的原因

有货无单一般可能由以下原因造成。

(1)装机站漏装。货邮舱单是根据货运单制作的,如果货运单未与同航班的其他货运单在一起,很可能是装机站在准备航班文件时将其漏掉或遗失。

(2)卸机站错分。卸机站在分发核对货运单时因工作疏忽错分了货运单。

2 有货无单的处理规定

(1)确认少收货运单且并非本站错分时,应立即拍发查询电报通知装机站和始发站,要求补运货运单正本、复印件或传真货运单。

(2)货物始发站收到卸机站少收货运单的电报后应及时查找,如未能找到原始货运单,应告知有关航站,并用货运单副本或代货运单(国内)代替正本完成后续工作,同时尽快补发货运单副本和相关文件。

如果货物的目的站不是本航站,应征求装机站的处理意见,并按照装机站要求,将货物继续运输或退回装机站。

① 继续运输。使用始发站或装机站发来的货运单或其复印件将货物运至装机站要求的航站。

② 退回装机站。使用货运单或其复印件将货物退回装机站,并在货运单或其复印件上注明"根据××航站要求退货",在退回航班的货邮舱单上注明"退货",也可将有关电报随附在货运单或其复印件上一起运往装机站。确定货物退回的航班和日期后,发送电报通知装机站。

（3）联运货物可根据始发站的通知,用代货运单将货物转运至有关航站,国际运输用货运单副本(随附相关电文复印件),转运时应保留一份货运单副本备查。

（4）贵重物品、危险品必须在收到始发站补发的货运单或其副本后方可办理货物交付手续。

■ **货运现场直通车**

> 有货无单,延迟交货导致海鲜变质

托运人委托某航空公司运输15箱海鲜(临时加货)到北京,计划当天提货。然而航班到达北京后,货站发现此票货物的货运单并没有随货到港,与始发站沟通后,第二天货运单补运至北京。但此次运输导致收货人延迟一天提到货,海鲜已变质。

原因分析:该事件发生的主要原因有两点。第一,临时加货流程不明确、不完善。第二,货运人员对货物不正常运输的处理和沟通不到位,缺乏优质服务意识。

航司整改措施:第一,修订货运操作手册,规范临时加货时货运单及其他单据的交接流程,明确职责;第二,加强业务培训,提高货运人员处理货物不正常运输事件的能力;第三,采取措施提高员工服务意识,及时沟通,高效处理货物不正常运输情况。

【案例启示】

通过该案例可以看出,货运各环节的操作流程必须完善、明确,同时,操作人员还须不断提高处理特殊情况的专业能力与服务意识。

（六）中途拉卸(Planned Offloading, OFLD)

中途拉卸是指经停站因特殊情况需要临时卸下过站航班的货物。

1 中途拉卸的注意事项

拉卸过站货物时需注意:在时间允许的情况下,应征得始发站同意后方可拉卸;禁止拉卸有时效性和已订妥航班的货物,以及邮件、作为货物运输的行李、贵重物品、外交信袋、活体动物、灵柩、骨灰、鲜活易腐货物、报刊、新闻电视影片等;临时拉卸货物应尽可能整批拉卸,避免部分拉卸。

② 中途拉卸货物的处理规定

（1）中途拉卸货物时，应将被拉下货物的货运单同时卸下。
（2）在该航班的货邮舱单上注明临时拉卸货物的情况。
（3）立即电告被拉下货物的目的站、中转站和装机站，并抄送有关航站。
（4）尽快将被拉下的货物续运至目的站，在续运航班的货邮舱单上注明"中途拉卸货物"并随附相关电文复印件。
（5）如果是国际货物，应通知当地海关做相应处理。

（七）货物漏装（Shortshipped Cargo，SSPD）

货物漏装是指始发站在航班起飞后发现货邮舱单上显示的部分货物未装机，但其货运单已运出。

货物漏装应按如下规定处理。

（1）始发站发现货物漏装时，应立即通知货物目的站和中转站，电报中应注明漏装货物的货运单号码、件数、重量、始发站、目的站等信息，同时应尽可能告知续运的航班和日期。
（2）如果漏装的货物是国际货物，应通知当地海关做相应处理。
（3）漏装货物一般由原承运人的航班运送。如改变运输路线，则应要求货运单卸机站将货运单转交改变路线后的货物卸机站或目的站。
（4）运输漏装货物时，需随附漏装货物的货运单副本及相关电文复印件，并在续运航班的货邮舱单上列明漏装货物。
（5）装机站发现货物漏装时，如货运单和货邮舱单尚未转交财务部门或外航代表，应立即做出相应更改；如已转交财务部门或外航代表，则应通知有关部门更改。

（八）错贴（挂）货物标签（Mislabeled Cargo，MSCA）

错贴（挂）货物标签是指货物识别标签上显示的货运单号码、件数、目的站等内容与货运单不符。

① 错贴（挂）货物标签的原因

一般情况下，以下原因可能导致错贴（挂）货物标签。
（1）由于托运人员疏忽，将不同货物的标签交叉错贴（挂）。
（2）标签上的货运单号码、货物件数、重量、目的站等信息填写错误。

② 错贴（挂）货物标签的处理规定

（1）如果始发站将不同货物的标签交叉错贴（挂），发现后立即根据货运单信息将货物标签更换或重新贴挂。
（2）中转站或目的站发现货物标签错贴（挂），先核对货物外包装上的收货人、货物实际重量与货运单所填内容是否相符，如果信息一致，则更换货物识别标签，并发送电报通知始发站或装机站；如果信息不符，立即拍发电报通知始发站或装机站，详细描述货物的包装、外形尺寸、特征等，征求处理意见。

(3) 始发站或装机站收到电报后,应立即查明原因并给出处理方法。

(九) 货物丢失(Missing Cargo,MSCA)

货物丢失是指货物在承运人运输期间(货物收运后至交付前)部分或全部被盗,或下落不明经查询满30日(该期限由承运人确定)仍无下落。

1　货物丢失的原因

除了人为因素发生的货物被盗,货物下落不明通常由以下原因引起。

(1) 货物被错运至其他航站,而该航站并未及时发现或处理。

(2) 出港操作过程出现问题,货物错装在其他航班上运往目的站,而目的站未及时发现并处理,导致装机站货物下落不明。

2　货物丢失的处理规定

(1) 核对有关运输文件,分析丢失的原因。

(2) 查找货物可能放置的地点,包括清点仓库货物,同时向有关航站拍发查询电报。

(3) 如果发现货物被盗应立即保护现场,无关人员严禁进入现场,同时上报单位值班领导,根据领导指示进行处置并报警。对于包装被破坏并发生不完全被盗的货物,应在警方协助下开箱检查货物丢失情况,开箱检查过程及结果应留下影像资料。

(4) 对于下落不明且经查询满30日仍无果的货物,如果托运人或收货人提出索赔,可按规定进入赔偿程序。赔偿前应与索赔人商定丢失货物找到后的处理方案并签订书面协议。已赔偿的丢失货物找到后,应及时与索赔人联系,按双方商定的意见处理。

(5) 发现贵重物品、危险品、精神药品和麻醉药品、外交信袋等特种货物被盗或下落不明时应立即上报并报警处置。

■ 货运现场直通车

两千多克黄金饰品被盗,航司丢失贵重物品

2012年5月,某航空公司货运部丢失一票黄金饰品。经调查发现,此票黄金项链重2445.75克,价值约97万元人民币,在始发站仓库被三名货运工作人员合伙盗取。三人在装机运输前将货物偷搬至休息室附近,并多次利用休息时间撬开木箱,将里面的黄金项链抛到围栏外,下班后将项链带走。三个月后,公安部门破获案件并抓获犯案人员,法院判处三人有期徒刑3年至10年不等。

原因分析:该事件发生的主要原因有两点。第一,航司的法规培训不到位,员工法律意识淡薄,职业道德素养较低,监守自盗。第二,仓管部门管理不善,贵重物品监管不到位。

航司整改措施:第一,加强货运人员的法规教育,提高全员法治意识;第二,完善仓库管理制度,加大库区监控力度。

【案例启示】

通过该案例可以看出,货运工作人员必须具备较强的法律法规意识,敬畏职责,遵纪守法。

✈ 想一想：该案例中，货运部在发现黄金饰品丢失后应该如何处理？请根据以上所讲的"货物丢失的处理规定"回答。

（十）货物破损(Damaged Cargo, DMG)

货物破损是指货物在运输过程中外包装破损、变形或受潮，导致包装内的货物可能或已经受损。

1 货物破损的原因

货物破损的原因可能有以下几种。

（1）货物外包装不符合空运要求，无法承受航空运输的一般条件，如压力、温度变化等，在运输过程中开裂、变形或损坏。

（2）装卸人员违规操作，搬运、装卸过程中扔、摔、重拿重放导致货物外包装破损。

（3）货物存放期间由于防护不力导致货物被雨雪、积水浸泡、湿损。

2 货物破损的处理规定

（1）发现货物外包装有轻微破损，应及时修复货物包装后继续运输；如果不能修复，应与托运人联系处理。

（2）发现货物外包装破损严重且无法修复，应及时与托运人或收货人联系，商定处理办法。破损严重的国际货物应会同海关严格检查货物并做好记录，之后将货物妥善保管，征求托运人处理意见。

（3）发现中转货物破损，应填制货物不正常运输记录，并在中转舱单上注明破损情况，同时电告有关航站。其中一份货物不正常运输记录应随附在货运单后，修复或重新包装货物后，继续运输。

（4）目的站发现货物破损，应填制货物不正常运输记录并通知有关航站。如果交付时收货人对货物状态提出异议，应填写货物运输事故记录，详细记录货物的实际破损状态，必要时留下影像资料。

（5）如果破损货物为危险品，还须根据不同类别的危险品事故或事故征候处理程序进行应急处置。

■ 货运现场直通车

外包装损坏变形，危险品泄漏

2011年2月，一架B737-800飞机执行北京—沈阳航班，该航班转运了两件品名为漆的危险品，货物包装为OVERPACK，内部没有缓冲物，由于在北京装机过程中收运人员操作不当，货物受到挤压碰撞，铁桶变形，危险品泄漏（见图11-3）。

原因分析：导致该运输事故的主要原因有两点。第一，危险品包装不符合空运标准。第二，装卸人员未按要求对危险品进行固定及防碰撞处理。

航司整改措施：第一，加强对危险品的收运管理，收运人员应严格进行危险品收运检查，提高安全意识和法规意识；第二，加强装卸人员及监装监卸人员的危险品装载业务培训。

图 11-3 危险品包装变形泄露

【案例启示】

通过该案例可以看出,危险品运输直接影响航空安全,收运、装卸等相关工作人员必须严格遵守危险品运输规定,恪守职责,增强安全意识,提高货物运输质量。

✈ 想一想:该案例中,货运人员在发现危险品泄漏后应该如何处理?请根据"货物破损的处理规定"回答。

(十一)货物品名不符

货物品名不符是指航站在处理货物过程中发现货物的实际名称与货运单上显示的名称不符或不是同一种性质的物品。货运单的品名栏使用泛指品名的情况不属于品名不符。

货物品名不符往往存在安全隐患,可能对航空运输造成危害。如托运人虚报品名、伪报品名、在货物中夹带违禁品、在普货中夹带危险品或其他限制或禁止运输的物品等。根据《中华人民共和国民用航空法》与《中国民用航空货物国内运输规则》《中国民用航空货物国际运输规则》要求,承运人对品名不符的货物,应依法严格处理。

货物品名不符会对航空运输造成怎样的影响?请扫码了解。

货物品名不符的影响

1 货物品名不符的一般处理规定

(1)对于品名不符的货物,承运人视情节严重程度进行相应处理,必要时交由公安或有关部门处置。

(2)因托运人伪报品名,给承运人或同一航班的旅客、行李、邮件和其他货物造成损失的,由托运人负全部责任。

(3)伪报品名的贵重物品发生损失,应根据实际损失情况进行处理和赔偿。

2 托运人夹带禁止运输物品的处理规定

发现托运人在货物中夹带国家和航空承运人禁止运输的物品,应立即中止运输并逐级上报,同时根据夹带物品的性质按程序上报政府主管部门。

(1)如果夹带物品是能够危害公共安全的物品,如枪械弹药、爆炸品、放射性物质、毒性物质、传染性物质等,应立即报告当地公安部门,并根据规定向托运人收取违约金。

(2)如果夹带物品是航空承运人禁止运输的物品,应立即中止运输,通知托运人或收货人将货物取回,并按照承运人规定向托运人收取违约金。

(3)违约金及相关费用收取规定。

① 在始发站发现托运人夹带禁止运输的物品,停止发运货物,并向托运人收取违约金,金额不低于整票货物按照公布运价计得的运费总额。

② 在经停站或中转站发现此种情况,立即停止运输货物,通知始发站向托运人按实际运输航段收取违约金,金额不低于整票货物应付运费总额。

③ 在目的站发现此种情况,立即停止交付货物,通知始发站向托运人或目的站向收货人收取违约金,金额不低于整票货物按公布运价计算的全程运费的总额。

④ 货物在航站滞留待处理期间产生的保管费、退运手续费等相关费用,由始发站向托运人收取,或由目的站向收货人收取。

(4)货物移交。

① 如果夹带对社会危害较大的物品,应按政府指令对货物进行处理或移交政府管理部门处置。

② 如果夹带无社会危险性或者危害性较小的物品,经政府部门同意,可以将货物移交给托运人或收货人。移交货物必须有书面交接手续,所有移交材料和处理文件,负责移交的航站应存档备查。

③ 如果销售代理人托运品名不符的货物,应按照销售代理协议进行处理。

3 托运人夹带限制运输物品的处理规定

(1)始发站的处理规定。

① 停止发运,并向托运人收取违约金,金额不低于整票货物应付运费的总额。

② 托运人自行办理政府有关部门规定的手续后提取货物。如果托运人要求继续运输货物,应在托运人自行办理政府部门规定的手续后,重新计收货物运费,安排货物运输。

(2)经停站的处理规定。

① 暂停运输,通知始发站向托运人收取违约金,金额不低于整票货物应付运费的总额。

② 在托运人自行办理政府部门规定的手续后,可以安排货物继续运输,或者由托运人或收货人在经停站将货物提走,剩余运费不退。

(3)目的站的处理规定。

① 停止交付,通知始发站向托运人或目的站向收货人收取违约金,金额不低于整票货物应付运费的总额。

② 由托运人或收货人自行办理政府部门规定的手续,并缴纳相关费用后提取货物。

③ 如果收货人要求将货物退回始发站,须重新核收全程货物运费,并由收货人办妥政府准运手续。

④ 货物在航站滞留待处理期间产生的保管费、退运手续费等,由始发站向托运人收取,或者目的站直接向收货人收取。

⑤ 如果销售代理人夹带限制运输物品,按照销售代理协议进行处理。

■ **货运现场直通车**

> 托运人瞒报货物品名,指"蛇"为"鼠"

3月30日,某航司广州—昆明一航班到达目的站后,仓库交接员发现一件使用纤维袋包装的货物破损,包装内所装活体动物是蛇(见图11-4),但经核对,此票货物的运单所填品名却为田花、竹鼠,随即联系收货人进行应急处置,并按照品名不符货物处理和交付。公司决定,扣除当班收运人员当月奖金,同时停收该代理人货物一个月。

图11-4 实际运输的活动物—蛇

原因分析:该事件发生的主要原因有三点。第一,代理人瞒报货物品名。第二,收运人员未对货物进行仔细检查。第三,货物未按要求采用蛇类空运专用包装。

航司整改措施:第一,加强收运人员业务培训,重点学习活体动物收运规定;第二,加强货物收运管理,提高检查力度。

【案例启示】

通过该案例可以看出,虚报、瞒报货物品名会对航空运输造成危害,同时也会影响托运人和货运工作人员的利益。因此,所有货运从业人员,包括货运代理人,必须具备较高的安全意识和法规意识,以及严谨、负责的工作态度,如此方能保证航空运输的安全、优质和高效。

(十二) 多收业务袋

多收业务袋是指卸机站收到非本航站的业务袋。

1 多收业务袋的原因

(1) 前续航班的卸机站未将业务袋取回,导致其遗漏在飞机上,又随新航班运到本站。

(2) 经停站错将下一航站的业务袋取回。

(3) 装机站将其他航站的业务袋错交给机长,导致本站多收业务袋。

2 多收业务袋的处理规定

(1) 发现多收业务袋应立即分析原因,并拍发电报通知有关航站。

(2) 尽快安排最早的航班将业务袋运至其目的站,并将航班、日期电告业务袋的装机站和目的站。

(3) 如果装机站要求对业务袋另做处理,应按装机站意见处理。

(十三) 少收业务袋

少收业务袋是指卸机站未收到应该到达本航站的业务袋。

1 少收业务袋的原因

(1) 装机站漏运或错运。

(2) 本站漏取。

(3) 经停站错取,导致下一航站少收业务袋。

2 少收业务袋的处理规定

(1) 发现少收业务袋,应立即通知航班的装机站或经停站。

(2) 发现少收业务袋的航站应将已到达的货物妥善保管,并检查其中是否有贵重物品、鲜活易腐货物、危险品、活体动物等,对有运输时限要求的货物应立即电话通知有关航站或收货人,并索要货运单,或通过货运系统提取运单信息,填制代货运单后交付货物。

(3) 多收业务袋的航站应安排最早的航班将业务袋运至少收业务袋的航站,并将航班、日期电告有关航站。

(4) 收到补运的业务袋后,应立即按照进港工作程序对货物、邮件进行核对和交接。

(5) 如果收到补运的业务袋内只有货运单,没有货邮舱单,应按以下方式处理。

① 从货运系统中提取货邮舱单信息,或者根据收到的货运单填制代货邮舱单,并据此核对货物。

② 装机站如果没有安装货运系统,在接到卸机站少收业务袋的通知后,应尽快将货邮舱单或复印件传真至卸机站,或利用后续航班尽早运至卸机站。

③ 卸机站收到装机站补发的货邮舱单或传真后,应立即核对处理货物。

(十四) 无法交付货物

1 无法交付货物的定义

具有下列情况之一的货物称为无法交付货物(Non-Delivery Cargo)。

(1) 自第一次发出到货通知的次日起14日内仍无人提取,始发站或托运人也没有处理意见的货物。

(2) 收货人明确表示拒绝提取货物或者拒绝支付应付费用的货物。

(3) 货运单上所列收货人地址或名称有误,导致承运人无法联系到收货人。

2 无法交付货物的处理规定

(1) 承运人对无法交付货物的处理方法。

① 通知始发站,由始发站通知托运人并征求处理意见,根据托运人的意见对货物进行处理。如果托运人要求将货物退回始发站、变更目的站、变更收货人或放弃货物,由此发生的费用,由托运人承担。

② 将货物运回始发站,等待托运人指示。

③ 货物在目的地储存满30天后,根据货物所在国家法律和规定处置货物。

④ 公开拍卖全部或部分货物。无法交付货物拍卖后,承运人有权补偿自身或第三方承运人或其他相关法人付出的运输成本、费用、预付款及拍卖产生的费用。这些费用应当由托运人或收货人承担,且货物的拍卖不能解除托运人和收货人支付差额的责任。

⑤ 鲜活易腐货物由于航班延误、无人提取、收货人拒绝接收或由于其他原因面临变质的风险,承运人有权在不预先通知的情况下,采取一切合理措施,包括但不限于:①向托运人征求处置意见,按托运人意见对货物进行处置,并由托运人承担相关费用;②销毁或放弃整票或部分货物。

⑥ 承运人根据有关法律和规定对无法交付货物进行处理之后,应将处理结果通知托运人。

（2）费用处理。

托运人应承担与无法交付货物有关的所有费用及支出,包括将货物运回始发站产生的费用。

二、货物不正常运输文件

（一）货物不正常运输记录

货物在航空运输过程中发生不正常运输事件时,承运人需填制货物不正常运输记录（见表11-1）,以记录货物不正常运输状态。货物不正常运输记录是承运人之间划分运输责任的凭证之一,通常不出示给托运人、收货人或非相关承运人。

表 11-1　货物不正常运输记录
CARGO IRREGULARITY REPORT

编号 NO.(1)

填开地点 ISSUED PLACE	(2)	填开日期 ISSUED DATE	(3)	航班/日期 FLT/DATE	(4)
货运单号码 AWB NO.	(5)	件数 NUMBER OF PIECES	(6)	重量 TOTAL GR. WEIGHT	(7)	装机站/卸机站 STATION OF LODING/UNLOADING	(8)
货物品名 NATURE OF GOODS	(9)	始发站 AIRPORT OF DEPARTURE	(10)	目的站 AIRPORT OF DESTINATION	(11)
不正常类别 CATEGORY OF IRREGULARTY	丢失 □ LOSS	损坏 □ DAMAGE	短少 □ SHORTAGE	变质 □ DETERIORATION	污染 □ CONTAMINATION　其他 □ OTHER	(12)

续表

分运单号码 （13） HAWB NO. 箱号 （14） CASE NO. 货物品名 （15） NATURE OF GOODS 件数 （16） NUMBER OF PIECES 重量 （17） WEIGHT 箱内破损数量 （18） QUANTITY OF THE DAMAGED 其他 （19） OTHER	标签注示 （20） MARKS AND LABLES	外包装 （21） OUTER PACKING	损坏程度（22） CONTAINER DEFECTS
	向上 □ THIS SIDE UP 易碎 □ FRAGILE 玻璃 □ GLASS 小心轻放 □ HANDLE WITH CARE 勿躺放 □ DO NOT LAY FLAT 其他 □ OTHER	纸板箱 □ CARDBOARD BOX 纸包装 □ PAPER WRAPPED 瓦楞纸箱 □ CORRUGATED BOX 木箱 □ WOODEN BOX 金属罐/桶 □ METAL CAN/DRUM 手提箱 □ SUITCASE 包裹 □ BUNDLE 其他 □ OTHER	外部 内部 OUTER INNER □ 撕开 TORN □ 破碎 BROKEN □ 戳漏 PUNCTURED □ 压坏 CRUSHED □ 凹陷 DENTED □ 受潮 WET □ 包装带损坏 □ TAPE TORN □ 包装开裂 □ SEAMS OPEN □ 散包 □ BANDS LOOSE □ 无损 □ NO DEFECTS □ 其他 □ OTHER
发现不正常货物的时间和地点 TIME/PLACE OF FINDING IRREGULARITY 卸机时 □ WHEN UNLOADING 入库时 □ （23） IN WAREHOUSE 交货时 □ WHEN DELIVERING 其他 □ OTHER	损失后的重量 REWEIGHT （24） 是否拍照 是 □ 否 □ PHOTOGRAPHS YES NO		
详细说明： （25） DETAILS_____ _____			
在图上标出破损位置:(29)			
收货人提取货物时,货物状况是否与以上记录相符？ （26） HAVE CONSIGNEE NOTICED DAMAGE TALLYING WITH THIS REPORT WHEN DELIVERING ?		是 □ 否 □ YES NO	
有关人员签字 WITNESS （27）		填表人签字 PREPARED BY	（28）

1 填写要求

(1) 货物不正常运输记录必须如实填写,不得出现似是而非或意思含混的字眼,如"内物损失(丢失、短少)不详""损失待查"等。

(2) 货物不正常运输记录一式三联,一联随附在货运单上,一联给装机站,一联本航站留存备查。

(3) 一份货物不正常运输记录只能记录一票货物的不正常运输情况。

2 填写说明

(1) 编号:填写该记录的顺序号。

(2) 填开地点:填写填开该记录的地点。

(3) 填开日期:填写填开该记录的时间。

(4) 航班/日期:填写运输该票货物的航班号和日期。

(5) 货运单号码:填写该票货物的货运单号码。

(6) 件数:填写该票货物的件数。

(7) 重量:填写该票货物的重量。

(8) 装机站/卸机站:填写该票货物的装机站和卸机站。

(9) 货物品名:填写该票货物的货物品名。

(10) 始发站:填写该票货物的始发站。

(11) 目的站:填写该票货物的目的站。

(12) 不正常类别:根据货物不正常情况在相应栏内划"√"。

(13) 分运单号码:填写不正常货件的分运单号码。

(14) 箱号:填写不正常货物的编号。

(15) 货物品名:填写不正常货物的名称。

(16) 件数:填写不正常货物的件数。

(17) 重量:填写不正常货物的重量(丢失货物的重量由总重量减去未丢失货件的重量确定;损坏货件的重量通过称重后确定)。

(18) 箱内破损数量:填写箱内破损货物的件数和重量。

(19) 其他:填写需要说明的有关货物的其他情况。

(20) 标签注示:填写不正常货物外包装上货物操作标签的类型。在相关内容后画"√"。

(21) 外包装:填写不正常货物外包装的类型和样式。在对应项后画"√",如纸板箱、纸包装、瓦楞纸箱、木箱、金属罐/桶、手提箱、包裹等。

(22) 损坏程度:填写不正常货物包装或内物的坏失程度。在对应的栏目后画"√",如撕开、破碎、戳漏、压坏、凹陷、受潮、包装带损坏、散包等。

(23) 发现不正常货物的时间和地点:填写发现货物不正常情况的时间、地点,在相应栏目后画"√"。

(24) 损失后的重量、是否拍照:分别填写货物受损后的重量及是否对损失的货物拍照。

(25) 详细说明:填写有关部门对货物不正常情况的详细说明。

(26) 收货人提取货物时,货物状况是否与以上记录相符:根据情况在相应栏内画"√"。

(27) 有关人员签字：由承运人的有关工作人员(包括货运工作人员、装卸人员三人以上)签字。

(28) 填表人签字：填写此记录的工作人员签字。

(29) 在图中标出破损位置：选择对应的包装外形，在图上标注破损位置。

(二) 货物运输事故记录

货物交付时，如果收货人对货物状态提出异议，应填写货物运输事故记录(见表11-2)，详细记录货物的实际破损状态。货物运输事故记录是收货人向承运人提出索赔的初始证据之一，由收货人和承运人共同签字后生效。

表11-2 货物运输事故记录
CARGO DAMAGE OR LOSS REPORT

编号 No.

货运单号码	航班/日期
AWB NO.＿＿＿＿＿＿	FLT/DATE＿＿＿＿＿＿
始发站	目的站
ORIGIN＿＿＿＿＿＿	AIRPORT OF DESTINATION＿＿＿＿＿

托运人姓名、地址
SHIPPER'S NAME AND ADDRESS＿＿＿＿＿＿＿＿＿＿＿＿＿＿

收货人姓名、地址
CONSIGNEE'S NAME AND ADDRESS＿＿＿＿＿＿＿＿＿＿＿＿＿

货物品名	件数/重量	包装
NATURE OF GOODS	TTL NUMBER OF PIECES /TTL GROSS WEIGHT＿＿＿	PACKAGING＿＿＿

货物声明价值	货物保险价值
DECLARED VALUE FOR CARRAGE＿＿＿	AMOUNT OF INSURANCE＿＿＿

损失情况：
包装破损 □	内物短少 □	变质 □
CONDITION DAMAGE	SHORTAGE	DETERIORATION
受潮 □	污染 □	其他 □
WET	CONTAMINATION	OTHER

货物交付地点
DELIVERY AT ＿＿＿＿＿＿＿＿＿＿＿＿＿＿＿＿＿＿

现场查验情况
DETAILS OF SCENE CHECKING ＿＿＿＿＿＿＿＿＿＿＿

损失货物品名	件数	重量
NARURE OF GOODS DAMAGED OR LOST	DAMAGED OR LOST NUMBER OF PIECES ＿＿	DAMAGED OR LOST GROSS WEIGHT ＿＿

填开地点	经办人(签字)
ISSUED PLACE ＿＿＿＿	PREPARED BY ＿＿＿＿
填开日期	收货人(签字)
ISSUED DATE	CONSIGNEE

注：此记录作为货物交付时的状态的证明。
REMARK：THIS REPORT IS A PROOF OF THE CARGO ONLY WHEN DELIVERING.

货运现场直通车

> "年货"运输漂洋过海,航空物流链接全球"中国年"

2024年2月7日,一架满载着智利车厘子的南航波音777货机在纽约机场腾空而起,将于15小时后抵达广州,将大洋彼岸新鲜的美食好物送达国内百姓餐桌,为新春佳节增添年味(见图11-5)。执飞本次航班的机长说:"赶在大年三十前将这批货物安全送回国内,希望这份'跨洋年味'能给国内百姓带来不一样的幸福体验。"

图11-5 南航货机运输"跨洋年味"

为确保各类春节年货安全、高效抵达千家万户,南航物流各国内货站在春运期间保持常态化运营,增派人手24小时跟踪保障,现场采取分区存放、随卸随取的方式,提高运行效率。针对生鲜易腐货物,开通生鲜运输绿色通道,升级冷链服务,保障生鲜类货物品质不减、鲜达舌尖,用心用情守护万家团圆年味。

得益于跨境物流和跨境电商的发展,中国年货市场的销售更加丰富多元,海外消费者选择通过购买"中国年货"表达思乡之情,这些年货中,不仅有佛跳墙、茅台酒等传统美食美酒,还有各种中国制造的小商品、知名品牌电子产品等。同时,阿姆斯特丹的鲜花和三文鱼、智利的车厘子、北美的海鲜、法国的红酒、巴基斯坦的松子等货物也通过航空物流纷纷进入国内市场,春节的氛围随着"年货"运输漂洋过海,传递到了世界各地。

(资料来源:民航资源网)

任务演练

一、选择题(请扫码答题)

二、操作题

1.3月6日,川航3U6925航班从成都到青岛,经停长沙。长沙站在核对进港货物时发现少收了一票运单号码为876-12345675的货物,品名为电子产品,2件共40千克,初步调查是本站漏卸了此票货物。此种情况应如何处理?请简述处理方式。

2.一票从首尔到北京的货物,运单号码为784-10507700,8件共160千克,品名为游戏机,承运航班为CZ682,于4月7日16:30到达北京首都机场,库管人员于4月11日发现其中1件货物丢失,共20千克。请根据货物不正常运输规定处理该事件。

3.一票三亚到重庆的货物,运单号码为880-12345675,20件共100千克,品名为新鲜荔

在线答题

枝,承运航班为HU7331,于3月1日10:10分起飞,12:20到达重庆江北机场,工作人员核对进港货物时发现其中5件货物(共25千克)的外包装严重破损,部分荔枝泄漏并损坏。请根据货物不正常运输规定处理该事件,并扫码填写货物不正常运输记录。

货物不正常运输记录

4.托运人李某于5月12日在广州白云机场托运一批货物到东京,运单号码为999-10508105,8件共160千克,品名为游戏机,由CA921航班于5月16日运至东京成田机场,机场货运人员在核对进港货物时发现其中3件货物(各20千克)中夹带了危险品锂电池。此种情况应如何处理?请给出具体的处理方法。

任务二 了解不正常航班货物处理规定

任务导入

8月1日,某货代公司托运一批海鲜从广州运往上海(见图11-6),航班起飞后接到通知,由于军方在上海开展军事演习,要求航班在厦门备降等待。广州货站接到通知后随即与厦门货站沟通,请他们配合,一旦接到飞机起飞的消息,务必立即通知目的站,请其通知此票海鲜的收货人及时提货。因为处理及时,货主在上海提货时18箱海鲜基本全部存活。而相比较另外一家航司,由于货运人员未及时跟踪,航班(相同航线)上运输的海鲜存放时间超过六小时,收货人提货时海鲜均已死亡。

图11-6 货站收运的海鲜

通过该案例,你认为为何第一家航司在航班备降后,机上运输的海鲜依然存活,而第二家航司运输的海鲜却全部死亡?根据不正常航班货物处理规定,航班备降后,机上装载的货物应如何处理?有哪些注意事项呢?

一、航班延误后的货物处理规定

(一)航班在始发站延误

如果飞机上装有活体动物或鲜活易腐货物等,应通知机组保持货舱内的温度和通风。

在空调和通风设备停止运转的情况下,应及时检查货舱内的货物,并根据具体情况采取以下措施。

(1)打开货舱门进行通风。

(2)要求电源车、空调车等地面车辆支持。

(3)将活体动物、鲜活易腐货物卸下飞机进行通风,按托运人指示给水或饲喂。如有必要,应对飞机上装载的特种货物进行监护。航班延误超过2小时,且始发站有飞往同一目的地的其他航班,如果条件允许,应将活体动物和时限要求较高的货物转由其他航班运输。如果交由其他承运人的航班运输,应事先征得该承运人的同意。

(二)航班在经停站延误

航班在经停站延误,根据以下要求进行处理。

(1)经停站应根据货邮舱单了解航班装载货物、邮件的性质、数量等信息,并采取有效措施保护特种货物,避免不正常运输情况发生。

(2)飞机上装有活体动物时,应采取相应措施进行通风,并按照储运指示给水或饲喂,货舱应保持适当的温度。对于珍稀动物,应给予特别照顾。

(3)飞机上装有贵重物品时,应派专人监护,避免货物丢失。

(4)立即通知航班始发站,根据始发站意见对有关货物进行处理。

(5)如果条件允许,应将时限要求较高的货物转由其他航班尽早运至目的站,并通知货物始发站和目的站。

(6)始发站得知航班延误后,如果有需要特别关照的货物,应及时与经停站联系,了解货物现状并提出处理意见,协助经停站做好特种货物处理工作,必要时及时通知托运人。

二、航班备降后的货物处理规定

航班备降后,机上所装载货物根据以下规定进行处理。

(1)航班备降到计划外的航站,备降航站的航空公司业务主管应参照航班延误或取消的有关规定对货物进行处理。

(2)如果航班备降后不再继续飞往目的站,备降航站的航空公司业务主管或地面服务代理人应根据货物性质进行适当的处理和保管,采取一切必要措施避免货物不正常运输情况发生。备降航站和原目的站应拍发电报或传真通知航班的始发站。始发站得到信息后,应立即做出处理决定,并尽可能将该航班所装货物的情况通知托运人,征求处理意见。

(3)如果备降航站没有航空公司业务主管,航班的原经停站或目的站应负责与备降航站联系,沟通确认有关货物的处理事宜。

(4)机长有维护货物安全、提出处理方案的权利和义务。

三、航班取消后的货物处理规定

(一)航班在始发站取消

航班在始发站取消,应将业务袋从飞机上取回,将货物和邮件卸回仓库,特种货物应重新登记,分别入库。如果当天有其他航班,应尽早安排货物运出。

对于急救药品、鲜活易腐货物、活体动物、冷藏冷冻物品和其他时限要求较高的货物,应采取必要的防护措施,并及时通知托运人,征求处理意见。如有后续航班,上述货物应优先于其他货物安排运出。

(二)航班在经停站取消

经停站应及时将航班取消的情况通知始发站和目的站,并从飞机上取回业务袋,尽快通过其他航班将货物运至目的站。对于时限要求较高的货物应采取相应措施处理和保管,并安排最早的航班运至目的站。处理完毕后拍发电报将处理情况及时通知始发站和目的站。

始发站在接到航班在经停站取消的信息后,应及时向托运人通报有关情况,征求托运人的处理意见。

■ 货运现场直通车

航班取消,蟾蜍死亡,飞机严重污染

2011年7月12日,一架A319飞机执行达县—成都—深圳航班,在成都过站期间,操作人员发现该航班运输的一批蟾蜍死亡,血水外漏,货物共97件,外包装为竹篓。经查,该票货物原计划于11日空运到深圳,由于当日航班取消,货物在始发站机场仓库存放一天后,次日才装机运输,此时货物已有变质迹象。然而地面代理在未评估且未采取任何防护措施的情况下,将已变质的货物继续装上飞机运输,最终导致该航班货舱地板被污染,飞机停场一周进行清理,给公司造成巨大损失。

原因分析:该事件发生的主要原因有三点。第一,航司的货物运输业务流程和规定,尤其是鲜活易腐货物运输的相关规定不完善,未明确航班延误或取消后鲜活易腐货物的处理规定。第二,发现蟾蜍死亡后,地面代理工作人员未征求货主处理意见,而是将已变质的货物继续安排运输。第三,地面代理工作人员对货物不正常运输情况的处理规定和防护措施不明确、不熟悉。

航司整改措施:第一,修订货运业务手册相关内容,补充航班延误后的货物处理规定;第二,加强对地面代理的业务培训与考核,特别是货物不正常运输情况下的防护措施培训。

【案例启示】

通过该案例可以看出,对于不正常运输的货物,航司应有完善的处理规定。所有货运从业人员,包括地面代理人员,必须熟悉航司的业务手册内容,具备较强的业务能力和责任意识,对工作负责,对货主负责。

四、不正常航班到达目的站后的货物处理规定

不正常航班到达目的站后,应尽快根据以下要求对机上所装载货物进行处理。

(1)在经停站延误时间较长的中转货物,条件允许的情况下,应安排最早的航班运出。

（2）飞机上装载的活体动物、鲜活易腐货物应进行特别检查。发现活体动物死亡时应请检验检疫部门做出鉴定。收货人对货物变质、死亡及任何其他损失提出异议时应给出明确结论，并填写货物交付状态记录，必要时请商检部门对货物的损失情况进行鉴定。

（3）如果航班飞越经停站（未在经停站降落），目的站应将应在经停站卸下的货物尽快运至经停站或货物的目的站，并将运输情况及时电告有关航站。

（4）如果航班备降后不再继续飞往目的站，货物也未卸下飞机，备降航站和原目的站应及时拍发电报或传真通知航班的始发站。始发站得到信息后，应立即做出处理决定，并尽可能将该航班所装货物的情况通知托运人。

任务演练

一、填空题

1. 航班延误后，如果飞机上装有_____等货物，应通知机组保持货舱内的温度和通风。

2. 航班在经停站延误后，经停站应根据货邮舱单了解_____等信息，并采取有效措施保护特种货物，避免不正常运输情况发生。

3. 航班延误后，飞机上装有_____时，应派专人监护，避免货物丢失。

二、操作题

根据本任务所学内容，回答"任务导入"中的问题并分组进行情景模拟。

项目小结

本项目介绍了航空货物运输过程中可能出现的不正常运输情况及处理规定，包括不正常航班的货物处理规定。其中货物不正常运输情况及处理规定是重点内容，需要大家认真学习并重点掌握。

通过本项目的学习和训练，同学们应具备规范处理货物不正常运输事件的专业能力，积极、主动地应对各种不正常运输状况，细心待货、耐心待人，提高服务意识，优化服务水平。

项目十二　货物运输变更处理

项目引入

2023年12月26日,降雪导致长春龙嘉机场部分航班取消,南航济南—长春某航班上有一票济南到首尔,经长春中转的急件货物需及时处理。因原计划执行长春—首尔的航班取消,托运人要求尽快将货物转交其他承运人运至目的地。那么,南航可以按照托运人的要求处理吗?如果转交其他承运人,货物的运费是否会发生变化?具体应如何处理?

本项目将为大家揭晓答案。

项目目标

知识目标

1. 了解货物运输变更的类型和区别。
2. 了解自愿变更运输的条件和要求,以及非自愿变更运输的原因和权利。
3. 明确自愿变更运输与非自愿变更运输的处理规定。

能力目标

1. 能够正确区分货物自愿变更运输与非自愿变更运输。
2. 能够按规定处理自愿变更运输与非自愿变更运输事宜。

素养目标

依据规定处理货物运输变更事宜,不断强化民航法规意识和服务意识,及时、高效地为货主提供优质服务。

知识架构

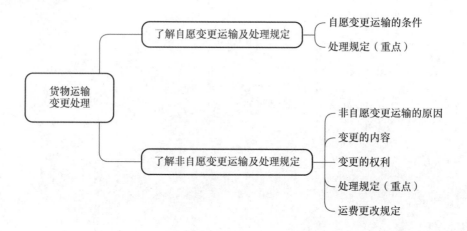

任务一 了解自愿变更运输及处理规定

 任务导入

托运人林某委托东航运输一票郑州至曼谷的货物,办理完托运手续的第二天,由于某些原因他提出要变更目的地和收货人。他提出的这一要求合理吗?东航可以为他进行变更吗?具体如何处理?

自愿变更运输是指由于托运人原因,或者由于托运人原因承运人改变运输的部分或全部内容。自愿变更运输不应损害承运人或第三方的利益。

一、自愿变更运输的条件

(一)一般规定

(1) 货物交运后至收货人提取前,托运人在履行航空货物运输合同所规定的义务的条件下,享有对货物的处置权,可以对货物行使变更运输的权利。

(2) 自愿变更运输仅适用于一份航空货运单上的全部货物。

(3) 托运人行使变更运输权利不能违反政府的有关规定,也不应损害承运人或者承运人对之负责的其他人的利益。因托运人行使变更权利给承运人或者承运人对之负责的其他人造成损失的,托运人应承担责任。

(4) 货物收运后,托运人要求变更运输时,托运人姓名、货物名称和运输声明价值不得变更。

(5) 自愿变更运输只能在原托运地点办理。

(6) 托运人不得要求对货运单所列的部分货物进行运输变更,也不得要求将整票货物分批进行变更。

(7) 托运人要求变更运输时,应提出书面申请,出示货运单正本,并保证承担由此产生的一切费用。

(二)文件要求

托运人提出变更运输时,应出具以下文件和证件。

(1) 书面变更申请。

(2) 航空货运单托运人联。

(3) 个人有效身份证件。

(4) 委托他人办理运输变更时,经办人须向承运人提供如下文件。

① 原托运人的书面委托函。

② 原托运人的身份证件。
③ 若原托运人为有关单位,应提供托运单位出具的证明文件。
④ 经办人的身份证件及住址、联系电话等。

(三)托运人行使变更的权利范围

在行使航空运输合同赋予的权利和履行其义务的前提下,托运人有权对其托运的货物做出如下变更:
(1) 发运前退运;
(2) 在航班的经停站变更;
(3) 变更目的站;
(4) 退回始发站;
(5) 变更收货人。

二、处理规定

承运人应在符合法律法规要求的前提下执行托运人的变更运输要求,若不能执行托运人的变更运输要求,应及时通知托运人。受理并执行变更后,应将变更运输的书面申请、往来电报、信函、电话记录等留存备查,并将变更运输的情况录入货运系统。

(一)发运前退运的处理规定

(1) 托运人已经办理货物托运手续,但尚未安排货物运输,可为其办理退运手续。
(2) 托运人应自行办理商品检验检疫等政府部门规定的手续,经检查无误后办理货物退运。
(3) 收回航空货运单托运人联,将原航空货运单各联作废。
(4) 扣除已经发生的各项费用,如声明价值附加费、地面运输费、退运手续费、保管费等,将剩余金额连同退款单的托运人联一并交予托运人。
(5) 请托运人在航空货运单上签字后交付货物。
(6) 将收回的航空货运单各联及有关文件一并交财务部门,托运人提供的书面变更运输要求等文件留存备查。

(二)在经停站变更的处理规定

货物在经停站发生变更,货物的始发站和经停站应分别做出相应的变更处理。各有关航站应将变更运输的电报、信函、电话记录等留存备查,并将变更运输的情况录入货运系统。

1 始发站的处理

(1) 始发站受理变更运输,应按规定核收因变更运输产生的费用,并将变更运输的信息通知货物所在航站。
(2) 根据货物所在航站的回复,收取实际使用航段的运费和已经发生的其他费用,差额多退少补。

(3)托运人付清因变更运输产生的所有费用后,承运人执行其变更运输要求。

(4)始发站应将托运人的书面变更要求及其他相关文件留存备查。

2 经停站的处理

(1)收到始发站关于变更运输的通知后,应立即核对货物并将货物具体情况及变更可能产生的费用通知始发站。

(2)对航空货运单及货物标签做相应的修改。

(3)收到始发站补收有关费用的函件及相关收据的复印件或传真件后,执行变更。也可以填写货物运费更改通知单交财务结算部门,然后执行变更。

(4)对于其他承运人运输的货物,运费或其他费用发生变化时,必须在得到始发站补收相关费用的收据或其传真件后,才能执行变更。如果始发站填开了货物运费更改通知单,则必须在收到该文件或其传真件后,方可进行变更。

(5)始发站要求将货物退回的,使用原货运单将货物退回。

(6)始发站要求将货物变更目的站的,按照新目的站修改货运单,相关电报、文件随附在货运单之后,将货物运往新目的站。

(7)始发站要求收货人在经停站提取货物时,按照货物交付规定办理交付手续。

(8)将处理情况通知始发站。

(三)变更目的站的处理规定

1 货物发运前变更

(1)收回航空货运单托运人联,将原航空货运单各联作废,重新办理托运手续。

(2)按照变更后的目的站填制新的航空货运单,托运人自行办理政府部门要求的有关手续。

2 货物发运后变更

(1)始发站的处理。

① 始发站受理变更后应将变更运输的信息通知货物所在航站。

② 根据货物所在航站的回复,收取实际使用航段的运费和已经发生的其他费用,并重新计算货物所在航站至新目的站的运费,费用差额多退少补。

③ 托运人付清因变更运输产生的所有费用后,承运人执行其变更运输要求。

④ 填开货物运费更改通知单,或以补收运费的形式填制新的航空货运单,在航空货运单储运注意事项栏内注明"补收×××(货运单号)货物变更运输费用"。

⑤ 托运人提供的书面变更运输要求等文件由始发站留存备查。

(2)货物所在航站的处理。

① 收到始发站关于变更运输的通知后,应立即核对货物,并将货物具体情况及变更可能产生的费用通知始发站。

② 收到始发站可以进行运输变更的确认后,在航空货运单储运注意事项栏内注明"根据×××站函、电(传真号)变更目的站至×××"字样及执行日期、改运地点等信息,同时对航空货运单和货物标签做相应更改,并将始发站要求变更运输的电报复印件随附于航空

货运单后,同货物一并运输至变更后的目的站。货物发运后,拍发电报通知始发站。

(四)退回始发站的处理规定

货物自目的站退回,在目的站发生的费用,其中可以在目的站收取的部分应在目的站收取;无法在目的站收取的费用,通知始发站向托运人收取。

1. 始发站的处理

始发站受理变更运输并核收由此产生的费用后,应尽快将变更运输的信息通知货物所在航站。托运人提供的书面变更运输要求等文件由始发站留存备查。

2. 货物所在航站的处理

(1)收到始发站关于变更运输的通知后,应立即核对货物并将货物情况及变更可能产生的费用通知始发站。

(2)收到始发站可以进行变更运输的确认后,办理货物退运事宜。一般使用原承运人的航班将货物退回始发站。此种情况下,在原航空货运单储运注意事项栏内注明"根据×××站函、电(传真号)要求退回×××站"及执行日期、改运地点等信息。将始发站的变更通知和原航空货运单复印留存后,原件随货物退回始发站。

如果使用其他承运人的航班退运,则应重新填开航空货运单,所有产生的费用填写在到付栏内,并将原航空货运单号码在储运注意事项栏内注明。将始发站要求退运的电报复印件与原航空货运单正本留存,电报原件和原航空货运单其中一联附在新货运单之后,随货物运往始发站。将原航空货运单其中一联和始发站的变更通知及新填开的航空货运单托运人联和财务联一起交财务结算部门。

(3)重新填写并粘贴或拴挂货物标签。

(4)订妥退运的航班、日期后,将新航空货运单号码、货物退回始发站的航班和日期电告始发站。

(五)变更收货人的处理规定

1. 货物发运前变更收货人

在航空货运单上将原收货人划掉,在旁边空白处填写变更后的收货人名称,并在修改处加盖业务章和私章(或全称签名)。

2. 货物发运后变更收货人

(1)始发站收取变更产生的费用后,用传真或电报将新的收货人姓名及地址等详细信息通知目的站,该电报的内容应同时添加到货运计算机系统,电报底稿与托运人的变更申请一起留存。特殊情况下使用传真发送变更信息时,传真必须盖章并由领导签发。

(2)货物尚未办理交付的,目的站须根据始发站的要求在航空货运单上进行更改,并按照新的收货人信息办理货物交付手续。变更电报或传真应附在航空货运单交付联后一并留存备查。

(3)货物若已交付给收货人,通知始发站无法办理变更手续。

任务演练

一、填空题

1. 自愿变更运输是指由于_____原因,或者由于_____原因承运人改变运输的部分或全部内容。

2. 托运人行使变更运输权利不能违反政府的有关规定,也不应损害_____或者_____的利益。

3. 货物收运后,托运人要求变更运输时,_____、_____和运输声明价值不得变更。

4. 托运人不得要求对货运单所列的_____进行运输变更,也不得要求将整票货物_____进行变更。

5. 托运人提出变更运输时,应出具以下文件和证件:书面变更申请、_____和_____。

6. 在行使航空运输合同赋予的权利和履行其义务的前提下,托运人有权对其托运的货物做出如下变更:发运前退运、_____、_____、退回始发站、_____。

二、操作题

1. 请回答本任务"任务导入"提出的问题,并给出处理方法。

2. 一票新加坡运至中国广州的货物,共8件60千克,运单号为784-12345675。广州接到货物始发站通知,托运人要求将该票货退回新加坡。请问广州站应如何处理?

任务二　了解非自愿变更运输及处理规定

任务导入

一件大型器械由上海经昆明中转运往大理,到达中转站昆明后,经与目的站沟通,得知大理机场不具备卸载此器械的能力,在与托运人协商后,承运人将此票货物用卡车运往大理。你认为是什么原因导致这一情况发生?这属于自愿变更运输还是非自愿变更运输?由此产生的费用应该由谁承担?

非自愿变更运输是指由于不可抗力、政府行为或承运人原因而产生的货物变更运输。发生非自愿变更运输时,承运人应当及时通知托运人或收货人,商定处理办法。

一、非自愿变更运输的原因

(1) 天气原因、机械故障、机场关闭、禁运等。

(2) 航班取消、机型调整。

(3) 因货物积压,重量或体积超出机型载运能力,短期内无法按指定路线、指定承运人或指定运输方式运至目的站。

二、变更的内容

(1) 变更航线、航班、日期。

(2) 变更承运人。

(3) 变更运输方式。

(4) 发运前退运。

(5) 经停站变更。

(6) 自经停站将货物退回始发站。

(7) 变更目的站。

三、变更的权利

(1) 制单承运人、第一承运人有权变更运输。

(2) 航空货运单指定的航段承运人有权变更运输。

(3) 航空货运单的续程航段无指定承运人时,持有货物和航空货运单的承运人有权变更运输。

四、处理规定

(1) 因机场关闭、航班中断无法将货物运达目的站,应尽快通知始发站或托运人。

(2) 因订舱货物需要而变更运输,应征求始发站或托运人的意见。

(3) 执行变更运输后,承运人应按照货物运输安全、迅速、可靠的原则,利用最早航班将货物运至目的站。

(4) 航空承运人作为地面代理人时,应按照原承运人的意见执行变更。

(5) 发运前退运、在航班的经停站变更、自航班经停站将货物退回始发站,参照自愿变更的处理方法。

(6) 费用处理。由于承运人原因造成的货物运输变更,有关费用按以下规定处理。

① 因变更运输路线而产生的费用,由承运人承担。

② 改用其他运输方式将货物运至目的站,运费多退少不补,杂费不退。

③ 发运前退运货物,退还全部运费和杂费,免收退运手续费。

④ 在经停站变更运输,退还未使用航段的运费。

⑤ 货物从经停站退回始发站,经停站应在货邮舱单和原航空货运单储运注意事项栏内注明具体情况,使用原航空货运单免费将货物退回,并退还已付的全部运费,杂费不退。

⑥ 如托运人要求变更目的站,应退还未使用航段的运费,另核收由变更站至新目的站的运费,杂费不退。

五、运费更改规定

(一) 货物运费更改规定

在货物运输过程中,由于托运人的原因或者承运人或其代理人工作差错,需要更改运费的具体数额或运费的付款方式时,应在发现后及时采取措施予以更改。

(1) 托运人办完托运手续后,要求将运费由预付改为到付,或由到付改为预付,按以下规定处理。

① 若货物尚未发运,应重新填开货运单,并视情况多退少补。

② 若货物已发运,可按以下规定办理。

a. 如果货物已预订吨位,货运单也已填写了承运人及航班日期,则应发电通知指定的承运人和目的站,要求在货运单上做相应更改,并要求复电确认。

b. 如果货物未预订吨位,货运单也未填写承运人,则可直接电告货物目的站有关部门,要求在货运单上做相应更改,并要求复电确认。

c. 如果货物已被收货人提取,则应将情况告知托运人,不予办理更改手续。

(2) 如因承运人或其代理人工作过失而造成运费多收、少收或错列付款方式,也应发电通知有关承运人和货物目的站有关部门,要求在货运单上做相应的更改,并要求复电确认。

(3) 更改航空货运单托运人联。

(4) 无论何种原因造成的差错,除应及时发电通知有关承运人和货物始发站、目的站要求更改并复电确认外,还必须填制货物运费更改通知单。货物运费更改通知单(CCA)是在货物运输过程中,相关航站发现运费多收或少收,需要调整或补收货物运费时向始发站或目的站(运费到付时)发出的更改货物运费的书面通知。货物运费更改通知单也用于联程货物运输过程中发生的包装修复、特殊处理等所产生费用的补收。

(二) 货物运费更改通知单使用规定

(1) 货物运费更改通知单的份数根据实际需要确定,至少一式四份,始发站、目的站、填开部门、财务结算部门各一份,并将一份复印件随附于航空货运单后。

(2) 相关航站收到CCA后应登记备查,连同航空货运单副本一起交财务结算部门。

(3) 持有航空货运单的航站应根据收到的CCA要求,更改航空货运单。

① 在航空货运单相应栏内修改。

② 在更改处加盖更改人的戳印。

③ 在储运注意事项栏内注明更改的依据。

④ 拍发电报将处理情况通知始发站。

(4) 每一份CCA的运费最低调整标准与货物最低运费标准相同。

(5) 为了使相关承运人、地面代理人及时掌握运费更改信息,始发站可以先发送电报通知上述单位的财务结算部门,随后将货物运费更改通知单送上述单位的财务结算部门。

(6) 填开时限。

① 承运人须确认货物尚未交付收货人后，方可填开CCA。

② 发现运费需要更改时，应立即填开CCA。

③ 有关航站最晚应在航空货运单填制180日内填开CCA。

（三）货物运费更改通知单填写说明

货物运费更改通知单如表12-1所示。

表12-1 货物运费更改通知单
CARGO CHARGES CORRECTION ADVICE(CCA)

编号 No.(1)

货运单号码 AWB No. (2)		始发站 Origin (3)		目的站 Destination (4)	
托运人 Shipper (5)				货运单填开日期 Date of AWB Issue (7)	
收货人 Consignee (6)				货运单填开地点 Place of AWB Issue (8)	
货运单填开人名称 AWB Issued by (9)		目的站或中转站1 To 1 (10)		航班号 Flight No.	日期 Date
中转站填写货物续运情况后将此通知单转下一承运人。 Transfer stations to complete 2 or 3 as appropriate and forward form to next carrier.		目的站或中转站2 To 2		航班号 Flight No.	日期 Date
		目的站 To		航班号 Flight No.	日期 Date
实际重量 Gross Weight	更改后的货物实际重量 Revised/Correct Gross Weight		更改前的货物实际重量 Original/Incorrect Gross Weight		
重量单位 Weight Unit	(11)	(12)	(13)	CCA填开原因： Remarks and reason for issuing CCA. (17)	
货币代号 Currency	更改后的费用 (15) Revised/Correct Charge		更改前的费用 (16) Original/Incorrect Charge		
(14)	预付 Prepaid	到付 Collect	预付 Prepaid	到付 Collect	
航空运费 Weight Charges					如果货物无人提取，应向托运人收取的在目的站产生的总费用： In case of non-delivery and specify all charges due at estimation for collection from shipper. (18)
声明价值附加费 Valuation Charges					
代理人的其他费用 Other Charges Due Agent					

续表

承运人的其他费用 Other Charges Due Carrier				如果货物无人提取,应向托运人收取的在目的站产生的总费用: In case of non-delivery and specify all charges due at estimation for collection from shipper.
总额 Total				(18)

正本　填开CCA的承运人
Original-for Carrier issuing CCA
副本1　制单承运人的结算部门
Copy 1- for Accounting Department of issuing Carrier
副本2　第一承运人
Copy 2-for First Carrier
副本3　第二承运人
Copy 3-for Second Carrier
副本4　制单承运人的货运部门
Copy 4- for Cargo Department of issuing Carrier

填开日期和地点　　　　　(19)
Date and place of Issue

签字　　　　　　　　　(20)
Signature

请将此回执填写完毕后退回填开CCA的承运人。
This receipt must be completed and returned to carrier issued CCA.
至：
To：
地址：
Add.：

货物运费更改通知单编号：
Ref.: CCA No. 　(21)
航空货运单号码：
Ref.: AWB No. 　(22)

我们已经根据要求将有关文件进行了调整,并采取了相应措施。
We herewith confirm having corrected our documents and taken the necessary action as per your instructions.

自：
From：　(23)
在
At：　(24)
日期：　　　　　签字：
Date：　(25)　　Signature：(26)

(1) 编号：填写货物运费更改通知单的编号。

(2) 货运单号码：填写航空货运单号码。

(3) 始发站：填写航空货运单的始发站名称。

(4) 目的站：填写航空货运单的目的站名称。

(5) 托运人：填写航空货运单的托运人名称。

(6) 收货人：填写航空货运单的收货人名称。

(7) 货运单填开日期：填写航空货运单的填开日期。

(8) 货运单填开地点：填写航空货运单的填开地点。

(9) 货运单填开人名称：填写制单承运人或其代理人的名称。

(10) 目的站/中转站、航班号、日期：填写货物的目的站或第一、第二中转站,以及航班号和日期。

(11) 重量单位:填写货物重量单位。

(12) 更改后的实际重量:填写更改后货物的实际重量。

(13) 更改前的实际重量:填写航空货运单上原来的货物实际重量。

(14) 货币代号:填写航空货运单上显示的货币代号。

(15) 更改后的费用:在对应的栏目内填写更改后的运费和其他费用。

(16) 更改前的费用:在对应的栏目内填写航空货运单上原来所列的运费和其他费用。

(17) CCA填开原因:填写运费更改的主要原因。

(18) 如果货物无人提取,填写应向托运人收取的所有在目的站产生的费用。

(19) 填开日期和地点:CCA的填开日期和地点。

(20) 签字:CCA填开人签字。

(21) 货物运费更改通知单编号:填写CCA的编号。

(22) 航空货运单号码:填写航空货运单号码。

(23) 自:填写回执公司的名称。

(24) 在:填写回执公司所在地名称。

(25) 日期:填写发送回执的日期。

(26) 签字:回执部门领导签字。

任务演练

一、填空题

1. 非自愿变更运输是指由于_____、_____或_____原因而产生的货物变更运输。

2. _____、_____,_____有权进行非自愿变更运输;航空货运单的续程航段无指定承运人时,_____有权变更运输。

3. 承运人原因造成货物变更运输路线,由此产生的费用由_____承担;若改用其他运输方式将货物运至目的站,运费_____,杂费_____;发运前退运货物,运费和杂费_____,退运手续费_____;货物从经停站退回始发站,使用原航空货运单_____将货物退回,已付的运费_____,杂费_____。

4. 在货物运输过程中,相关航站发现运费多收或少收,需要调整或补收货物运费时向始发站或目的站发出的更改货物运费的书面通知称为_____。

5. 承运人须确认_____后,方可填开货物运费更改通知单。

二、操作题

1. 请回答本任务"任务导入"提出的问题,并给出处理方法。

2. 一票北京运至莫斯科的服装,共10件200千克,运单号为999-12345675,货物声明价值为CNY 340000.00(SDR 22=CNY 213),航班/日期为CA901/02.JAN.2024。到达目的站后,承运人发现货物重量有误,实为250千克,此时需要通知始发站补收货物运费,北京至莫斯科运价表如下:

航线	货币	M	N	45	100	300
BJS—MOW	CNY	320.00	36.20	31.80	27.20	21.60

请扫码填开货物运费更改通知单。

货物运费更改通知单

项目小结

本项目介绍了自愿变更运输和非自愿变更运输，以及各自的处理规定，包括货物运费更改规定和运费更改通知单。大家必须熟悉货物变更运输的处理规定，同时能够熟练填开货物运费更改通知单。

通过本项目的学习和训练，同学们应具备规范处理货物运输变更的专业能力，不断强化民航法规意识和服务意识，及时、高效地为货主提供优质服务。

项目十三 责任与赔偿

项目引入

2015年10月18日,某航司一成都至北京的航班在进港卸机过程中发现有货物破损泄漏(见图13-1),此票货物为泥鳅,共7件240千克,其中4箱泄漏,内装物散落在货舱,其余3箱破损渗水,货舱内的其他货物也受到污染。由于泥鳅泄漏,无法完整交付,托运人损失1800元,被污染货物的货主要求赔偿780元。

图13-1 包装破损泄漏的泥鳅

经查,此票水产品的单件货物重量超出收运限制,且包装不符合承运人要求,无法承受运输过程中多次搬运、装卸等操作,最终破损泄漏。

项目目标

知识目标

1. 了解航空货物运输事故责任划分依据及相关法律法规。
2. 了解索赔的要求与规定。
3. 熟悉赔偿的法律依据与赔偿责任限额。

能力目标

1. 能够依据法规正确划分货物运输事故责任。
2. 能够依据法规处理货物赔偿事宜。

素养目标

1. 熟悉民航法规,能够依法划分责任,处理赔偿。不断增强法律意识,敬畏规章、敬畏职责。
2. 在学习和实训过程中不断提高服务意识和质量意识,优化服务水平,为货主提供优质、高效的服务。

知识架构

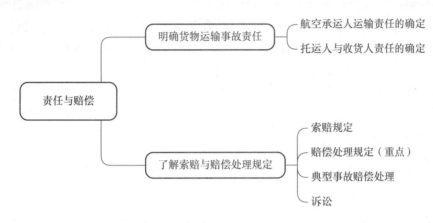

任务一　明确货物运输事故责任

任务导入

你认为"项目引入"中货物运输事故的责任人是谁？各位货主的损失应该由谁来承担？请认真学习本任务内容，依据法规正确划分此次运输事故的责任。

近年来，随着航空物流智能化、自动化、信息化程度不断提高，航空货物运输质量也得到了很大的提升，有力保障了工业配件、高科技产品、商务快件、生鲜等各类货物的运输，为新时期民航强国建设提供了新动能。但是，航空货运过程中依然不可避免地因为各种不同原因而出现一些不正常运输情况。一方面，我们要加强管理，尽量减少人为因素造成的货物运输事故。另一方面，在发生不正常运输情况后，应按照规定合理、高效地进行处理，尽量避免不必要的损失和危害。如果损失已经发生，则应明确运输责任，依据民航法规进行处理和赔偿。

一、航空承运人运输责任的确定

根据《中华人民共和国民用航空法》，承运人的责任根据以下条款确定：

（1）因发生在航空运输期间的事件，造成货物毁灭、遗失或者损坏的，承运人应当承担责任。但是，承运人证明货物的毁灭、遗失或者损坏是由于下列原因之一造成的，不承担责任：

① 货物本身的自然属性、质量或者缺陷；
② 承运人或其受雇人、代理人以外的人包装货物的，货物包装不良；
③ 不可抗力、战争或者武装冲突；
④ 政府有关部门实施的与货物入境、出境或者过境有关的行为。

航空运输期间,是指在机场内、民用航空器上或者机场外降落的任何地点,托运行李、货物处于承运人掌管之下的全部期间。航空运输期间,不包括机场外的任何陆路运输、海上运输、内河运输过程;但是,若此种陆路运输、海上运输、内河运输是为了履行航空运输合同而装载、交付或者转运,在没有相反证据的情况下,所发生的损失视为在航空运输期间发生的损失。

货物在航空运输中因延误造成的损失,承运人应当承担责任;但承运人证明本人或其受雇人、代理人为了避免损失的发生,已经采取一切必要措施或者不可能采取此种措施的,承运人不承担责任。

(2)由于遵守相关公约、法律和规定而产生的,或者由于不可抗力造成货物直接或间接损失的,承运人不承担责任。当托运的货物属于禁运货物,或者适用的法律规定不允许运输某种货物时,承运人将拒绝运输而不承担责任。

(3)动物因自然原因死亡,或者由于动物本身或其他动物的行为,如咬、踢、抵而致动物死亡或受伤,或者由于动物本身的状况、性质、习性或由于动物的包装不良,或由于动物不能承受运输途中不可避免的物理环境变化而造成的伤亡、损失及相关费用,承运人不承担责任。

(4)押运货物,除非证明是由于承运人的过错造成的损失或损坏,否则承运人不承担责任。押运活动物的押运员在押运途中因动物造成的伤害或死亡,承运人不承担责任。

(5)鲜活易腐货物由于天气、温度、压力的改变,或由于其他常见情况,在约定的运输时间内发生腐烂或变质,承运人不承担责任。

(6)除非另有约定,对于货物破损造成的非直接损失,或在承运人运输条件下的运输造成的非直接损失,包括周转量、利润、利息或收入损失,交易机会的错失、货币风险、减产或行政处罚等,承运人不承担责任,无论承运人是否知道上述损失可能发生。

(7)经证明货物的毁灭、遗失、损坏或者延误是由于托运人或收货人的过错造成的,应当根据造成此种损失的过错的程度,相应免除或减轻承运人的责任。

(8)根据承运人运输条件免除或者限制承运人的责任时,该责任免除或限制同样适用于承运人的代理人、雇员、代表或者相关承运人,也适用于运输所使用的民用航空器或者其他运输工具所属的任何其他承运人。

(9)在联程运输中,每一承运人就其根据航空货物运输合同负责的运输区段承担相应的责任。

二、托运人与收货人责任的确定

(1)托运人应当对货运单所填写的关于货物的说明和声明的正确性负责。因货运单上所填写的说明或声明不符合规定、不正确或者不完全而给承运人或者承运人对之负责的其他人造成的损失,托运人应当承担赔偿责任。

(2)托运人应当提供必需的资料和文件,以便在货物交付收货人前完成法律、行政法规所规定的有关手续。因没有某种资料或文件,或者资料和文件不充足或者不符合规定造成的损失,除由于承运人或其受雇人、代理人的过错造成的之外,托运人应当对承运人承担责任。除法律、行政法规另有规定外,承运人没有对这些资料和文件进行检查的义务。

■ 货运现场直通车

货物包装被浸湿损坏,货主要求赔偿

某收货人在目的站提货时发现其货物出现问题,25箱新型研制饮品中有6箱的外包装被雨水浸湿,全部损坏。货主称该批货物是样品,外包装损坏影响了产品质量,拒绝接收全部货物并要求赔偿。经调查发现,由于目的站当日下雨,货运平板车上有积水,装卸人员未清除积水便进行卸货操作,造成该货主的6箱货物受潮。货物入库后,库管人员也未采取任何处理措施,致使货物包装完全被浸湿。

原因分析:发生该事件的主要原因有两点。第一,装卸人员未严格按照装卸手册进行操作。第二,仓库管理人员未及时采取补救措施。

航司整改措施:第一,加强对装卸人员的管理与培训,提高其规章意识和质量意识;第二,监装监卸人员应提升责任意识,严格按照岗位规定履行监管职责。

【案例启示】

通过该案例可以看出,货运一线人员应具备较高的责任意识和质量意识,细心待货、尽职尽责,方能为货主提供优质、高效的服务。

任务演练

一、判断题(请扫码答题)

二、操作题

1. 请根据本任务内容解决"任务导入"中提出的问题。

2. 本任务"货运现场直通车"案例中,饮品包装被浸湿损坏,应该由谁承担责任?请依据相关法规划分此次运输事故的责任。

在线答题

任务二　了解索赔与赔偿处理规定

任务导入

你认为"项目引入"案例中的货物损失应如何赔偿?赔多少?请认真学习本任务内容,解决该案例中的索赔与赔偿问题。

一、索赔规定

收货人在提取货物时发现货物毁灭、遗失、损坏或者延误等,应立即向承运人提出异议,经双方共同查验、确认后,据实填写货物运输事故记录或者将货物详细情况记录在货运单上,由双方签字或盖章,该记录作为托运人或收货人向承运人索赔的依据。索赔的六点要素如下：

（一）索赔人

索赔人是指在航空运输合同执行过程中有权向承运人或其代理人索赔的人。索赔人可以是货运单上的托运人或收货人，或者持有托运人或收货人签署的权益转让书或授权委托书的保险公司、律师事务所，或者保险公司授权的律师事务所。

航空分运单上的实际托运人或收货人不能作为索赔人向承运人索赔。如果是混载货物，部分货物丢失或损坏，代理人可以签署权益转让书，由实际的托运人或收货人向承运人索赔。

（二）索赔地点

索赔人可在货物的始发站、目的站或货物发生损失的中转站向承运人提出索赔要求。索赔要求一般由目的站负责受理，特殊情况下也可由始发站受理。

（三）索赔时限

索赔人应在以下期限内以书面形式向承运人索赔。

（1）货物在运输过程中发生损失或部分丢失，至迟应自收到货物之日起14日内索赔。

（2）延误运输的货物，至迟应当自货物处置权交给指定收货人之日起21日内索赔。

（3）收货人提不到货物，应当自航空货运单填开之日起120日内索赔。

除承运人有欺诈行为外，如果索赔人未能在要求的期限内提出异议，即丧失向承运人索赔的权利。

（四）书面异议

托运人或收货人发现货物运输不正常情况，应在规定时限内向承运人提出书面异议。书面异议一般有以下几种。

1 索赔意向书

索赔意向书是指收货人提取货物时发现货物包装异常，在没有确定正式索赔前，为保留其索赔权、延长索赔时限，向承运人提出索赔意向的书面文件。

承运人收到索赔意向书后，应在索赔意向书上注明收到日期，将索赔意向书的内容及收到时间进行登记，并回复索赔人。索赔意向书正本留存，通知索赔人在法定时间内递交正式索赔函及有关材料。

2 货物运输事故记录

货物运输事故记录是指货物交付时，承运人填写的货物损失情况的书面证明。索赔人可以凭此向承运人索赔。

3 注有货物异常状况的货运单收货人联

收货人提取货物时发现货物不正常情况，经承运人认可并将此情况注明在货运单收货人联或交付联上，经双方签字或盖章后，索赔人可以凭此向承运人索赔。

(五）索赔形式

索赔人可采用索赔函或货物索赔单进行正式索赔。

1 索赔函

索赔函是索赔人向承运人进行正式索赔的书面文件。承运人收到索赔函后，应进行编号和登记备案，并在索赔函上注明收到的日期，通知索赔人已经收到其索赔函。如果索赔函超过索赔时限，应检查是否附有索赔意向书、货物运输事故记录或注有货物异常状况的货运单收货人联。

2 货物索赔单

索赔人可使用承运人的货物索赔单（见表13-1）进行正式索赔。索赔单一式三份，一份交索赔人，一份由本航站留存，一份在赔偿处理完毕后交财务部门。

表13-1　货物索赔单
CARGO CLAIM FORM

编号 No.＿＿＿＿＿＿＿

收货人姓名
Consignee ＿＿＿＿＿＿＿＿＿＿＿＿＿＿＿＿＿＿＿＿＿

地址
Address ＿＿＿＿＿＿＿＿＿＿＿＿＿＿＿＿＿＿＿＿＿＿

工作单位
Profession/Service ＿＿＿＿＿＿＿＿＿＿＿＿＿＿＿＿＿＿＿＿＿＿＿＿＿＿＿＿＿＿＿

货运单号码　　　　　　　　　　　分运单号码
Air Waybill No. ＿＿＿＿＿＿＿　　HAWB NO. ＿＿＿＿＿＿＿＿

航班号/日期　　　　　　　　　　飞机号
Flight No. /Date ＿＿＿＿＿＿＿　 Aircraft No. ＿＿＿＿＿＿＿＿

件数　　　　　　　　　　　　　　重量
No. of Pieces ＿＿＿＿＿＿＿＿　 Weight ＿＿＿＿＿＿＿＿＿

货物品名
Nature and Quantity of Goods ＿＿＿＿＿＿＿＿＿＿＿＿＿＿＿＿＿＿＿＿＿＿＿＿＿＿

声明价值　　　　　　　　　　　　保险总额
Declared Value ＿＿＿＿＿＿＿＿　Amount of Insurance ＿＿＿＿＿＿＿＿＿＿＿＿＿

发生事故的日期和地点
Date and Place of Occurrence ＿＿＿＿＿＿＿＿＿＿＿＿＿＿＿＿＿＿＿＿＿＿＿＿＿＿

损失或遗失的主要情况
Details of Damage or Loss ＿＿＿＿＿＿＿＿＿＿＿＿＿＿＿＿＿＿＿＿＿＿＿＿＿＿＿

损失或遗失的内容
Contents of Damage or Loss ＿＿＿＿＿＿＿＿＿＿＿＿＿＿＿＿＿＿＿＿＿＿＿＿＿＿

损失或遗失的件数/重量
No. of Pieces and Weight of Damage or Loss ＿＿＿＿＿＿＿＿＿＿＿＿＿＿＿＿＿＿＿

索赔金额　　　　　　　　　　　　索赔人签字盖章
Amount Claimed ＿＿＿＿＿＿＿＿　Signature of Claimant ＿＿＿＿＿＿＿＿＿＿＿

日期　　　　　　　　　　　　　　地点
Date ＿＿＿＿＿＿＿＿　　　　　　Place ＿＿＿＿＿＿＿

（六）文件要求

索赔人向承运人索赔时应同时提供下列材料：

（1）货运单正本或副本；

（2）货物运输事故记录或注有货物异常状况的货运单收货人联。

（3）货物商业发票正本、修复货物所产生费用的发票原件、装箱清单原件和其他必要材料；

（4）货物损失的详细情况和索赔金额；

（5）商检报告或其他关于损失的有效证明；

（6）承运人认为需要提供的其他文件和材料。

二、赔偿处理规定

（一）受理索赔

接受索赔要求的承运人为索赔受理人，索赔受理人应核实索赔人的索赔资格，检查索赔资料是否齐全有效，并对索赔要求进行登记。索赔受理人负责通知各相关承运人，检查是否出现多重索赔或重复索赔，并确定赔偿责任人。

一票货物只能有一个索赔人。当出现两个或两个以上的索赔人时，只能接受一个索赔人的索赔要求，其他人的索赔要求必须撤销。

以下情况的索赔，承运人不受理。

（1）各航空公司货物国内运输总条件中规定的所有免除承运人责任的情况下发生的货物损失。

（2）无货物运输事故记录和收货人签收的货运单收货人联；无货物运输事故记录或货运单收货人联上未注明任何异议。

（3）超过规定的索赔时限。

（4）超过规定的诉讼时效。

（5）无货物损失证据或证据无效。

（6）索赔的货物品名与货运单不符。

（二）确定责任

以下情况承运人不承担责任。

（1）根据任务一"航空承运人运输责任的确定"，承运人不应承担责任的情况。

（2）非本承运人承运的货物。

（3）非本承运人责任原因造成的货物损失。

对于不符合索赔条件和不应承担责任的索赔，受理人应以书面形式回复索赔人。复函中应说明不受理或不承担责任的理由以及所依据的法律或运输合同的条款。属于联程运输的，应同时通知相关承运人。

(三)赔偿的主要依据和相关法律规定

(1) 1929年10月12日在华沙签订的《统一国际航空运输某些规则的公约》,简称《华沙公约》。

(2) 1955年9月28日在海牙签订的《修改1929年10月12日在华沙签订的〈统一国际航空运输某些规则的公约〉的议定书》,简称《海牙议定书》。

(3) 1999年5月28日在蒙特利尔签订的《统一国际航空运输某些规则的公约》,简称《蒙特利尔公约》。

(4) 我国航空运输相关法律法规:《中华人民共和国民用航空法》《中华人民共和国民法典》《中华人民共和国消费者权益保护法》《中国民用航空货物国际运输规则》《中国民用航空货物国内运输规则》。

(5) 各承运人的货物运输总条件等。

(四)赔偿责任限额

货物毁灭、遗失、损坏等情况发生后,承运人应按什么标准赔偿?请扫码学习。

承运人应如何赔偿

1 未办理运输声明价值的货物的赔偿

(1) 国际航空运输中,对于未办理运输声明价值的货物,无论货物始发地国家或目的地国家是否加入公约,我国承运人的赔偿责任限额为《蒙特利尔公约》规定的责任限额:毛重每千克22特别提款权(SDR 22/kg)或其等值货币。

如果承运人能够证明货物的实际损失低于公约规定的赔偿责任限额,则按照实际损失赔偿。

(2) 国内航空运输中,根据《国内航空运输承运人赔偿责任限额规定》,对于未办理运输声明价值的货物,赔偿责任限额为毛重每千克100元人民币。

如果承运人能够证明货物的实际损失低于赔偿责任限额,按照实际损失赔偿。

■ 实训指导

例1:一票北京到洛杉矶的货物,品名为钻石饰品,共1件12.5千克,商业发票显示的实际价值为CNY 11000.00。托运人未办理运输声明价值。该货物在运输中全部丢失,请问承运人应如何赔偿?(SDR 22=CNY 206.00)

分析:根据航空货物赔偿规定,国际航空运输中,对于未办理运输声明价值的货物,无论货物始发地国家或目的地国家是否加入公约,我国承运人的赔偿责任限额为毛重每千克22特别提款权(SDR 22/kg)或其等值货币,该票货物实际重量为12.5千克,12.5×206=2575.00(元人民币)。

处理结果:承运人应赔偿该货主2575.00元人民币。

2 已办理运输声明价值的货物的赔偿

托运人办了货物运输声明价值并支付了声明价值附加费,该声明价值为最高赔偿限额。

如果承运人能够证明货物的实际损失低于运输声明价值,按照实际损失赔偿。

■ **实训指导**

例2:一票上海到墨尔本的货物,品名为电器设备,共1件50千克,托运人为其办理了运输声明价值2万元人民币,并缴纳了声明价值附加费。货物在运输过程中完全损坏导致无法正常使用,故货主提出索赔。经承运人核实,该设备的实际商业价值是1.7万元人民币,请问航司应为该货物赔偿多少钱?(SDR 22=CNY 206.00)

分析:根据航空货物赔偿规定,如果承运人能够证明货物的实际损失低于运输声明价值,则按照实际损失赔偿。

处理结果:承运人应赔偿该货主1.7万元人民币。

③ **部分货物发生毁灭、遗失或损坏的赔偿**

托运货物的一部分或其中的部分包装件发生毁灭、遗失或损坏等情况,承运人的赔偿责任应以毁灭、遗失或损坏的货物或有关包装件的重量为限。托运货物中部分包装件的毁灭、遗失或损坏等情况影响到同一份货运单上其他包装件的价值时,确定赔偿责任时,还应考虑其他包装件的重量。在没有相反的证据时,毁灭、遗失或损坏的货物价值在全部货物总价值中的比例,按毁灭、遗失或损坏的货物重量在全部货物总重量中的比例确定。

■ **实训指导**

例3:一票广州到新加坡的货物,共100件800千克,运输过程中丢失了其中的40件。托运人未办理运输声明价值,请问承运人应承担的赔偿限额是多少?如果托运人为货物办理了20万元人民币的声明价值,并缴纳了声明价值附加费,则承运人应承担的赔偿限额是多少?(SDR 22=CNY 206.00)

分析:根据航空货物赔偿规定,托运货物的一部分或其中的部分包装件发生毁灭、遗失或损坏等情况,承运人的赔偿责任应以毁灭、遗失或损坏的货物或有关包装件的重量为限。该票货物丢失部分的重量为40/100×800=320(千克)。

处理结果:

(1)未办理运输声明价值,承运人应承担的赔偿限额为:
$$320×206=65920.00(元人民币)$$

(2)若货物声明价值为20万元人民币,则承运人应承担的赔偿限额为:
$$320/800×200000=80000.00(元人民币)$$

④ **航空保险赔偿**

如果托运人为货物单独购买了保险,索赔人应向保险公司索赔,承运人对其索赔不予受理。保险公司对索赔人进行赔偿后,如果是由于承运人的原因造成的损失,保险公司有权向承运人追偿,承运人对此应予受理。

保险货物运抵保险凭证所列明的目的地后,收货人如果发现保险货物受损,应当及时向当地保险公司申请检验,最迟不得超过10天,否则保险人不予受理。如果当地无保险公司,则由被保险人或收货人会同承运人共同检验,并由承运人出具证明加盖公章,向起运地保险人索赔。

保险货物发生保险责任范围内的损失,保险人在保险金额限度内按实际损失计算赔偿金额。但如果被保险人投保不足,保险金额低于货物损失价值时,保险人应按保险金额与货物价值的比例计算赔偿金额。

保险货物发生保险责任范围内的损失,如果根据法律规定或者有关约定,应当由承运人或其他第三者负责赔偿一部分或全部,则保险人不再赔偿或只赔偿其不足部分。如被保险人提出要求,保险人也可以先予赔付,但被保险人应签交权益追偿书给保险人,并协助保险人共同向责任方追偿。

自承运人会同收货人做出货物运输事故签证时起,被保险人如果在180天内不向保险人申请赔偿,不提供必要的单据和证件,即视为自愿放弃权益。

(五)审批程序

1 当地审批程序

(1)赔偿经办人调查清楚货物运输事故责任后,填写货物赔偿报告,详细、具体地说明货物损失的原因和责任、货物的实际损失情况、索赔金额、最终赔偿金额等。

(2)将索赔人递交的所有文件资料和承运人内部的运输文件,以及货物赔偿报告一并交主管领导审批。

2 总部审批程序

(1)凡超过当地审批权限的赔偿,均报公司货运主管部门。报批文件包括当地主管领导签署意见后的货物赔偿报告和有关索赔的全部资料。

(2)公司货运主管部门收到货物赔偿报告后应立即调查核实,核查清楚后报货运主管领导审批。

(六)赔偿付款

(1)货物赔偿报告经主管领导审批后,填开赔偿付款通知单,随附所有调查材料报财务部门。

(2)通知索赔人办理赔偿手续。如不能全额赔偿,应向索赔人说明原因和法律依据。

(3)赔偿款应在索赔人签署赔偿责任解除书(见表13-2)后支付。赔偿责任解除书一式三份,一份交索赔人,一份交财务部门,一份由主办单位留存。

表13-2 赔偿责任解除书　　　　　　　　　　　编号 No.

本人/公司同意并愿意接受____航空公司对货运单_____项下货物丢失、破损、延误的赔偿,赔偿金额为_____元人民币。

在收到上述赔款的同时放弃对____航空公司及其相关的航空承运人、代理人、工作人员和其他相关利益方的追索权。同时同意不再就与以上货物有关的事项对该航司提起法律诉讼。

索赔人:

姓名:

地点:

日期:

三、典型事故赔偿处理

(一)破损货物

1 外包装明显破损的货物

部分赔偿的货物,如果可以修复,应到承运人指定的维修部门估价并修复,维修费用由承运人承担,实际维修费用不得超过最高赔偿限额;如果不能修复,按规定给予赔偿。

全额赔偿的货物,承运人收回货物处置权,在办理有关手续后拍卖,拍卖所得货款冲抵赔偿款,余额上缴。

2 内损货物

对外包装完好而内物损坏的货物,承运人不承担赔偿责任,除非索赔人有足够证据证明损坏是承运人原因造成的。

(二)丢失货物

货物全部丢失,应按照货物的实际价值赔偿,但不得超过最高责任限额。

(三)延误运输

(1)承运人对其承运的货物在运输期间因延误而产生的损失应承担责任。但如果承运人证明自己及其受雇人为了避免发生损失,已经采取一切必要的措施,或不可能采取这种措施的,以及法律、法规另有规定的,则不承担责任。

(2)在处理延误赔偿时,应对延误的原因及承运人所采取的措施进行详细调查。

(3)承运人对因延误造成的间接损失(如丧失市场销售、买卖协议机会等),不承担责任。

(4)由于承运人原因,货物超过约定或规定的时限运出,应当适当赔偿,但每延误1天赔偿额不超过该票货物实付运费的5%,赔偿总额以全部运费为限。

(四)集装货物

非承运人组装和拆卸的集装货物的短少或破损,承运人不承担责任,除非证明此种短少或破损是承运人故意或过失行为造成的。

(五)折扣运价货物

除另有约定外,按折扣运价运输的货物发生损失,按照付全费的货物进行赔偿。

(六)中转联程货物

对于中转联程货物,每一承运人就其根据货物运输合同负责的运输区段作为合同的订约一方承担相应的责任。

中转运输的货物在运输过程中发生损失后,索赔人可凭最后一个承运人交付货物时向收货人出具的货物运输事故记录、经双方签字的货运单副本以及索赔人的正式索赔函,向第一承运人或最后一个承运人索赔。第一承运人或最后一个承运人收到索赔函后,作为索赔受理人受理这一索赔事件。

索赔受理人应及时向各相关承运人通报情况,并对货物运输的全过程进行调查。如果索赔受理人承担索赔案的处理责任,则其作为赔偿处理责任人处理该索赔案并书面通知相关承运人。如果索赔受理人不承担索赔案的处理责任,则应将索赔案以及调查材料转交下一承运人,依次类推,直至有承运人承担索赔案的处理责任。如果各相关承运人均不承担索赔案的处理责任,索赔受理人必须作为赔偿处理责任人处理该索赔案。

赔偿处理责任人应及时将索赔案的处理情况通知相关承运人,避免出现重复赔偿。

如果货物运输事故责任可以确定,则处理该索赔案发生的所有费用(如赔偿费、律师费等)由责任承运人承担,若责任承运人委托其他相关承运人代为处理该索赔案,委托方与被委托方应有书面协议;如果货物运输事故责任不能确定,处理该索赔案发生的所有费用按与运输收入分摊相同的比例由相关承运人共同承担。

四、诉讼

如果托运人与承运人不能就运输纠纷达成一致解决意见,可以通过诉讼或双方协议仲裁解决。

航空运输纠纷的诉讼时效为2年,自民用航空器到达目的地点、应当到达目的地点或者运输终止之日起计算。受理法院所在国家的法律另有规定的除外。

对于中转联程运输的货物,如果货物发生毁灭、遗失或损坏等情况,托运人有权对第一承运人和最后一个承运人向法院提起诉讼或者通过仲裁解决争议,也可以对发生货物毁灭、遗失或损坏等情况的运输区段的责任承运人直接提起诉讼或者通过仲裁解决争议。

■ 货运现场直通车

鸭苗死亡,货主索赔

广州至泸州某航班上运输了一票鸭苗,12件120千克,共有鸭苗1800只,总价值18600元。目的站卸机时发现此票鸭苗大部分已死亡,死亡数量约1700只,共11件,货主要求按实际损失进行赔偿。经调查发现,由于该航班载货量很大,起飞前舱门关闭较早,货舱内严重缺氧,导致鸭苗在途中死亡;另因当地保险公司不承办小动物的航空运输险,而托运人在始发地要求办理航空运输保险时也被承运人拒绝。

处理结果:导致此票鸭苗死亡的主要原因是飞机货舱内缺氧,承运人应承担赔偿责任。由于托运人未办理声明价值,根据《国内航空运输承运人赔偿责任限额规定》,对货物的最高赔偿限额为毛重每千克人民币100元。

补充说明:航空货物运输中,鸡苗、鸭苗类小动物死亡的事故时有发生,各地对此类货物办理声明价值或购买航空保险的规定不一致。如果承运人不办理声明价值或保险公司不承办航空运输险,则可不予收运,或者根据托运人的要求办理收运,并明确运输责任。但从实际情况考虑,有些地区此类货物运输需求较大,即使承运人不办理声明价值,保险公司也不承办航空运输险,托运人依然愿意按普通货物进行托运。因此,承运人应建立严格的货物运输管理措施和装卸作业要求,尽可能保障小动物运输安全,提高运输质量。

【案例启示】

通过该案例可以看出,活体动物运输需考虑的因素比普通货物复杂得多,承运人若同意接收活体动物,应给予较多关注,在运输各环节严格按照业务规定进行操作,最大程度避免不正常运输情况的发生。

任务演练

在线答题

一、判断题(请扫码答题)

二、操作题

1. 请根据本任务内容解决"任务导入"中提出的问题。

2. 本任务"货运现场直通车"案例中,承运人对鸭苗的赔偿限额是多少?如果托运人为此票鸭苗办理了22000元人民币的运输声明价值,并缴纳了声明价值附加费,则承运人应承担的赔偿限额是多少?

3. 一票从北京运至日本大阪的仪器设备,托运人为其办理了20万元人民币的声明价值,并缴纳了声明价值附加费。货物交付时外包装和标志都完好无损,但收货人在签收后,打开包装却发现设备上某部件断裂损坏,遂以部件损坏导致货物失去使用价值为由,要求承运人按照声明价值进行赔偿。你认为承运人应如何处理?请给出处理方法并说明依据。

项目小结

本项目介绍了货物运输事故责任的划分依据,索赔与赔偿处理规定,以及典型事故的赔偿处理方法,其中赔偿处理规定需要大家重点掌握。

通过本项目的学习和训练,同学们应具备正确划分货物运输事故责任,依规处理货物赔偿事宜的专业能力。熟悉货物运输责任与赔偿的法律依据与规定,不断强化法律意识,敬畏规章、敬畏职责,同时在学习和实训过程中不断提高服务意识和质量意识,优化服务水平,为货主提供优质、高效的服务。

模块七
航空货运业务电报

项目十四　航空货运业务电报

项目引入

2024年1月1日，A机场到B机场的A320飞机起飞后，B机场货运处收到A机场拍发的货舱限制装载电报，内容为此机型禁止运输带水货物和对温度敏感货物，并且在该飞机货舱31P位置处有2000 kg压舱物需要随机带回，位置如图14-1所示。然而，货运员甲粗心大意，解读电报时只解读一半，只传达了货舱限制的内容。现场卸机人员按照传达的内容正常卸机。飞机出港装机时，装机人员发现该飞机31P位置处的压舱物已经被卸下并拉到库房，于是便对该压舱物重新过秤、录重、开装机单。最终该航班延误，货运员甲也受到了相应的处分。

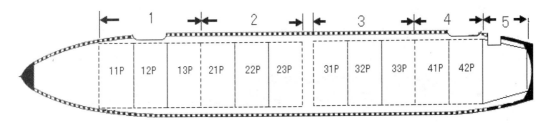

图14-1　A320飞机货舱舱位标注

B机场货运处事后提出的整改措施为：电报传达时各岗位人员应高效沟通，需要递送纸质（电子）电报报文，并且报文内容需要双人复核，通过团结协作顺利完成运输任务。此案例也存入B机场货运处风险源数据库，将定期组织全员学习。

请大家思考以下问题：

1. 航空货运业务电报应如何解读？其由哪些部分组成？
2. 如何规范拍发航空货运业务电报？

项目目标

知识目标

1. 了解电报的组成与格式要求。
2. 掌握舱位预订电报的种类与格式要求。
3. 熟悉货物不正常运输电报的种类与格式要求。

能力目标

1. 能够正确解读不同格式的航空货运业务电报。
2. 能够规范拍发舱位预订电报。
3. 能够规范拍发货物不正常运输电报。

素养目标

1.准确识读航空货运业务电报,养成高效沟通、团结协作的民航工作作风。

2.规范拍发航空货运业务电报,强化安全意识与规章意识,具备认真严谨的工作态度和敬业爱岗的职业精神。

知识架构

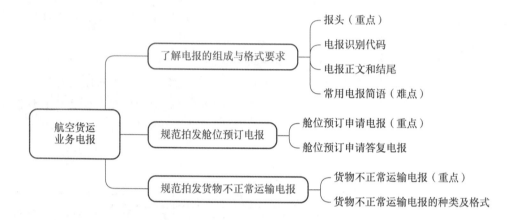

任务一 了解电报的组成与格式要求

任务导入

SITA航空货运业务电报是用国际航空电信协会电报格式通过SITA通信线路拍发的电报,是航空货物运输中电子数据交换的一种方式。基于目前的技术手段和水平,我国各大机场和航空公司货运部门仍然需要使用SITA电报的形式来交换货运业务电子数据。那么,你知道电报是由哪些部分组成的吗?如果接收到SITA电报,你可以正确识读吗?

电报一般由报头、电报识别代码、电报正文及电报结尾四部分组成,格式如下:

电报等级 收电地址	如:QD PEKFDHU PEKFDCA
. 发电地址 电报编号	.CANFFHU 181620/MAR/LA
电报识别代码	FFR
电文	880-45678216CANURC/T5K260MC1.5/CLOTHES
	HU7458/18MAR/CANPEK/HK
	CA7898/19MAR/PEKURC/NN
电报结尾	REF/CANFFHU
=(电文结束符)	=

一、报头

报头包括电报等级、收电地址、发电地址、电报编号四部分内容。

■ **实训指导**

现举例说明：

QD SHAFFCA

.PEKLICA 101620/OCT/LD

依据报头内容，按从左到右、从上到下的顺序逐项进行说明：QD——电报等级；SHA——收电地址机场三字代码；FF——收电部门两字代码；CA——承运人两字代码；.PEKLICA——发电地址；10——发电日；1620——发电时间；OCT——发电月份三字代码；LD——经办人代号。

（一）电报等级

发报者根据电文业务性质决定电报等级，电报等级是区分电报缓急程度的识别标记，同时也表示转发电文的优先级。常用的电报等级标志如下：

QS：特急报，涉及飞机上人员的生命安全时拍发。

QX：加急报，涉及航行调配（签派、运行）时拍发。

QU：急报，多用于飞行动态方面的电报，如起飞报、延误报、载重报等，是货运中使用的最高等级电报。

QK：快报，传输速度与收费介于QU和QD之间的电报，用以区分平报而加重提示。

QD：平报，用于一般业务电报，收费较低。一般货运电报在不影响传递的情况下，为了节约费用，应使用这一等级。

（二）电报收、发电地址

电报收、发电地址通常由7个大写字母组成，用来表示发报者和收报者的身份。

收电地址前三个字母是城市或机场三字代码；中间两个字母是收报者的职能部门代码；最后两个字母是所属航空公司的代码。例如，"PEKFDCA"中的"PEK"表示北京，"FD"表示国内货运部门，"CA"表示中国国际航空公司。每行只能发8个地址，一份电报最多发4行，共32个地址。

发电地址与收电地址一样，也是由7个字母组成，但其以"."开头。

货运职能部门常用两字代码，如表14-1所示。

表14-1 货运职能部门常用两字代码

序号	两字代码	货运职能部门
1	FD	国内货运部门
2	FI	机场国际货运部门
3	FC	国际货运载量控制部门

续表

序号	两字代码	货运职能部门
4	FF	货运部门、驻外办事处货运负责人
5	FT	市内国内货运部门
6	FS	市内国际货运部门
7	LD	机场国内货运查询部门
8	KU	集装设备控制中心

（三）电报编号

电报编号由六位数字组成，即发报的日时组，以发报的日、时、分数字表示。时间采用格林威治时间或北京时间，其后可加月份的三字代码和经办人姓与名的两个首写字母或其代号。例如，120930/MAR/LD，这组电报编号的含义是：代号为LD的经办人于3月12日9时30分拍发电报。发电地址和日时组之间以空格作为连接符号。

二、电报识别代码

电报识别代码是区分电报种类的重要标志，因此拍发电报一定要准确使用识别代码。表14-2所示为一些常用电报识别代码。

表14-2 常用电报识别代码

代码	英文译名	中文译名
FFR	AWB Space Allocation Request	舱位预订申请电报
FFA	AWB Space Allocation Answer	舱位预订申请答复电报
FUR	ULD Space Allocation Request	集装箱舱位申请电报
FUA	ULD Space Allocation Answer	集装箱舱位申请答复电报
FSR	Status Request	指定货物情况查询电报
FSA	Status Answer	指定货物情况答复电报
FAD	Advice of Discrepancy	货物不正常运输通知电报
FDA	Discrepancy Answer	货物不正常运输信息答复电报
FRP	Irregularity Report	无法交付货物通知电报
FFM	Airline Flight Manifest	航空公司舱单电报
FBL	Freight Booked List	备载通知电报
FCC	Charges Correction Request	运费更改电报
FCA	Charges Correction Acknowledgement	运费更改答复电报
FMB	Notification of Embargo	停止受理货物通知电报
FMC	Charges of Embargo	停止受理货物通知的更改电报
FMX	Cancellation of Embargo	停止受理货物通知的取消电报

续表

代码	英文译名	中文译名
LUC	ULD Exchange Control	集装设备的交接电报
SCM	ULD Stock Check Message	集装设备的存场电报
UCM	ULD Control Message	集装设备的进出量电报
CPM	Container/Pallet Distribution Message	集装设备的装载电报

三、电报正文和结尾

（一）电报正文

电报正文通常按照电报名所定义的内容和固定格式进行组织，通常是由"/"隔开的信息元素组成，内容相关的信息元素通常写在同一行。电文可以分为标准格式电文和非标准格式电文。

标准格式电文包括舱位预订、货物状态问询、货物不正常运输通知、费用更改、禁运、货邮舱单电报等，一般由货物基础信息和不同电报种类中的必要信息构成。

在正文中，SSR(SPECIAL SERVICE REQUEST)信息条，表示特殊服务要求。通常在运输特种货物时，对于货物在储运过程中的特殊需求都可以填写在此处，这种信息需要处理和复电；OSI(OTHER SERVICE INFORMATION)信息条，表示其他服务信息，这种信息只作参考不需处理和复电。

非标准格式电文是指电报的正文部分以自由格式编写。

（二）电报结尾

（1）在舱位预订申请电报(FFR)、舱位预订申请答复电报(FFA)和催复电报(RQR)中，可用预订参阅号码行作为电报结尾，如REF/PEKFRCA。

（2）指定货物情况查询电报和答复电报(FSR、FSA)以及货物不正常运输通知电报和答复电报(FAD、FDA)无结尾标志。

（3）无法交付货物通知电报(FRP)、运费更改电报(FCC)和停止受理货物通知电报(FMB)中用签发者署名作为电报结尾，如PEK/WANG。

（4）航空公司舱单电报(FFM)中用CONT或LAST作为电报结尾。

（5）LAST用于一份舱单一份电报的结尾或一份舱单多份电报的最后一份的结尾，CONT用于一份舱单多份电报中除最后一份电报外的其他几份电报的结尾。

四、常用电报简语

在电报中，常用各种代码和简语来表示相关内容。国内各航空公司二字代码及票证代码如表14-3所示；航班销售代码如表14-4所示；不正常运输电报简语如表14-5所示；特种货物名称简语如表14-6所示；常用电报简语如表14-7所示。

表14-3 国内各航空公司二字代码及票证代码

名称	二字代码	票证代码	名称	二字代码	票证代码
中国国际航空	CA	999	海南航空	HU	880
深圳航空	ZH	479	首都航空	JD	898
山东航空	SC	324	天津航空	GS	826
东方航空	MU	112	祥鹏航空	8L	859
上海航空	FM	112	西部航空	PN	847
联合航空	KN	822	扬子江航空	Y8	871
南方航空	CZ	784	长安航空	9H	856
重庆航空	OQ	784	大新华航空	CN	880
厦门航空	MF	731	广西北部湾航空	GX	872
河北航空	NS	836	福州航空	FU	666
春秋航空	9C	089	乌鲁木齐航空	UQ	886
吉祥航空	HO	018	四川航空	3U	876
奥凯航空	BK	866	成都航空	EU	811
九元航空	AQ	902	东海航空	DZ	893
西藏航空	TV	999	华夏航空	G5	987

表14-4 航班销售代码

航班销售代码	中文译名	航班销售代码	中文译名
HN	已申请(已要求)	NA	请留舱位,如不可能可改其他
KL	候补改为同意	OX	取消(如能留妥新申请的航班)
NN	申请(指定航班)	KK	同意
SS	出售,随售随报	UC	不同意
UN	航班取消(停飞)	US	不符合销售制度
UU	候补	XX	取消航班
HK	已订妥舱位		

表14-5 不正常运输电报简语

不正常运输情况代码	中文译名	不正常运输情况代码	中文译名
DFLD	确已装机	DMG	破损
FDAV	多收邮件路单	FDAW	多收运单
FDCA	多收货物	FDMB	多收邮袋
MISLBL	贴错标签	MSAV	少收(丢失)邮件路单
MSAW	有货无单	MSMB	少收(丢失)邮袋
MSMFST	少收货邮仓单	MSCA	有单无货

续表

不正常运输情况代码	中文译名	不正常运输情况代码	中文译名
OFLD	拉货	OVCD	漏卸
SSPD	漏装	STLD=S/L	少收
LOAD WELL	装机完好	RCVD	实收
WET	潮湿		

表14-6 特种货物名称简语

特种货物名称代码	中文译名	特种货物名称代码	中文译名
AOG	紧急航材	AVI	动物
BIG	超大货物	DIP	外交信袋
CAO	仅限货机	FRZ	冷冻货物
EAT	食品	FIL	未曝光胶片、未冲洗胶
HEA	超重货物	HEG	孵蛋
HUM	灵柩	ICE	干冰;运输过程中需放干冰的货物
LHO	人类器官(血浆)	MED	急救用药品、医疗用品
MAIL	邮件	NPR	报纸纸型
NPM	杂志纸型	URG	紧急货物
ORA	其他危险物品	DGO	危险物品
PER	鲜活易腐货物	VAL	贵重物品
VACIN	接种疫苗		

表14-7 常用电报简语

电报代码	中文译名	电报代码	中文译名
ADV	通知	MSG	电报
AMD	改正	N	并且,和
AMG	其中	NEG	否定的,无
ARR	到达	NIL	空
ASAP	尽早	OFLD	拉货
ASFLW	如下	PKG	包装
ATTN	注意	RCVD	实收
AWB	货运单	RE	关于
BAG	行李	RET	退回
BULK	散舱	RQST	回复
CANT	不能	RUSHR	尽快答复

续表

电报代码	中文译名	电报代码	中文译名
CCNA	将收货人或地址改为	RYT	参阅
CGO	货物	S/L	少收
CHG TO	变更项目	SEAFOOD	海鲜
CHK	检查	SHPR	托运人
CNEE	收货人	SSPD	漏装
CNL	取消	STILL	仍然
COMD	品名	U	你
COOP	合作	STN	航站
CTC	联系	WL	将要
DEST	目的站	STP	句号（不译）
DMG	破损	JAN	一月
DOC BAG	业务袋	FEB	二月
EAT	食品	MAR	三月
ERR	错误	APR	四月
FLT	航班	MAY	五月
FWD	运往	JUN	六月
HV	有，已经	JUL	七月
INFM	通知	AUG	八月
INFO	消息	SEP	九月
IRP	不正常记录	OCT	十月
LBL	标签	NOV	十一月
LD WELL	装机完好	DEC	十二月

■ 货运现场直通车

进港货物核对不仔细，拍发少货查询电报

某航司三亚至西安航班的进港货物中有一票槟榔，64件742千克，收货人在14日上午9点左右提货时，发现少货1件。机场主管得知此事件后，立即与收货人一起重新清点货物，盘点库房清查有无遗漏，并拍发少收货物查询电报至始发站。事后，西安机场货运公司根据相关管理规定给予该航班的货物保障责任人相应处分。

【案例启示】

从该案例中可以看出，航空货运从业人员应具备高效沟通、团结协作的民航工作作风，提升质量意识，养成严谨细致的工作态度，方能保证航空货物高效、安全地运输。

■ 知识拓展

在众多货运业务中,还有哪些特殊的货运业务需要用电报来传递信息呢?下面为大家展示的是飞行电报识别代码和危险品电报识别代码,如表14-8和表14-9所示。

表14-8 飞行电报识别代码

代码	中文译名	代码	中文译名
RXP	旅客加班申请	SCS	航班变更建议
RXC	货物加班申请	ASC	航班变更答复
AXP	旅客加班申请的答复,旅客加班安排的通知	PFL	航班等运电报
AXC	货物加班申请的答复,货物加班安排的通知	FPF	旅客待运电报
RCP	旅客包机申请	STC	货物待运电报
RCC	货物包机申请	LDM	飞机载重电报
ACP	旅客包机申请的答复,旅客包机安排的通知	ALM	航班座位配额电报
ACC	货物包机申请的答复,货物包机安排的通知	STA	飞机状况报告
AMD	加班、包机申请或通知的更改取消	DAT	飞机运营数据通告
AAF	其他可利用飞行通知		

表14-9 危险品电报识别代码

代码	中文译名	代码	中文译名
RCO	自燃液体	REX	爆炸品
RCM	腐蚀性物品(腐蚀品)	RFL	易燃液体
RFG	易燃压缩气体(易燃气体)	RFW	遇湿危险物品
RFS	易燃固体	RIM	刺激性物品
RHF	有毒物品(应同食品分开)	RMD	其他危险物品
RIS	传染性物质(感染性物品)	ROP	有机过化物
RNG	非易燃压缩气体(不燃气体)	RPB	二级毒品
ROX	氧化物(氧化剂)	RPG	有毒气体
RPC	三级毒品	RRY	二、三级放射性物品
RRW	一级放射性物品		

任务演练

选择题(请扫码答题):

在线答题

任务二　规范拍发舱位预订电报

如果你想在SITA电报系统中为货物在一个或多个航班上进行舱位的预订、更改或取消，该如何规范拍发申请电报？如果在SITA电报系统中接收到外航站的舱位预订申请电报，又该如何规范拍发回复电报呢？

一、舱位预订申请电报

规范拍发舱位预订申请电报

如何规范拍发舱位预订申请电报？请扫码学习。

(一)舱位预订申请电报(FFR)的定义和格式

1　舱位预订申请电报的定义

舱位预订申请电报是向货物中转站的货物舱位控制部门，申请在一个或多个航班上预订舱位，或要求取消原已订妥舱位，并且要求中转站及时回复的电报。

2　舱位预订申请电报的格式

```
电报等级 收电地址
. 发电地址 电报编号
FFR
承运人—货运单号始发站目的站/T(或P)件数K重量MC体积DG类项别T件数/货
物名称/特殊处理代号
承运人航班号/日期/装机站卸机站/航班销售代码
ULD/数量/类型序号箱主/K重量/类型序号箱主/K重量
SSR/特别服务项目
OSI/其他参考情况
REF/回电地址
```

3　规范拍发舱位预订申请电报的注意事项

(1)货运单号前必须带有空运企业的代码或三位数字代号。一般情况下不接受无货运单号的舱位预订申请电报，如预订舱位时尚未填制货运单，此项应注明"AWBL"(即货运单后补)。

(2)对于超大的货物，舱位预订申请电报中应当附有该货物的重量或体积尺寸。

(3)日期中，日应当列在月份的前面，用两位数字表示，月份用英文三字母月份简语表示。例如，8月2日应编为"02AUG"。

(4)货物代号的含义如下:

T—总件数;

P—分批发运件数;

O—预订舱位时货物件数不详;

K—千克;

MC—体积(立方米);

DG—危险品类项别。

(5)航班销售代码的含义请参阅表14-4,下面为常见的航班销售代码释义:

NA—申请某航班某航段的舱位,如不能照留,则其他航班也可;

NN—申请指定的某航班某航段舱位,其他航班不要;

HN—已申请预留舱位;

HK—已订妥舱位;

SS—通知已售出舱位;

XX—取消之前所申请的舱位或其他内容;

OX—如能订妥重新申请的舱位,则取消原已申请的航班舱位。

(6)一般情况下,一份电报只能申请一个航班或舱位。

(7)DIMS(Dimension),货物尺寸,在描述货物尺寸时,必须按长×宽×高×件数的顺序。

(8)特殊服务要求(HRM)表示货物的形状或特性接近有关承运飞机的限制条件或货物形状较特殊,应当简要说明(OSI)。电报存查编号(RRF)前半部分为申请舱位的发电部门,用该申请部门所在地三字代码和企业两字代码组成,后半部分是发电部门自编的发电存查编号。

(二)舱位预订申请电报的种类及格式

■ 实训指导

(1)指定航班的舱位预订申请电报(NN)。

```
QD PEKFDHU PEKFDCA
.CANFFHU 181620/MAR/LA
FFR
880-45678216CANURC/T5K260MC1.5/CLOTHES
HU7458/18MAR/CANPEK/HK
CA7898/19MAR/PEKURC/NN
REF/CANFFHU
=
```

(2)非指定航班的舱位预订申请电报(NA)。

在所订航班舱位已满的情况下,可安排其他航班运输。

```
QD PEKFDHU
.CANFFHU 181620/MAR/LB
FFR
880-45678216CANURC/T5K260MC1.5/CLOTHES
HU7458/18MAR/CANPEK/HK
HU7898/19MAR/PEKURC/NA
REF/CANFFHU
=
```

(3) 取消航班舱位预订申请报(XX)。

```
QD PEKFDHU
.CANFFHU 181620/MAR/LC
FFR
880-45678216CANURC/T5K260MC1.5/CLOTHES
HU7898/19MAR/PEKURC/XX
REF/CANFFHU
=
```

(4) 如能订妥新的航班舱位,则取消原已申请的航班(OX,NN)。

```
QD HAKFDMU HAKFDCZ
.SHAFFMU SHAFFCZ 181620/MAR/LD
FFR
781-45678216SHAHAK/T4K90/ELECTRIC MOTORS
MU5383/18MAR/SHAHAK/OX
CZ3516/20MAR/SHAHAK/NN
REF/SHAFFMU SHAFFCZ
=
```

(5) 申请电报,其中货运单号码另告(AWBL)。

```
QD CANFDCZ
.NNGFDCA 181620/MAR/LE
FFR
AWBL/NNGCSX/T5K100/SHOES
CZ3308/18MAR/NNGCAN/HK
CZ3376/19MAR/CANCSX/NA
OSI/DIMS/35×50×65CM EACH
REF/NNGFDCZ
=
```

(6) 对于需要特殊服务和其他服务信息的舱位预订申请电报(SSR,OSI)。

```
QD PEKFDHU
.CANFFHU 181620/MAR/LF
FFR
880-45678216CANURC/T5K260MC1.5/FRESH APPLE
HU7458/18MAR/CANPEK/HK
HU7898/19MAR/PEKURC/NN
SSR/KEEP TEMP 2-10℃
OSI/DIMS/80×60×20CM EACH
REF/CANFFHU
=
```

二、舱位预订申请答复电报

(一) 舱位预订申请答复电报(FFA)的格式

接收到外航站的舱位预订申请电报后,应尽快给予回复。其格式如下:

```
电报等级 收电地址
. 发电地址 电报编号
FFA
承运人—货运单号始发站目的站/T(或P)件数K重量
承运人航班号/日期/装机站卸机站/答复代号(航班销售代码)
ULD/数量/类型序号箱主/K重量/类型序号箱主/K重量
SSR/特别服务项目
OSI/其他参考情况
REF/原回电地址/编号
```

(二) 舱位预订申请答复电报的种类及格式

■ **实训指导**

(1)同意所申请的舱位(KK)。

```
QD CANFDCA
.PEKFFCA 181620/MAR/LA
FFA
999-45678216CANURC/T5K260
CA7898/19MAR/PEKURC/KK
REF/PEKFFCA
=
```

(2)不同意所申请的航班舱位,改留其他航班舱位(UC,KK)。

```
QD SHEFDCJ SHEFDCZ
.DLCFFCZ DLCFFCJ 101620/MAR/LB
FFA
784-45678216SHESZX/T7K95
CZ3656/16MAR/DLCSZX/UC
CJ623/16MAR/DLCSZX/KK
SSR/CJ ADNO
REF/DLCFFCZ DLCFFCJ
=
```

(3) 告知来电单位所申请的舱位正在处理中(HN)。

```
QD CANFDCZ
.HGHFFCZ 161620/MAR/LC
FFA
784-82345675CANHGH/T75K1550
CZ3501/16MAR/CANHGH/HN
REF/HGHFFCZ
=
```

(4) 所申请的舱位不能留,仅列入候补(UU)。

```
QD SHEFDCZ
.DLCFFCZ 141620/MAR/LD
FFA
784-45678216SHESZX/T7K95
CZ3656/16MAR/DLCSZX/UU
REF/DLCFFCZ
=
```

(5) 所申请的舱位由候补改为同意(KL)。

```
QD SHEFDCZ
.DLCFFCZ 151620/MAR/LE
FFA
784-45678216SHESZX/T7K95
CZ3656/16MAR/DLCSZX/KL
REF/DLCFFCZ
=
```

(6) 所申请的航班取消(UN)。

```
QD SHEFDCZ
.DLCFFCZ 161620/MAR/LF
FFA
784-45678216SHESZX/T7K95
CZ3656/16MAR/DLCSZX/UN
OSI/FLT CNL
REF/DLCFFCZ
=
```

■ 货运现场直通车

错误回复电报,导致螃蟹死亡

2024年2月5日,由于某地暴雪,航班出现大面积取消。货运员甲由于工作失误,在收到相关航班的舱位预订申请电报后仍然给予回复确认。然而当货主将100件1500千克的螃蟹打包好运到机场办理托运手续时,却被告知航班取消无法运走,导致螃蟹部分死亡,给货主造成了损失。

处理结果:货主投诉获得相应赔偿,货运员甲受到了相应的处分。

【案例启示】

从该案例中可以看出,航空货运从业人员应提升质量意识,养成严谨细致、尽职尽责的工作作风,方能保证货物运输质量,保障客户权益。

■ 知识拓展

危险品的舱位预订申请电报

运输危险品时,危险品的舱位预订申请电报应该怎样规范拍发呢?

在拍发危险品的舱位预订申请电报时,电报必须包括危险品的联合国编号(UN Number)或国际航协识别编号(ID Number)、运输专用名称、净重、包装编号。如果货物属于放射性物质,还要包括运输指数(Transport Index);仅限货机的危险品,需要注明CAO (Cargo Aircraft Only)。上述信息在OSI内表示。

✈ 任务演练

选择题(请扫码答题):

在线答题

任务三　规范拍发货物不正常运输电报

任务导入

货物不正常运输是指货物在运输过程中由于运输事故或工作差错等原因造成的不正常情况。发现不正常运输情况的航站、承运人必须立即查询，认真调查，及时采取措施，妥善处理，将损失降到最低。因此，货运员发现货物或文件在运输过程中有明显差错时，需要在SITA电报系统中拍发电报通知相关航站，并征求处理意见。请问应如何规范拍发货物不正常运输电报？如果你在SITA电报系统中接收到外航站的不正常运输电报，应如何规范拍发回复电报？

一、货物不正常运输电报

（一）货物不正常运输通知电报（FAD）定义和格式

1　定义

货物不正常运输通知电报是向货物运输过程中的有关单位拍发的，用于告知货物和/或业务文件在运输中的明显差错，征求处理意见的电报。其内容一般包括多收货物、多收货运单、少收货物、少收货运单、漏装、漏卸等。

2　格式

货物不正常运输通知电报的格式如下：

```
电报等级 收电地址
．发电地址 电报编号
FAD
承运人—货运单号始发站目的站/T（或P）件数K重量MC体积DG分类T件数/货物名称/特殊处理代号
不正常运输代号/承运人航班号/日期/装机站卸机站
OSI/其他参考情况
REF/回电地址
```

（二）货物不正常运输信息答复电报（FDA）定义和格式

1　定义

货物不正常运输信息答复电报是发给原发货物不正常运输通知电报（FAD）的单位，用于告知处理意见的电报。来电中所用的不正常运输类别代号和航班情况要在回电中列明。

2 格式

货物不正常运输信息答复电报的格式如下：

电报等级 收电地址
. 发电地址 电报编号
FDA
承运人—货运单号始发站目的站/T(或P)件数K重量MC体积DG分类
T件数/货物名称/特殊处理代号
不正常运输代号/承运人航班号/日期/装机站卸机站
OSI/其他参考情况
REF/回电地址

二、货物不正常运输电报的种类及格式

■ **实训指导**

1. 多收货物(FDCA)

(1) 多收货物通知报的格式如下：

QD HGHFDCZ
.CANFDCZ 121620/MAR/LA
FAD
784-11122230HGHCAN/T4K132
FDCA/CZ3502/12MAR/HGHCAN
OSI/RECD UNMANIFESTED WITH NO DOCS
REF/CANFDCZ
=

(2) 多收货物通知答复报的格式如下：

QD CANFDCZ
.HGHFDCZ 121820/MAR/LB
FDA
784-11122230HGHCAN/T4K132
FDCA/CZ3502/12MAR/HGHCAN
OSI/RETURN TO HGH BY CZ3501/13FEB UNDER SUBSTITUTE AWB
REF/HGHFDCZ
=

2. 多收货运单(FDAW)

(1) 多收货运单通知报的格式如下：

```
QD DELFFMU
.PVGFIMU 091620/AUG/LC
FAD
781-12345675 DELPVG/T10K1220
FDAW/PVG/MU564/09AUG/DELPVG
OSI/AWB IN WITH PVG DOCS
REF/PVGFIMU
=
```

(2)多收货运单通知答复报的格式如下：

```
QD PVGFIMU
.DELFFMU 091820/AUG/LD
FDA
781-12345675 DELPVG/T10K1220
FDAW/PVG/MU564/09AUG/DELPVG
OSI/FWD AWB TO DEL ASAP.PLS ADV FLT USED
REF/DELFFMU
=
```

3.少收货物(MSCA)

(1)收货物通知报的格式如下：

```
QD NGOFFMU
.PVGFIMU 181620/JAN/LE
FAD
781-01363180 NGOXIY/T20K40
MSCA/PVG/MU292/18JAN/NGOPVG
OSI/RCVD 15PCS STILL MISSING 5PCS
REF/PVGFIMU
=
```

(2)少收货物通知答复报的格式如下：

```
QD PVGFIMU
.NGOFFMU 181820/JAN/LF
FDA
781-01363180 NGOXIY/T20K40
MSCA/PVG/MU292/18JAN/NGOPVG
OSI/WILL FWD MU292/19JAN
REF/NGOFFMU
=
```

4.少收货运单(MSAW)

(1)少收货运单通知报的格式如下：

```
QD XIYFIMU
.PVGFIMU 281620/JAN/LG
FDA
781-0134870 XIYTYO/T5K80
MSAW/PVG/MU271/28JAN/XIYPVG
OSI/CARGO WITHOUT AWB
REF/PVGFIMU
==
```

(2)少收货运单通知答复报的格式如下：

```
QD PVGFIMU
.XIYFIMU 281820/JAN/LH
FDA
781-0134870 XIYTYO/T5K80
MSAW/PVG/MU271/28JAN/XIYPVG
OSI/WILL FWD MU271/29JAN
REF/XIYFIMU
==
```

5.货物漏装(SSPD)

(1)货物漏装,但货运单已随机带出。

```
QD CANFDCZ PEKFDCZ
.CGOFDCZ 051620/MAR/LA
FAD
784-11122344CANPEK/T2K24
SSPD/CGO/CZ3109/05MAR/CANPEK
SSR/RQ HLD AWB STP
OSI/WL FWD CGO CZ3101/06MAR STP
REF/CGOFDCZ
=
```

(2)货物及货运单都未随机带出。

```
FAD
784-11122344CANPEK/T2K24
SSPD/SHPT/AWB/CZ3109/05MAR/CANPEK
SSR/NN DELETE CGO MFST STP
=
```

(3)漏装货邮舱单。

```
FAD
784-11122344CANPEK/T2K24
SSPD/CGO N MAIL MFST/CZ3109/05MAR/CANPEK
OSI/WL FWD CA3101/06MAR STP
=
```

6.货物漏卸(OVCD)

```
QD CANFDCZ
.XIYFDMU 061620/MAR/LA
FAD
781-22222211 CANXIY/T2K40
OVCD/XIY/MU2370/06MAR/CANXIY
OSI/LOAD IN BULK
REF/XIYFDMU
=
```

■ 知识拓展

其他货运业务电报示例

实际工作中,除了货物不正常运输电报,可能还需要拍发邮件不正常运输电报、禁运电报、费用更改通知电报、货物加班飞行申请电报、货物包机申请电报等其他业务电报,现将部分其他货运业务电报示例分享给大家。

邮件不正常运输电报:

```
QD MXPFFCA MXPMBCA
.PEKFICA
RE CA940/10MAR EMS DMG
DN 2334 P1K0.5 MXP/PEK
PLS CHK
=
```

禁运电报:

```
FMB
CA-001
10JUL0001/01SEP0001
COM/ALL LIVE ANIMAILS
RTS/ALL DOMESTIC ROUTES
CRR/ALL FLTS
JST/HOT DAYS RESTRICTION THEREFOR AVOIDING AVI FROM DEATH
ATH/08JUL/PEK/LI
=
```

费用更改通知电报:

```
FCC
999-12345675SHAYVR/28MAY
CP501/30MAY/NYCYVR
CHG WT CHARGE FM PP TO CC
CCA FLW N ACK
=
```

货物加班飞行申请电报：

RXC
C/X 16-20 AUG SYXPEK
RMK:SYX-PEK CARGO 16000KG
=

货物包机申请电报：

RCC
C/C 06SEP B-737（1）
R/T PEK1800 0930SYX1130 1300PEK
RMK: CHARTEROR PEK FOREIGN TRADE
SYXPEK BUREAU SILK 10000kg
DIMS 40×60×100cm EACH
=

任务演练

选择题（请扫码答题）：

在线答题

项目小结

本项目介绍了SITA电报系统中航空货运电报的组成与格式要求，以及规范拍发舱位预订电报和货物不正常运输电报等知识。其中舱位预订电报与货物不正常运输电报是重点内容，难点是不同业务电报的使用场景及格式要求，需要大家认真学习并掌握。

通过本项目的学习和训练，同学们应具备规范拍发舱位预订电报和货物不正常运输电报的专业能力，不断强化安全意识和质量意识，养成高效沟通、团结协作、严谨细致、恪尽职守的民航工作作风。

项目训练

操作题：

1.请根据以下所给报文，说明电报的具体内容。

（1）报文1：

```
QD FRAFMLH FRAKKCA
.PEKFCCA 160940/SEP/LP
FFR
999-12345664PEKBRU/T5K150MC1.2/BICYCLE PARTS
CA931/19SEP/PEKFRA/HK
LH7684/20SEP/FRABRU/NA
REF/PEKFCCA
=
```

(2)报文2：

```
QD SYDFFCA
.PEKFCCA 141820/MAY/EF
FFA
999-12345664SYDNRT/T1K400/FROZEN FISH/PER
CA925/18MAY/PEKNRT/HK
SSR/TEMP RESTRICTION OK
REF/PEKFCCA
=
```

(3)报文3：

```
QD PEKFIKK
.SYDFIKK 262253/OCT/LFAD
777-96019781PEKSYD/T5K100
FDCA/SYD/KK715/25OCT/PEKSYD
REF/SYDFICA
=
```

(4)报文4：

```
QD PEKFIKK
.SYDFIKK 262253/0CT/LIFAD
777-96019781PEKSYD/T5K100
MSAW/SYD/KK715/25OCT/PEKSYD
OSI/CARGO WITHOUT AWB
REF/SYDFICA
=
```

2. 请根据以下信息拍发电报。

(1)海航海口货运部门要向海航广州货运部门申请8月5日广州到曼谷海航航班HU797上的吨位，货单号为880-12345675,货物品名为ELECTRONIC EQUIPMENT,20件,450 kg。请拍发舱位预订申请电报。

(2)国航海口货运部门向国航广州货运部申请8月15日广州至香港航班CA123的吨位，货单号999-12345675,品名为PEARLS,1件,1 kg。广州站同意所申请的舱位,请拍发舱位预订申请答复电报。

附　　录

附录 A　TACT RULES 最低运费

附录 B　TACT RULES 货币进位规则表

附录 C　TACT RULES 运费到付手续费规则

附录 D　国内航空货运单

附录 E　国际航空货运单

附录 F　货物不正常运输记录

附录 G　货物运费更改通知单

参 考 文 献

[1] International Air Transport Association. The Air Cargo Tariff[M]. Montreal: International Airline Publications, 2022.
[2] 中国航空运输协会. 民航货物运输:中级[M]. 北京:中国民航出版社, 2020.
[3] 陈文玲. 民航货物运输[M]. 3版. 北京:中国民航出版社, 2016.

教学支持说明

高等职业学校"十四五"规划民航服务类系列教材系华中科技大学出版社"十四五"期间重点规划教材。

为了改善教学效果,提高教材的使用效率,满足高校授课教师的教学需求,本套教材备有与纸质教材配套的教学课件(PPT电子教案)和拓展资源(案例库、习题库等)。

为保证本教学课件及相关教学资料仅为教材使用者所用,我们将向使用本套教材的高校授课教师免费赠送教学课件或相关教学资料,烦请授课教师通过电话、邮件或加入民航专家俱乐部QQ群等方式与我们联系,获取"教学课件资源申请表"文档,准确填写后发给我们,我们的联系方式如下:

地址:湖北省武汉市东湖新技术开发区华工科技园华工园六路

邮编:430223

电话:027-81321911

传真:027-81321917

E-mail:lyzjjlb@163.com

民航专家俱乐部QQ群号:799420527

民航专家俱乐部QQ群二维码:

扫一扫二维码,加入群聊。

教学课件资源申请表

填表时间：_____年___月___日

1. 以下内容请教师按实际情况写，★为必填项。
2. 根据个人情况如实填写，相关内容可以酌情调整提交。

★姓名		★性别	□男 □女	出生年月		★职务	
						★职称	□教授 □副教授 □讲师 □助教

★学校		★院/系	
★教研室		★专业	
★办公电话		家庭电话		★移动电话	
★E-mail（请填写清晰）			★QQ号/微信号	
★联系地址		★邮编	

★现在主授课程情况	学生人数	教材所属出版社	教材满意度
课程一			□满意 □一般 □不满意
课程二			□满意 □一般 □不满意
课程三			□满意 □一般 □不满意
其 他			□满意 □一般 □不满意

教 材 出 版 信 息		
方向一		□准备写 □写作中 □已成稿 □已出版待修订 □有讲义
方向二		□准备写 □写作中 □已成稿 □已出版待修订 □有讲义
方向三		□准备写 □写作中 □已成稿 □已出版待修订 □有讲义

请教师认真填写表格下列内容，提供索取课件配套教材的相关信息，我社根据每位教师填表信息的完整性、授课情况与索取课件的相关性，以及教材使用的情况赠送教材的配套课件及相关教学资源。

ISBN（书号）	书名	作者	索取课件简要说明	学生人数（如选作教材）
			□教学 □参考	
			□教学 □参考	

★您对与课件配套的纸质教材的意见和建议，希望提供哪些配套教学资源：